韩国思想史纲

张 敏 著

图书在版编目(CIP)数据

韩国思想史纲/张敏著.—北京:北京大学出版社,2009.6
ISBN 978-7-301-15220-1

Ⅰ.韩… Ⅱ.张… Ⅲ.思想史-韩国-研究生-教材 Ⅳ.B312.6

中国版本图书馆 CIP 数据核字(2009)第 074751 号

书　　　名：韩国思想史纲
著作责任者：张　敏　著
责 任 编 辑：张　娜
标 准 书 号：ISBN 978-7-301-15220-1/C·0526
出 版 发 行：北京大学出版社
地　　　　址：北京市海淀区成府路 205 号　100871
网　　　　址：http://www.pup.cn
电 子 邮 箱：zpup@pup.pku.edu.cn
电　　　　话：邮购部 62752015　发行部 62750672　编辑部 62767347
　　　　　　　出版部 62754962
印　　刷　者：北京宏伟双华印刷有限公司
经　　销　者：新华书店
　　　　　　　890 毫米×1240 毫米　A5　9.125 印张　彩插 8 页　228 千字
　　　　　　　2009 年 6 月第 1 版　2009 年 6 月第 1 次印刷
定　　　　价：26.00 元

未经许可,不得以任何方式复制或抄袭本书之部分或全部内容。
版权所有,侵权必究　举报电话:010－62752024
　　　　　　　　　　电子邮箱: fd@pup.pku.edu.cn

序　言

　　2005年,本书作者张敏教授作为北京大学的访问学者,在韩国首尔大学宗教问题研究所进行学术研究。我作为同她合作的研究所指导教授,经常共同讨论韩国思想的诸问题。我非常欣赏张敏教授踏实严谨的学风和刻苦钻研的精神,相信她一定能在韩国思想史研究方面取得突破。经过一年的不懈努力,张教授终于完成了《韩国思想史纲》的初稿,我有幸通读了全文。张教授2006年回国之后,对原稿进行了仔细的推敲和反复的修改。前不久,她的这一著作终于定稿并付梓北京大学出版社即将正式出版。我于2009年元旦得知这一喜讯,欣然命笔,以表达我由衷的喜悦。

　　众所周知,韩国思想源于中国思想。如果我们将中国思想比喻为一个盛开的百花园,那么它的花卉结出的种子随着春风飞扬过海,播撒到了韩国这块土地上生根发芽,并结出韩国思想之奇葩,在海东形成了一道美丽的风景线。因此,若要正确理解韩国思想,须弄清两个主要问题。其一是要明确"韩国曾经从中国引进了哪些思想";其二是要看到"韩国思想具有什么独有的特征"。那么,韩国思想的特征是什么呢？我个人认为有三点极为重要。首先,与规模庞大的中国思想的精密程度相比较,韩国思想的核心内容比较简洁且重点突出;其次,从思想体系上看,中国思想极具创意性,呈现多样化的发展走势。而韩国思想是在确保传统性的基础上发展起来的,其纯正性特点异常鲜明;再有就是双方关注的重心不同。中国思想从宇宙论和人性论两方面进行理论铺垫,韩国思想则集中在人性论上进行深度挖掘。这说明韩国思想是在输入中国思想的同时,将中国思想文化进行本土化加工,使之适应于本国国情,即在移花接木的嫁接过程中形成的。因此闪烁着独特的斑斓色彩。《韩国思想史纲》正是在这一方面凸显了韩国思想的主要特征。这本书的可贵之处在于较全面、重点地论述了韩国思想史。首先，在书的第一章中概述了韩国思想史研究的六大核心问题；之后，从新罗末期的赴唐留学生崔致远思想研究着墨，到朝鲜朝末期的实学思想的集大成者丁若镛收笔。按照韩国思想史的发展顺序，选择了最具有代表性的著名思想家13位，分章论述了他们的生平、背景、理论体系以及思想传承，进而归纳出韩国思想的核心与精华。书中阐述了新罗学者崔致远先生的三教会通思想，介绍了韩国佛教思想大家元晓和知讷，还有高丽末期的李穑和郑梦周，朝鲜时代的八名著名学者。其中包括了朝鲜朱子学、阳明学、实学等各思想流派的代表人物。当然，以人物为中心论述韩国思想史，在反映各个时代不同的思想交流方面，在从不同角度阐述各个学派论争的焦点时，会有一定的局限性。但是也有其长处，那就是通过展示各时代具有代表性的不同思想家的理论观点，可以更深入了解韩国思想本质，因为所谓思想都是由思想家创造的。本书美中不足的是以19世纪初的实学集大成学者丁若镛作为结尾，没能涉及19世纪后半期和20世纪前半期韩中思想交流的情况。期待今后作者能在这方面补充完善。在韩国思想史的研究领域中，目前韩国国内的研究也还非常不足。韩国学术界对于儒、释、道以及基督教思想分别进行研究，取得了不菲的成果。但是对于各个思想流派之间关系的研究极为匮乏，比如在时代变迁之际，各学派之间如何交流，各种思想怎样影响了社会的发展，韩国学术界在这方面的综合性研究迄今还没取得显著成果。因此，张教授这本专著的出版，就越发显示出其重要意义和价值。张教授如果能够在此基础上进一步扩大研究，定会在韩国思想史的研究领域里取得更为显著的研究成果。

《韩国思想史纲》的出版，将有助于从事韩国学研究的学者或研究生深入了解韩国思想文化。韩国思想自古植根于中国思想，因此，我认为中韩两国之间相互理解，共同创建东亚精神文明，共同享有并推动东亚文化的发展，无论是对于中国还是韩国，皆为双赢互利之举、意义深远之计。

韩国首尔大学校宗教学专业教授　琴章泰
2009年元旦　谨题

目　录

前　言 / 1

第一章　韩国思想史概述 / 1
　　一、弘益人间 / 2
　　二、玄妙之道 / 4
　　三、佛儒并举 / 6
　　四、理学东传 / 9
　　五、理气论辩 / 13
　　六、经世之学 / 16

第二章　孤云崔致远的风流道 / 23
　　一、思想传承 / 23
　　二、文苑之本 / 24
　　三、大同之化 / 25
　　四、人无异国 / 27
　　五、三教会通 / 28

第三章　誓幢元晓的和诤无碍 / 38
　　一、思想传承 / 39
　　二、和诤无碍 / 39
　　三、一心无寐 / 43
　　四、融会佛教 / 45

第四章　牧牛子知讷的三禅门 / 59
　　一、思想传承 / 59
　　二、定慧双修 / 60
　　三、三禅宗门 / 61
　　四、三学成道 / 64

1

目 录

第五章　牧隐李穑的隐显之学 / 70
一、思想传承 / 70
二、隐显非相反 / 71
三、隐而不显 / 73
四、隐者之显 / 76
五、灯灯相续 / 78

第六章　圃隐郑梦周的忠烈节义 / 91
一、思想传承 / 91
二、四书之学 / 92
三、乾坤之学 / 94
四、义理之学 / 97

第七章　三峰郑道传的务实维新 / 107
一、思想传承 / 107
二、排佛崇儒 / 108
三、经世治国 / 111
四、务实维新 / 115

第八章　静庵赵光祖的至治主义 / 124
一、思想传承 / 124
二、以道惟一 / 125
三、格致诚正 / 129
四、至治主义 / 133

第九章　花潭涂敬德的气一元论 / 146
一、思想传承 / 146
二、虚即气 / 148
三、机自尔 / 149
四、理之时 / 151
五、复之机 / 154

目 录

第十章　退溪李滉的圣学十图／162
　　一、思想传承／162
　　二、修养论／163
　　三、四七论／167
　　四、理发说／173

第十一章　栗谷李珥的理通气局／193
　　一、思想传承／193
　　二、理通气局／195
　　三、至善与中／208
　　四、实理实心／214

第十二章　霞谷郑奇斗的三生说／230
　　一、思想传承／230
　　二、质疑性理／232
　　三、生理生气／234
　　四、良知体用／238

第十三章　湛轩洪大容的正界说／245
　　一、思想传承／245
　　二、无量之界／250
　　三、以天视物／252
　　四、开物成务／255

第十四章　茶山丁若镛的经世之学／261
　　一、思想传承／261
　　二、六经四书／263
　　三、实心事天／266
　　四、牧民养民／271

参考文献／283
后　　记／286

前　言

究天人之际，通古今之变，成一家之言。北京大学的冯友兰教授认为"各种学说之目的在于成立道理"。①人类对生命、灵魂、万物、自然的探索，出自自身认知世界的本能。"我思故我在"，法国哲学家笛卡儿(Descartes 1596~1690)的名言因此而流传。大自然的神奇现象引起了人们的惊异，因此人们尝试去思索世界，解说世界，进而改造世界。古希腊哲学家柏拉图(Platon B.C427~B.C 347)认为哲学家的特点不是惊异，而是思索。思索与思索的对象，即意识与存在构成了哲学范畴。在这一范畴中人类精神的火花相互碰撞，所谓唯物主义、唯心主义、辩证法等各种思索方法和思辨体系不断涌现，逐渐形成了一门存在哲学的学问。哲学由最早定义的"第一哲学"、"合理演绎一切知识的最高原理"到"形而上学"的学问，发展成为现代哲学。冯友兰教授认为："哲学是人类精神的反思……是认识的反思。"②如此，哲学的概念被定义为人类思索认识宇宙与人生及二者关系的世界观和人生观、价值观。将科学成果作为对象，解释或揭示作为存在的宇宙本质和人类本性以及对人类精神生活的研究，成为哲学家的使命。

18世纪以后，人们从人文科学的学术体系上分析哲学，对哲学范畴提出了多种见解。如德国古典唯心主义的创始人康德(Kant 1724—1804)以"纯粹理性批判"、"实践理性批判"和"判断力批判"的三大批判体系，将哲学分类为逻辑学、伦理学和美学，构成其自成一体的哲学体系等。博览各家之言，笔者认为可以从人类追求真善美的最高精神境界归纳哲学范畴。如：

---

① 冯友兰：《中国哲学史》前言，中华书局，1961年。
② 冯友兰：《中国哲学史新编》绪论，人民出版社，1982年。

|哲学| 求真：理论哲学──形而上学（存在论，宇宙论）
　　　　　　　　──认识论（逻辑学，方法论，心理学）
　　　　求善：实践哲学──伦理学（价值论，人生哲学）
　　　　　　　　──社会哲学（历史哲学，经济哲学，政治哲学，法律哲学）
　　　　　　　　──教育哲学
　　　　求美：宗教哲学──美学（艺术哲学）
　　　　　　　　──神学

　　以上范畴分类而不分家。东方哲学模式一向将理论哲学与实践哲学看作一体两面，将二者的关系作为穷理的永恒目标。而在宗教哲学中，宗教与哲学的关系与其穷理方向相反，将其关系延伸，可以看到哲学与科学、哲学与宗教之间的超越关系。就常识、科学、哲学、宗教的本质特性而言，我们可以将常识看作是一种相对的负形而下学的知识；科学为一种绝对的形而下学的道理；哲学成为一种相对绝对的形而上学的理论；而宗教就是一种非相对非绝对的负形而上学的教理。由此，从常识到科学，由哲学到宗教，人类认识世界的不同层面和方法说明了人类思维在不断追求超越的过程中进行着多样化的探讨。哲学的主要内容之一是人生哲学，人类依靠哲学世界观解决人生问题，但是当人们遇到解决不了的人生问题时，便会求助于宗教，然后打破哲学的世界观，建立一套超世界观的理念。常识告诉人们一种顺其自然的相对道理；科学寻找真实的绝对道理；哲学在现实与非现实之间，追求相对与绝对的真理并探讨其过程与方法；宗教则使用超越现实的方法论，寻觅精神信仰层次上的一种非生非死非生死的纯粹超现实的绝对真理。这些有形文化遗产与无形文化遗产，都是人类物质与精神文明的产物。

　　本书推出了一批韩国哲学家和佛教大家。在研究这些思想家遗著的过程中，笔者尝试运用诠释学（Hermeneutics）的方法原则，进行文本资料的剖析解说。所谓"我注六经，六经注我"，东方传统的经典诠释方法有训诂学、考证学、经学的注释方法，还有理学的阐释学等多种多样的方法；西方学者在解释古典史诗、注释古代文献，以及注释圣经经文的过程中,也形成了古典注释学和考证古代典籍的文献学方法。1967年,意大利哲学家埃米里奥·贝蒂和施莱尔马赫·狄尔泰等学者继伽达默尔的《真理与方法》之后,在《作为精神科学的普遍方法的释义学》、《普遍解释是人文科学的方法》的著作中,试图建立一种解释学的方法论,用于对多学科的解释模式规定一套普遍的理解方法和解释标准,完善了伽达默尔创始的诠释学理论。

人类对世界的认识可分为科学知识和哲学智慧两个层次。科学知识通过对自然奥秘的探讨,去造福人类;哲学智慧则通过对人性本质的发掘,去建构人类文明社会。伽达默尔的哲学诠释学说是对科学方法论的反思而提出来的。伽达默尔将真理放到了后一层次上理解,认为所谓真理不是唯一的,而是非精确的,是多元开放性的,进而提出了与科学方法具有本质差别的人文科学方法论——哲学诠释学。他在晚年用一个词解释了诠释学的意义,就是 phantasie,意为想象力或幻想力。知识所研究的是客观对象,智慧则蕴含在前人精神的无形文化遗产之中,需要依靠今人的主观认识能力去发掘,才能得以再生而保持其鲜活性。文本资料中存在着某些意义,等待着今人去理解诠释。如果诠释者仅仅将文本看作研究的一个对象,无意之中便会产生主客二分现象,而不能真正理解文本原义。只有参与并深入到文本之中,在文本境遇中将自己的主观情绪与原作者合一,诠释者才能与原作者相互理解。这并非是认知过程,而是主客合一的经验周旋过程。客观认知与主观参与的方法,既是获取知识与智慧不同的方法,又是认识结构上不同层次的研究方法。前者主客二分,后者主客合一。本书在与先圣的交流中,尝试理解并诠释文本含义。先圣大家总结了当时的社会和历史状况,将自己的经验留驻文字,传谕后代。解读这些文本,理解这些文字的内涵意义,正好是一个逆向研究过程。逆向与正向不同的地方是一个倒转,思想家们直接创作的经典,要通过笔者的心理理解过程重创,这种重新认识和重新构造不是被动的模仿,而是创作过程的倒转经历。按照伽达默尔的解释,文本意义再现原则有三,首先要客观地诠释文本内容,不可将文本内容注释成别的内容,以保证诠释对象的自主性;其次是理解的现实性原则,诠释者对文本的理解是在当前情况下进行的,受到当前认识方法、目的和要求的限制,即所谓现实意义的探讨、现代照明等要求;最后一个至关重要的原则是文本内容要与诠释者的理解一致。伽达默尔特别强调理解永远是自我与他物的统一,所以他提出的诠释学并不是一种方法论的控制,而是一种想象力的发挥和创造精神的体现。

人类思想史由思想巨星荟萃而成,群星灿烂,每一位巨星的思想都代表了那个时代思想意识的精华,又是对前一个时代思想智慧的传承。本书以韩国思想史上最具有代表性的思想家作为研究对象,其中列举的人物既有佛学者,又有儒学大家。能够称之为思想家的人必须具有独特的哲学思想命题和理论系统,以及理论与实践的一贯性,其思想价值在韩国学术史和东方思想史上皆占有重要地位。冯友兰教授指出:"研究哲学史可以凭借的最好资料,当然是以前的哲学家们的著作。这是最好的资料,因为它是第一手的资料,是以前哲学家们的笔下直接出来的。他们所写的,当然就是他们的思想了……"但是研究者对这些材料,必须有一定的了解和体会,"所谓了解就是能够抓住某一家的哲学体系的逻辑结构来。所谓体会,就是能够在一定程度上经验他们的哲学所能达到的精神境界"。[①] 鉴于韩国思想家所留下来的著作有限,本课题的研究范围限定在10世纪至19世纪。主要依据各时期思想家本人的原著和一些史料文献资料,研究整理其中的哲学概念和理论体系,分析其定义和范畴,以及这些思想家与当时社会现状的关系,其哲学理论对社会发展的促进作用。也就是说,解读诠释有关韩国思想历史的文献资料,分析里面含有的思想内容,看某种思想与当时社会的关系,分析这一思想在整个韩国思想史中所占有的位置。本著作研究涉及的文献资料有思想家本人的著作、文章、书函,思想家的弟子、朋友、亲戚直接听到并记下来的导师语录,后人间接地听到看到、记录总结出来的年谱、行状、人物评论、言行记录等,其次是后人对思想家思想的注释和史料整理文献。

---

① 冯友兰:《中国哲学史新编》绪论,人民出版社,1982年。

中韩两国文化自古源远流长,在不断交流中互动互助,互相渗透,形成了互通的传统文化。中国的儒释道思想东传,韩国运用儒释道思想化解自身社会矛盾,寻求治世之道。特别是 14 世纪以后的朝鲜朝时代,朝鲜学者奉儒学为国教,将儒学与社会现实相结合,进而国家的典章文物制度、社会的伦理道德、人们的价值观念和心理结构以及生活方式皆以儒学作为理论基础。朝鲜朝学者注重儒学的实践理性和人间伦理的提升,围绕性理学的根本问题展开学术论争,形成主理、主气、折中、实学等学派,构成独具特色的朝鲜儒学思想。因此,在东亚区域文化圈中,至今韩国仍然是一个典型的儒学国度。

  本著作的研究还特别关注了韩国文化与思想和哲学的关系。韩国高丽大学的尹丝淳教授精辟地论述道:韩国"哲学是思想的基础,而思想又具有哲学的日常化性质;文化是思想的表现,而思想则是文化的根基。"[①]从学科分类和文化学的结构层次上看,文化的主干是文史哲学科。人们学习史学提高记忆,研究文学提高想象力,探讨哲学提高悟性。文化的底层结构是语言、文学、风俗、习惯、饮食、衣食住等看得到的现象,是具体现实的。而构成其行为规范和生活习惯后面所看不到的潜文化意识和思想则是文化的高层结构。若言梦幻是"日有所思,夜有所梦",那么行为便是"日有所思,日有所行"。人的行为规范一定会受到人的思想支配,经过思考落实到行动上。这说明人类思想的日常表现是文化,而哲学的日常表现则是思想。哲学之所以被称为形而上的第一哲学,就是因为哲学表现为一种高度抽象的理论精华,哲学的这一特征要求哲学与现实保持一段距离。思想是文化的理论依据,哲学是思想的方法论,思想与哲学既是文化的根基,又是人类文化金字塔的制高点,三者形成了人类文化意识形态的基本结构和层次。

  那么,韩国精神文化的金字塔在哪里? 本书将揭示这一奥秘玄机! 书中以典型的韩国思想家为大纲展开论述,力求剖析各个时期韩国著名思想家的思想体系,进而从思想史的角度探讨韩国精神文化与思想精髓。靠这些至圣先师的睿智引路,在漫漫思想历史的长

---

① 尹丝淳:《韩国儒学研究》,陈文寿、潘畅和译,新华出版社,1998 年。

河中画龙点睛,凸显大家思想,点燃韩国精神文化金字塔尖上的火炬,以照明21世纪共生哲学持续发展之道!

洞察精微

第一章 韩国思想史概述

图名:韩国国旗太极旗

太极旗简意:正义、富饶、光明、智慧、弘益人间

韩国太极旗的由来与意义:1882 年,朝鲜朝使臣朴泳孝和金玉筠绘制了太极旗,作为临时对外谈判的王朝标志使用。1883 年,太极旗被正式采纳为朝鲜王朝的国旗。1948 年韩国政府成立,决定将太极旗作为大韩民国的国旗使用。太极旗是大韩民国理念与民族精神的象征。太极旗的白底色象征白衣民族的纯洁性和单一性;旗子中央的太极圆形象征宇宙万物的根源和人类生命的源泉;太极的红色和蓝色鱼形表示天上地下、上阳下阴、阴阳两仪相对和合,象征国家的团结统一;太极四周的"乾坤坎离"四卦浓缩了周易"乾兑离震巽坎艮坤"八卦的含义。乾卦位于太极的左上角,表示天道至善至公的正义;坤卦位于阴阳圆的右下方,表达地道厚德载物的富饶;坎卦位于太极的右上方,代表水性,即智慧和活力;离卦位于太极旗的左下方,表示火的光明和热情。

人类精神文明伴随着社会历史长河的翻滚跌宕不断向前发展。每一个民族都在滚滚的历史长河中不断凝聚汇集民族文化的精华要素,形成各自的精神家园而享乐其中。翻开韩国思想史的画卷,首先跃入眼帘的便是韩国国旗所表现的东方哲学精华的太极符号,接下来是那些为弘扬东方思想而钩深致远的韩国思想大家崔致远、元晓、退溪、栗谷、茶山等等,其次还有本书未及得写到的,在韩国思想史研究和在韩国近现代哲学思想的研究方面做出了巨大贡献的导师李

炳宪、崔汉绮、朴殷植、张志渊、河谦镇、玄相允、李相殷、朴钟鸿、李炳焘、裴宗镐、柳承国、刘明钟、金忠烈、尹丝淳、琴章泰等等。他们丰硕的研究成果，为后人继承传统文化提供了翔实的参照。笔者对他们致以最崇高的敬意，同时追寻先师的足迹，对韩国思想史梗概作简要叙述。

一、弘益人间

人类最初的思维雏形必然会表现为一种神学状态。古朝鲜的开国神话所记载的檀君王俭之父天神桓雄率风伯、雨师、云师等众神三千降于太伯山顶神市，在世理化，管理人间，曰"弘益人间"。新罗的朴赫居世等开国英雄的神话令朝鲜人深信不疑。这些神话说明了古朝鲜人相信主宰人间生命、疾病、秩序、刑法、风雨、五谷丰年的是自然众神。基于这种多种神灵信仰的自然神观，部落里德高望重者被推举为"巫师"，由巫师率领部落民或村民进行"洞祭"或"村祭"，通过巫俗信仰活动进行部落或村落的管理。然而巫师的神力是有限的。当古朝鲜由部落民族向着国家雏形发展的时候，初级国家体制的完备、社会秩序的调整、人心的安定，都需要一种较为先进合理的理论做指导，需要一种社会伦理道德规范来约束。而巫道的神罚、神道的成命都无法彻底解决建国之初的难题。最终使古朝鲜脱离原始神道文化而跃入新思想时代的是从大陆传入的儒释道文化。朝鲜朝中期的大儒李珥栗谷先生（1536—1584）撰写《箕子实记》曰：

> 箕子商宗室也，或曰名胥馀，学明九畴，身传圣道，以畿内诸侯仕为太师，帝乙嫡子。……箕子谏纣不听，囚箕子以为奴人。……周武王克商，命召公释箕子之囚。……箕子既为武王传道，不肯仕，武王亦不敢强。箕子乃避中国，东入朝鲜。中国人随之者五千，诗书礼乐，医巫阴阳卜筮之流，百工技艺皆从焉。武王闻之，因封以朝鲜，都平壤。初至言语不通，其略译而知之。教其民以礼仪、农桑、织作、经书、井田之制。设禁八条：相杀偿以命，相伤以谷偿，相盗者男为其家奴、女为婢，欲自赎者，人五十万。虽免为民俗，犹羞之嫁娶无所售，是以其民不盗，无门户

之闭,妇人贞信不浮。辟其田野都邑,饮食以笾豆,崇信让,笃儒术,酿成中国之风。①

中国商代末期,殷纣王(B.C.1098—B.C.1066 在位)荒淫无度,箕子为殷纣王的叔父,由于反对纣王所为,被纣囚禁。周武王(B.C.1066—B.C.1064 在位)灭殷建立西周之后,释放了箕子。箕子东走朝鲜,被周武王封为朝鲜侯。箕子在朝鲜以礼仪教育百姓,以农业技术指导人们耕作田地,成为朝鲜文化的启蒙者。故栗谷又曰:"我东人受箕子罔极之恩,其于实迹宜家诵而人熟也。"②

大约在公元初年,汉字传播到朝鲜半岛。直到 15 世纪为止,朝鲜由于没有本民族文字,所以长期借用汉字作为官方文字使用,或者借用汉字标记朝鲜俚语。因此,朝鲜人在相当长的时期里,从学校的教科书到官方的外交书函以及历史书籍资料的整理,都依靠借用的汉字来完成。从中国内地输入的汉字和汉文学,被用于古朝鲜民族的文化教育、文学艺术、政治外交和历史资料的记录。随着汉文字和汉文学诗赋的学习普及,中国内地的儒家思想渐渐深入人心。

新罗国第二代国王南解王次次雄(公元 4—23 年在位)的名字意义为"巫";又名慈充,意为"尊重的长者"。《三国史记》记载:"南解王次次雄或云慈充。金大问云:方言谓巫也。世人以巫事鬼神,尚祭祀,故畏敬之。"由此可知,朝鲜古代王者是巫师神者,兼任政治统治者。新罗南解王的统治理念以事鬼神、尚祭祀为主。而到了新罗第 23 代真兴王(公元 540—575 年在位)时期,王者的统治意识里已渗进了许多儒家政治理念。如朝鲜最早的历史碑文《真兴王巡狩碑》中记录:"淳风不善,则世道乖真。玄化不敷,则邪为交竞。是以帝王建号,莫不以修己以安百姓。"承继先祖的业绩,顺从干道天意,注重邻里关系,"修己以安百姓"。碑文说明新罗国真兴王已经掌握了儒学修己治人的政治理念,从为政以力、为政以巫术的神治统治开始转向为政以德、为政以礼的人治统治。古朝鲜固有巫俗文化与外来文化的结合,可以认为是在新罗时期初步完成的。

---

①② 李珥:《栗谷全书》卷十四,杂著一《箕子实记》,成均馆大学校大东文化研究院,1971 年。

二、玄妙之道

韩国巫俗文化与外来文化的嫁接方式,观新罗国真兴王建立的花郎道可略见一斑。新罗国真兴王选择貌美有德的青年男子"徒众云集",组成一种培养教育人才的修行团体,称作"花郎道"。新罗圆光法师(542—640)为花郎徒规定了世俗五戒:"事君以忠,事亲以孝,交友以信,临战无退,杀生有择。"这五条戒律被看做是花郎道的基本教义。其中包含"忠孝信义"的儒学思想要素和佛教的杀生有择的善恶轮回观念。简而言之,"忠、孝、信、勇"为花郎徒"相磨以道义"的主要内容;仁山智水为花郎徒"相悦以歌舞"的修行方法;花郎道的修行方式保留着传统巫俗的浓厚色彩。新罗国学者崔致远在《鸾郎碑序》中曰:

> 国有玄妙之道,曰风流。设教之源,备详仙史,实乃包含三教,接化群生。且如入则孝于家,出则忠于国,鲁司寇之旨也。处无为之事,行不言之教,周柱史之宗也。诸恶莫作,诸善奉行,竺干太子之化也。①

花郎道融会儒释道巫俗于一体,用以培养具有完善人格和献身精神的栋梁人才,使青年人"入则孝于家,出则忠于国";使新罗国"贤佐忠臣从此而秀,良将勇卒由是而生"。② 最终以弱胜强,于公元668年,新罗国借助唐朝的力量第一次统一了半岛。接着是罗唐文化交流的兴盛,大批留学生和留学僧来往于唐。《三国史记》记录:

> (新罗朴氏)以至诚事中国,梯航朝聘之使相续不绝。常遣子弟造朝而宿卫,入学而讲习,于以袭圣贤之风化,革鸿荒之俗为礼义之邦。又凭王师之威灵,平百济、高句丽,取其地郡县之,可谓盛矣。③

统一新罗时代,留唐的学生和僧人回国后,吸收中国的典章文物

---

① 金炯孝等:《韩国哲学史》上卷,东明社,1987年。
② 金富轼:《三国史记》卷四,《新罗本纪第四·真兴王三十七年条》。
③ 金富轼:《三国史记》卷十二,乙酉文化社,李丙焘译注,1990年。

制度,在社会礼教制度方面遵循儒家的理念和规范,在思想文化方面儒释道三教并举。韩国李丙焘教授归纳新罗思想文化的特点时说:

> 三教之于罗代,未尝反目葛藤,互为表里,关系密切。故有儒而兼佛老者,有佛而兼儒老者,非后日儒者之局于一方之类也。①

在朝鲜半岛的统一新罗时代,留唐学生频繁,儒释道盛行,盛唐文化广为传扬。佛教和道教肇始朝鲜半岛最早于高句丽、新罗、百济三国鼎立时期。6世纪初,新罗国法兴王的侄子异次顿年仅22岁,舍身自焚弘法,自此新罗国开始大兴佛教,修建兴轮寺。法兴王薨,其弟真兴王即位10年后,入华留学僧人觉德带回佛舍利。真兴王26年,陈文帝派遣使者送来佛教经论2700余卷。由于法兴王和真兴王在新罗大力推广佛教,新罗大德名僧辈出,如圆光、慈藏、元晓、义湘、明朗、慧通、顺景、大贤等。这些高僧的思想反映了三国走向半岛统一时代的佛教大众化和世俗化特征,其中最有代表性的人物是元晓大师。新罗统一后的一个世纪里,随着入唐朝留学的僧侣不断回国,从中国带回来的各种佛教宗派的理论也在半岛形成宗教派别,天台宗、华严宗、法相宗、戒律宗、法性宗、涅槃宗、密宗,各门派开宗道场林立。从信仰佛教到佛教的诸多宗派的产生,既反映了大陆佛教文化在半岛的延续,又说明新罗佛教自身理论的深入发展。

所谓分久必合,合久必分。10世纪初叶,统一新罗王朝衰败,出现了后三国,即新罗、摩震国和后百济国。新罗的甄萱将军于892年起义,反对新罗王朝,占据了朝鲜西南部,900年建立后百济国。公元901年,新罗王子金弓裔在新罗西北部起兵独立称王,定都松岳郡。904年立国号摩震。918年,摩震国的大将王建将国王金弓裔杀害,自立为王,建立了高丽国,于936年灭后百济国,938年灭后新罗国,再一次统一了朝鲜半岛。高丽王朝自918年建国至1392年,持续了474年之久。

---

① 李炳焘:《韩国儒学史略》第一编第三章,亚细亚文化社,1986年。

三、佛儒并举

高丽太祖王建(877—943)的建国"训要"十条曰：

> 其一：我国家大业，必资诸佛护卫之力。故创禅教寺院，差遣住持梵修，使各治其业。后世奸臣执政，徇僧请谒，各业寺社，争相换夺，切宜禁之。……①

高丽太祖宣布尊奉佛教，以佛教为镇护国家的国教。为防止后世奸臣利用寺庙僧人干扰政事，凡有关佛教寺庙的创建、住持僧的派遣，朝廷都非常慎重。"训要"的第六条规定履行"燃灯"节和"八关"会，即春季事佛，秋季事天与山川诸神。高丽时期，燃灯会、经行等年中佛事不断。王建即位二年，迁都松岳郡，即今日的开城，修建了法王寺、慈云寺、王轮寺、内释院、普济寺、文殊寺、圆通寺、地藏寺等十大寺院。根据史料统计，王建一生建筑寺院五百余座，造佛像、塔婆3500个。

第一个将禅宗传入朝鲜半岛的是法郎禅师。法郎于新罗善德女王(632—646在位)时期入唐求法，得到禅宗第四祖道信的心要传授，回国布教。他的门人弟子传播北禅。后来道义禅师带来南禅，逐渐在半岛形成禅宗九派，曰禅门九山，后曰九山合并，称为曹溪宗。到了高丽时期，在半岛传播了七百余年的佛教，由最初形成的"五教九山"转变为"五教两宗"。所谓"五教"为戒律宗、法相宗、法性宗、涅槃宗、圆融宗；所谓"两宗"指天台宗和曹溪宗。天台宗的创始人是义天(1055—1101)，曹溪宗的创始人为知讷(1157—1210)。义天是汉传佛教收容初期的名僧，他以渊博的佛学修养和独特的政治地位，对高丽前期的佛教进行了理论总结，因此可以说义天是朝鲜收容佛教的集大成者。知讷为了平熄高丽佛教宗派纷争的混乱局面，在佛教的实践和理论两方面，总结前人的理论，提出了"劝修定慧"的学说。因此知讷被称为新兴民族佛教之父。

---

① 金宗瑞、郑麟趾、李先齐等撰：《高丽史》卷二"太祖世家"，国书刊行会，1997年。

高丽王朝统治阶层虽然将佛教奉为国教,但实际上是佛儒兼学,为我所用,佛儒并立,互为表里。佛教被认为是在精神生活方面的修身治己之学,儒学被规定为在现实生活中的齐家理国之道。因此,大多数高丽学者都笃信佛教并兼学儒学。李炳焘教授论及当时的儒佛关系时说:"以儒者文人而酷信佛教者,又佛徒而兼通儒学者,世多有之。"① 韩国柳承国教授在提到高丽时代的特点时说:

> 高丽时代,儒佛道三教皆互不冲突,当时的儒学者皆能通词章,反之对经学则无深入研究。②

> 高丽的知识人信仰上崇尚佛教,政治上则奉行儒教,儒者及僧侣在思想上皆兼儒佛,从无反目对立之事。③

至于高丽时代儒学的特点,北京大学楼宇烈教授认为与中国魏晋以后,宋代性理学兴起以前的儒学特点基本相似。他说:

> 在中国,先秦原始儒学是士君子的修身学说,其内容主要是各种具体的为人处世的道德规范和从政理国的基本原则等。两汉时代的儒学则是朝着政治制度化和宗教化方向发展的儒学。适应这一发展趋势,同时形成了专门教授和研究儒学经典的"经学",而其中又分为注重于章句训诂的古文经学派,和着力于发挥微言大义的今文经学派。因此,一般亦有称两汉时代的儒学为"经学"的。儒学制度化方面的成功,成了它在道德思想修养方面的功能走向衰微的契机,而魏晋玄学的兴起与佛教的传入和传播,更使儒学在道德思想修养方面的功能受到了严重的挑战。自从玄学诞生以后,儒学尽管在政治制度层面仍然保持着它的统治地位,而在思想修养层面的功能,却已为玄学或道家所取代。东晋南北朝以后至隋唐时期,佛教思想的影响又超过了玄学,在士大夫的思想修养中起着重要的作用。所以,从魏晋南北朝至隋唐五代末的约七百年间,儒学只有那些理国的政治理念和体现为制度化方面的东西,在统治集团的维护下继续起着

---

① 李炳焘:《韩国儒学史略》第二编第三章,亚细亚文化社,1986年。
②③ 柳承国:《韩国儒学史》第五章,台湾商务印书馆,1989年。

作用。在这期间,统治集团始终是儒、佛、道三教兼用并重的,而一般学者也是兼通三教的。文人学士注重于章句训诂、文学词章,学习儒学经典主要是应付科举和出仕为政。后人在评论三教的社会功能时,常说:以佛治心,以道治身,以儒治世。①

公元958年,高丽光宗(949—975在位)设科举制,部分保留了旧有的世袭荫叙制度,科举成为高丽王朝选拔官吏的主要途径。若要做官,必经科举;若要及第,必读儒家经书。科举制度设立以后,王朝的官吏渐渐被儒臣取代。新兴的一批儒学士大夫对高丽诸王推崇佛教颇为不满,许多学者上疏倡儒。早在高丽成宗时,御事上柱国崔成老就上疏强调了儒学的重要性。他提出:

> 且三教各有所业,而行之者,不可混而一之也。行释教者,修身之本,行儒教者,理国之源。修身是来生之资,理国乃今日之要务。今日至近,来生至远,舍近求远,不亦谬乎?②

崔承老从国家的长治久安考虑,认为与佛教的传授相比,摄取儒学宜急务先。到了高丽末期,排佛扬儒的主张愈发引起学界的共鸣,排佛势力集中在太学成均馆。高丽朝恭让王二年(1390),王欲迎曹溪僧粲英为师,大司宪成石璘、左常侍尹绍宗等上书谏诤,历数佛教败国之史鉴,力主"勿以无君父者为师。尊尧舜孔孟之道,以开三韩太平之业"。③据《高丽史》与《高丽史节要》记载,先后上书者有成均大司成金子粹、成均博士金貂、郎舍许应等,政堂文学郑道传、密直副使南訚以及成均生员朴礎、尹向、韩皋、许迟、金绻、李子撰等十五人的联名上书等等。《高丽史》记载:

> 信者,人君之大宝也。国保于民,民保于信。近日殿下下教求言,曰:言之者无罪。于是,人皆抗疏极论政事之得失、民生之休戚,真所谓不讳之朝也。有国子博士、生员等,亦以排斥异端上书陈说,言语不谨,触犯天威,在朝之臣,不胜恐惧。臣等以

---

① 楼宇烈:《东方理学宗祖,淑世儒林楷模》。
② 《高丽史·列传》,《崔承老传》。
③ 《高丽史节要》,卷三十四,恭让王二年,古典国译丛书,民族文化促进会,1985年。

为,斥诋佛氏,儒者之常事,自古君王置而不论,况以殿下宽之量,蕞尔狂生,在所优容,乞霈宽恩,一毕原宥,示信国人。王从之,貂等得免。①

成均馆金貂等人上书言辞激烈,激怒了恭让王,王下令杀金貂等人。郑梦周等上书劝说恭让王曰:"斥诋佛氏,儒者之常事,自古君王置而不论。"金貂等因此而幸免于难。在众多排佛学者之中,成均馆博士三峰郑道传(1342—1398)的排佛论最有代表性,他引用了大量佛教用语同儒学语录进行了比较,成为丽末鲜初儒学界排佛的主要理论依据。1392年,高丽末期的武臣李成桂依靠新兴士大夫推翻了高丽朝,建立了李氏朝鲜王朝。继而,新兴士大夫所推崇的儒教便随之取代佛教,成为朝鲜王朝的国学。

四、理学东传

新生的封建王朝急需一种维护封建社会秩序、加强专制统治的精神支柱。儒学适应了这种需求,在朝鲜王朝建国之初,被立为朝鲜朝的国学。朝鲜朝设立了国子监儒教大学,选拔官僚的科举制度也更趋完善。李朝初编纂的六卷《经国大典》,体现了以儒学为理论基础的治国法则,成为应用于整个朝鲜时代的主要法典依据。自朝鲜朝太祖(1392—1398在位)到世宗大王(1419—1450在位)时代,兴学弘文,在文学、文字、数学、医学诸方面取得了辉煌的成就。李朝的士大夫仿照中国的《周礼六典》,参考中国历代典章制度,折中于李朝现实,撰写出朝鲜王朝治国大纲。早在高丽恭让王时,《朱子家礼》就传到了高丽,高丽的祭礼开始按照《朱子家礼》实行。到了李朝时期,"礼"被提得更高,成为维持封建社会秩序的法礼。《经济六典》规定了实施"五服制",同时宣布实施家礼之一的三年服丧及家庙制。太宗时代,平壤府印制《家礼》150部颁赐各司。科举考试中增加了《家礼》的测试。朝鲜朝的第四代君主世宗大王时期,制定了《三纲行实

---

① 《高丽史》,卷117,郑梦周条。

图》和《国朝五礼仪》,礼制更加强化完备。朝鲜朝学者兼官僚的两班（文武官吏）士大夫们从儒学的基本政治理念出发,对家礼、国礼的研究实践构成了这一时期学问研究的主要倾向。儒学与政治紧密结合,出现了政教合一的儒学政治化现象。

高丽忠烈王(1275—1308在位)时期,在元朝学成归国的高丽学者安珦(晦轩,1243—1306))第一次将朱子学著作带到了高丽。据《高丽史》记载,高丽朝曾派学者到中国江南购入书籍一万八百余卷。宋朝使节曾带书籍597册来到高丽国；元朝曾将宋的秘阁藏书4371册赐给高丽。这些书籍中,性理学,即朱子学的书籍居多。因此,一般认为中国宋朝性理学于13世纪初叶传到了朝鲜半岛。

以探究道德原理为特征的宋代性理学与以讲求道德实践为主的先秦原始儒学有着明显的差别。宋朝性理学通过对原始儒学形而上学的阐发,力求在身心修养的理论方面与佛、道相抗衡,进而恢复儒学在思想修养层面的主导地位。北京大学哲学系楼宇烈教授认为：

> 儒学性理学的发生,一般都追溯至唐代的韩愈(退之,768—824)、李翱(习之,772—841)等。而奠定性理学理论体系基本内容的则是北宋五子。北宋五子：周敦颐(濂溪,1017—1073)、张载(横渠,1020—1077)、邵雍(康节,1011—1077)、程颢(明道,1032—1085)、程颐(伊川,1033—1107)等人,从不同的角度探讨了儒学道德规范、伦理观念、政治理想的形上学根据,极大地发展和丰富了儒学中关于天道性命的原生理论。南宋的朱熹(晦庵,1130—1200)是性理学的集大成者。但是,他是以程伊川学说为主来建构性理学理论体系的,并按照他的理解与诠释,把北宋其他四子的有关学说纳入其体系中去。而对于其他建构与他不同理论体系的性理学派,如陆九渊(象山,1139—1192)的心学理论体系等,则是不可容忍的,因而与之发生了激烈的论争。以后,由于统治者的提倡,程朱性理学成为元、明、清三代的官方正

统学说,性理学的主流派。①

高丽末期,晦轩安珦于忠烈王十六年(1290)"留燕京,手抄朱子书,又摹写孔子、朱子真像。时朱子书未及盛行于世,先生始得见之,心自笃好,知其为孔门正脉,遂手录其书,又写孔、朱真像而归。自是讲究朱书,深致博约之工"。因此,安珦被认为是将性理学传播到朝鲜的第一人。安珦门人白颐正(彝斋,1260—1340)随高丽忠宣王(1309—1313年在位)留元十年。回国之后,收李齐贤、朴忠佐等为门生,传授性理学。安珦的另一门人权溥(菊斋,1262—1346)镂板刻印《四书集注》,使朱子书广为流传。安珦的门人禹倬(易东,1262—1342)博通经史,为《易》学专家。

高丽朝忠宣王长期居留在元大都,与许多名儒交游。继位后仍淹留不归,乃至放弃王位,传位于子忠肃王(1314—1330在位),最后于1325年死于元朝首都燕京。他在京建了一座"万卷堂",集元丽两国名儒于一堂,探究学问。如李齐贤(益斋,1287—1367)是高丽朝末期学者,15岁参加科举考试,获成均试第一名,22岁时被选入艺文馆春秋馆。忠宣王特意将齐贤召到燕京的"万卷堂"与元朝名儒交流。李齐贤的门生有李穀(稼亭,1298—1351)。元仁宗颁布科举考试程式,规定"经问"用朱子《四书章句集注》等以后,在元朝中科的高丽朝学者共九人,李穀中顺帝元统元年(1333)制科第二甲,其子李穑中至正十三年(1353)二甲第二名。《高丽史》载:

> 读卷官参知政事杜秉彝、翰林承旨欧阳玄见穑对策,大加称赏,遂擢第二甲第二名。②

李穑(牧隐1328—1396)在燕京比较系统地接受了性理学教育。他在元朝先后任应奉翰林文字承任郎、国史馆编修、翰林院权经等职,归国后任成均馆大司成。他网罗了大批著名学者来成均馆任教。学者权近(阳村1352—1409)记述了当时的盛况:

> 择一时经术之士,若永嘉金九容、乌川郑梦周、潘阳朴尚衷、

---

① 楼宇烈:《东方理学宗祖 淑世儒林楷模》。
② 《高丽史》卷115,《李穑传》。

密阳朴宜中、京山李崇山等,皆以他官兼学官,以公(李穑)为之长。兼大司成,自公始也。明年,申春,四方学者坌集,诸公分经授业。每日讲毕,相与论难疑义,各臻其极。公怡然中睡,辨析折衷,必务合于程朱之旨,竟夕忘倦。于是,东方性理之学大兴,学者去其记诵词章之习,而穷身心必命之理,知宗斯道而不惑于异端,欲正其义而不谋于功利。儒风学术,焕然一新,皆先生教诲之力也。①

朝鲜性理学理论的研究最初是由阳村权近所著《入学图说》起步的。权近39岁时,为性理学的初学者作《入学图说》上下两册,其中共画图四十幅,加有权近的解说和问答式补充说明。如书中第一图就是《天人心性合一之图》,第二至第五图分别是《天人心性合一分释之图》等。权近与高丽末期的名儒郑梦周(圃隐,1337—1392)、郑道传等都是牧隐李穑的弟子。权近的《入学图说》着重解释了四端七情的心性问题。虽然他对心性问题并未做很深入的探讨,但他的图说为朝鲜性理学起了一个导向作用,后学在某种程度上受了他的影响,同类图说书大量出现。如:

松亭金泮(? —?)的《续入学图说》
汝锄权采(1399—1438)的《作圣图说》
南冥曹植(1501—1572)的《学记类编》并《学记图》24幅
秋峦郑之云(1509—1561)的《天命图说》
退溪李滉(1501—1570)的《圣学十图》
栗谷李珥(1536—1584)的《心性情图》、《人心道心图说》
旅轩张显光(1554—1637)的《易学图说》
白湖尹钰(1617—1680)的《帝舜人心道心图》等11幅
霞谷郑齐斗(1649—1736)的《良知图》
南塘韩元震(1682—1751)的《大学图》、《中庸图》
大谷金锡文(1658—1735)的《易学二十四图解》
颐和斋黄尹石(1729—1791)的《地形图》

---

① 权近:《朝鲜牧隐先生李文靖公行状》,《牧隐集》。

华西李恒老(1792—1868)的《五行生成流行合图》
寒洲李震相(1818—1886)的《主宰图》

"图说"或"图解"成了朝鲜朝学者学习探讨性理学的重要方法之一。朝鲜学者以图和图说来诠释性理学的基本概念,并且以四端七情为导线,围绕着心性论和修养论,深入探讨了性理学的理气、心性、人心道心等诸问题。

五、理气论辩

高丽末至朝鲜初期,朝鲜儒学者分成了以郑梦周为首的义理派和以郑道传为首的务实派两大派别。前者注重传统儒学义理观念道德,维护纲常,坚持主辱臣死,不事二君,效忠旧朝,后来发展为在野的士林派;后者注重易变的天命思想,图强维新,扶持新政,后来发展成为在朝的勋旧派。掌握国家大权的官僚阶层日见腐败,官僚阶层的代表勋旧派受到了来自在野士林派的强烈抨击。勋旧派借王权欲除去士林派,因而导出了一系列士祸事端。所谓"士祸"即士林派学者横遭劫难的灾祸。当权者为了排除异己,以各种借口将大批学者流放,判处极刑,甚至满门抄斩。大儒静庵赵光祖便在士祸中遇难。士祸之后,士林学者们不得不放弃通过参政来实现儒学政治理想的愿望,转而退出仕途,远离政治,隐居山林,专事学问。有声望的学者回乡筹办书院讲经,收聚徒众,自成门户。随之,私学和乡校成为讲学、奉祀的中心而兴盛起来。以乡土为根据地聚徒讲学的学者大体有四大门户:畿下地方的金安国慕斋兄弟、徐敬德花潭,湖中地方的成运大谷,岭南地方的李彦迪晦斋、李退溪、曹植南溟,湖南地方的李恒一斋、奇大升高峰。士祸以后,朝鲜儒学者从原始儒学的政治实践理论研究转向了思索的、追求形而上学的性理学理论的思考。

性理学最初传到朝鲜时,朝鲜学界主要以学习理解和模仿为主。16世纪以后,性理学在朝鲜开花结果,盛开的第一朵花被认为是花潭徐敬德的思辨之花。徐敬德开创了朝鲜气哲学体系,他的气论体系的完成标志着朝鲜性理学开始走向自我发展、完备的阶段。此后,李朝中期展开的退栗"四七理气论争"将朝鲜性理学推向了理论思维的高峰。因此,朝鲜性理学最有代表性的理论体系可举徐敬德的气一元论、李退溪的理一元论和李珥的理气浑融论。三者的思想形成了朝鲜性理学理论体系的主干。

徐敬德思想的核心是"气"。他所提出的哲学命题全部围绕着"气"这一核心思想而设立。所谓"清虚淡泊之气"无声无味无形,触摸不到,但是切切实实地存在着,一切看得到和看不到的现象皆为气。气是宇宙质料的根本之源,一切自然现象都是作为宇宙质料根源的气的运动过程。气运动的因果律和变化规律在他的气一元论理论体系中得到颇有见地的解释。徐敬德一生不入仕途,潜心于松都的花潭溪边做学问,因此他的理论特点是摆脱了家庭、社会、伦理等实践生活问题而扩展到对自然界的认识。在认识自然界时,不受任何人为的限制,独立思考,通过对自然界客观地思考,使思维初步升华到科学概念结构的水平,成为朝鲜稀有的自然哲学者和气论体系的思想先驱。

退溪李滉被誉为"朝鲜朱子",他是朝鲜性理学的集大成者。他"集大成于群儒,上以继绝绪,下以开朱学,使孔孟程朱之道焕然复明于世"。[①] 退溪集官吏、教育家、思想家于一身,致力于内圣外王之学,终生融铸理学,将程朱理学最精华的理论要点提炼出来,加以解说和图式化,使得深奥难解的性理学根本原理简易化,得以在东夷普及推广。日本朱子学的开创者林罗山也是受到退溪理学的影响而形成自己的体系的。"理"是退溪思想的重要范畴,被退溪理解为世界万物之本源、社会道德伦理的最高标准、万物之间的联系、形而上学的抽象的概念原理。退溪认为"理"的世界最难体认,只要深究"理",便可体悟至诚的真理世界。

栗谷李珥是与退溪李滉并立的一代哲人。他无师而自通道体,洞见体源,通达体用。他虽为名儒,却不墨守当时所谓正统理学,而潜心佛老,包容阳明与诸子学问。他不仅继承了花潭的气学理论,还博采退溪的理学精华,加以修正发挥,建构理气相合之理。在理气关系上,他以为理气之妙难见亦难说。他提出了"理通气局"、"气发理

---

① 张立文:《退溪书节要》前言,中国人民大学出版社,1989年。

乘"、"人心道心相为终始"、"心性情意一途说"、"至善与中"等理学新概念。他思考的是理学理论,关注的是社会现实。他认为真正的学问"惟以讲正学为务,其学必本惟于人伦,明乎物理,择善修身,以成德为期,晓达治道,以经济为治"。① 他的理气论在内以人伦为根柢,涵养德性;在外明于物理,以经济为志,图达治以求国强民富。

朝鲜朝后期,理学派主气、主理、折中派分离,这种现象的出现是与花潭、退溪、栗谷思想的特点分不开的。主气派对客观现实的宇宙论感兴趣,追求自然观的发挥;花潭的气一元论正是注重客观实在性的"气学派"的理论基础。主理派对主观现实的人本体论感兴趣,追求的是道德本体论的人生观。退溪的理一元论注重主观诚实性,为主理派提供了理论依据。栗谷的理气统合论则为折中派提出了理论依据。所谓"主理""主气"说,出自李退溪语。退溪曰:"大抵有理发而气随之者,则可主理而言耳,非谓理外无气,四端是也。有气发而理乘之者,则可主气而言耳,非谓气外无理,七情是也。"② 某种思想的产生最初都是在克服、超越现实的意识下摸索而获得的。高丽末期形成的义理派和务实派一直在以儒家义理道德为主,还是以务实更新为主的原则问题上有所分歧。继而,朝鲜朝初期,务实派转变为在朝的勋旧派,义理派转化为在野的士林派。两派之间在理气、义利、公私、善恶诸问题上继续各持己见。在理气关系上,退溪特别强调"理",因为气被认为是形而下学之器,象征实利,而理则是形而上学之道,象征义理。他认为人们必须按照义理生活。特别在士祸之后,为防止在朝的勋旧派追求私欲和权力,防止人欲流行、腐败和社会混乱而强调正义,必须大声疾呼天理,从而导致了朝鲜朝中期以后理学者对人物性情善恶根源的热烈探索,掀起了一场"四七理气"大论辩。朝鲜性理学大论辩最初有晦斋李彦迪(1491—1553)和忘机堂曹汉辅的无极太极说论辩,以后有退溪和奇高峰的四七论辩,继而有栗谷和牛溪的人心道心论辩。在论辩中分成主理主气派。论辩后期主气派的巨匠宋尤庵(1607—1689)和主理派的李寒洲(1811—1878)

---

① 李珥:《栗谷全书》,卷十五,杂著《东湖问答》。
② 李滉:《退溪集》卷十六,"答奇明彦"。

的理论达到了主理主气论的绝顶。

巍严李柬(1677—1727)和南塘韩元振(1682—1751)之间,就人物性同异、本然之善与气质之心、本然之性与气质之性的问题展开了炽烈论争。李柬一派主要是生活在洛下(京畿道一带),故称洛论。支持南塘的学者主要生活在湖中(忠清道一带),故称湖论。湖洛论争一反以往集中对人的心性义理的争论,开始关注对物的客观现实问题的研究,显示出当时学术重心的转移。

六、经世之学

16世纪末,连绵不断的战乱使李氏朝鲜社会矛盾极度激化,国力空前衰弱。农耕自然经济濒于解体,商业手工业日益兴旺,商品货币经济、资本主义生产关系萌芽开始滋生,政治、经济、社会皆处在转型时期。在社会变化转型期,特别需要学者提供一套适应时代发展的新理论来。而朝鲜性理学的学者们却依然坐而论道,述而不作,陷进僵死的观念中难以自拔,与时代和现实生活严重脱节,没有应变能力,只会在烦琐无用的空理空谈中喋喋不休。作为正统学派的主理学派还在论证"理"的至高无上的原则。他们认为万物万象千变万化生生不灭,这是因为有一种永恒不变的自然法则——"理"的存在运作的结果。这种理论本身具有一定的合理性,但是,理论和合理性一旦在实践中偏向一端时,就会使本来合理的学问价值观走样。当永恒不变的自然法则"天理",被御用为王权政治存在的理论依据时,封建王朝的统治权力就具备了永恒不能变动的绝对权威性,这正是政教合一的功用。朝鲜朝初期,政教合一所产生的"礼学",对于大一统的朝鲜封建王朝的迅速形成和发展起到了相当有效的作用。"礼"相当于当时人为的"法"的作用。但是,限于人的认识能力的有限性和社会发展条件的局限性,这种人为的法只能在有限的时间内和有限的地区内生效。人在历史过程中创立的东西具有一定的历史价值,但不具备永恒的价值,因为现存法与自然法之间有矛盾。当人为的"礼"被规定为"天理"时,就会起到偷梁换柱的作用,掩盖其弊端,强迫人们去做许多实际上违反自然之理的事情。许多亲自创立并履行这种理论的李朝学者,本身既是知识分子又是政治官僚,被称做"士大夫"或"两班"。他们为了维持自身的名分和利益,努力去建构一种更完美的理论体系,是为了防御别人的意见,去寻求一种在任何时候、任何场合都可能取胜的辩术。这样,学说就变成了辩解术,失去了思想家追求真理的意义。所谓的学术变成了一种游戏,权威理论曾经博得的威信日益下降,流入虚伪浅薄的空理空论之中,失去了时代先驱精神的生命力。

17世纪初,芝峰李睟光(1563—1628)将16世纪末开始在中国宣教的耶稣会宣教士利马窦(Mateo Ricci)写的《天主实义》介绍到了半岛。18世纪末,天主教信仰传播进入朝鲜。同时天主教同西方科学知识一起传播,西方的天文、历法和望远镜、自鸣钟等机械技术,引起了朝鲜学者的极大兴趣。1784年,李檗与丁茶山兄弟们积极研究天主教理,形成"信西派"。茶山丁若镛(1762—1836)23岁时,在参与兄弟间的活动中第一次了解了天主教教理。朝鲜朝正祖(1777—1800在位)去世,纯祖(1801—1834在位)元年,1801年的辛酉邪狱,茶山受到牵连,自40岁到57岁期间,茶山在全罗道南端的海边度过18年强制流放生活,期间对朝鲜实学做了理论性总结,成为朝鲜实学理论的集大成者。

17世纪,是朝鲜由农耕社会的土地大本的农业经济向商业工业化社会的商品经济转化的时期。此时,阳明学、西学、清朝的考据学传入朝鲜,多样文化的冲击,对窒息的理学已感厌倦无奈的学者是一个极大的刺激。他们离开书斋,去研究社会现实问题,逐渐形成经世致用、利用厚生、实事求是三大奋发革新的实学学派。被称为实学派的学者接纳了从中国清朝传来的阳明学、考证学、西学,对由传统通向近代的"过渡之道"进行了积极的思考。他们重新评价了各种传统价值观念,试图冲破圣经式的理学方法,兴起博学多识、联系实际的学风。他们强调主体意识和学问的实用化,致力于解决国计民生的实际问题,提倡科学性、合理性,强调人的主体价值,承认人之情欲的自然性,注重理性、现实性、经验论、尊重人权,主张改革革新、追求人的自由平等、倡导实用精神、讲求实学胜于虚学。尽管朝鲜实学家们高举经世济民、利用厚生、实事求是的大旗,但是其主张的理论根据依然没有脱离经学思想,而是在试图弥补性理学不重现实的不足。由于这一阶段的学风具有反权威、反传统、反空疏的特色,所以朝鲜学者将17世纪末至19世纪初朝鲜理学的发展划分为思想史上的实学阶段。李成佑教授从社会学的角度对该阶段的思想发展进行划分:第一期为18世纪前半期,朝鲜实学兴起时期,经世致用一派为了治国安邦,振兴农业进行土地改革;第二期为18世纪后半期的实学发展时期,利用厚生一派为了富国富民而发展商业、改良技术;第三期为19世纪前半期的实学完结期。实事求是一派吸收了中国清朝的考据学方法运用于金文学的研究,使朝鲜实学又被拉回了书本的考证学之中,而对形而下之器的探求不得不暂告一段落。

朝鲜实学使传统学问同科学方法联系起来,给抽象的理气赋予了充实的科学内容:天文学、地理学、物理学、数学等。找到了与现实社会较为接近的连接点:博物学。实学采用实事求是的实证方法,产生了一些相关学科。朝鲜实学作为朝鲜儒学发展的最后一个阶段,其哲学性格既是对理学的反对,又是对理学的发展,既是对西学的排斥又是接纳,体现着"过渡之道"的双重性格。实学思想家们将气存在的空间的无限性给予了科学的论证,初步尝试使哲学通过科学间接与经验世界相沟通的途径,使气哲学原有的抽象的空间的无限性具有了天文学等科学的、现实的内涵意义,从抽象上升到具体,由形上超越到形下、合内圣与外王,赋予了理气哲学更为广阔的进出天地。朝鲜实学有两条重要内容,一是增强科学意识,二是增强现实意识。朝鲜实学者以气一元论的传统自然哲学为理论基础,以实证的方法将数学、天文学、医学、植物学等自然科学融入以往单纯的理学学问内涵之中,进而找到了自然哲学与自然科学的连接点,找到了发展科学的哲学理论依据。

如果说文艺复兴和启蒙运动是西方历史文化的转折点的话,朝鲜实学是走向近代的哲学反思。在文艺复兴之前,西方在经院式宗教统治下,同东方一样,学者的兴趣只有有限的几样,比如神学,而其他的东西都是以神学的要求为准的,评价一样事物的优劣皆以圣经为唯一标准。文艺复兴改变了这些。与此意义相当,朝鲜实学思潮冲破了一色理学的权威禁锢,为农耕文化转向工商业文化提供了方法论,即学问的多样化,学问的专业化,理论与实践相联系的经世致用化。由儒学人本精神的回归连接近代人性化的解放,由传统哲学方法连接近代科学技术,从而具备了时代意义。朝鲜实学之后掀起的文化启蒙开化运动成为朝鲜走向近代的重要历史转折期。遗憾的是19世纪全球性资源掠夺的外来侵略,中断了朝鲜半岛的文化进程。

韓國思想史料閱讀

■《漢書·地理志28下》

殷道衰,箕子去之朝鮮,教其民以禮儀田蠶織作。樂浪朝鮮民犯禁八條,相殺,以當時償殺;相傷,以穀償;相盜者,男沒入爲其家奴,女子爲婢。欲自償者,人五十萬。雖免爲民,俗猶羞之,嫁取無所讎。是以其民終不相盜,無門戶之閉,婦人貞信不淫。辟其田民飲食以籩豆,都邑頗放效。吏及內郡賈人,往往以杯器食。郡初取吏於遼東,吏見民無閉藏,及賈人往者,夜則爲盜,俗稍益薄。今於犯禁,寖多至六十餘條。可貴哉,仁賢之化也。

■《尚書大傳·伏生》

武王勝殷,繼公子祿父,釋箕子之囚。箕子不忍周之釋,走之朝鮮。武王聞之,因以朝鮮封之。箕子既受周之封,不得無臣禮,故于十三祀來朝。武王因其朝而問鴻范。

■《史記·宋微子世家》

武王既克殷,訪問箕子。武王(問以安民之道——略)。箕子(演述鴻范九疇——略)。于是,武王乃封箕子于朝鮮而不臣也。

■《箕子實記》,李珥《栗谷全書》卷十四,雜著一

箕子商宗室也,或曰名胥餘,學明九疇,身傳聖道。以畿内諸侯仕爲太師,帝乙嫡子。受資辯捷疾,拒諫飾非。其庶兄啓,恪慎克孝。箕子度受非元良,以啓長且賢,勸帝乙立之。帝乙難於廢嫡,卒立受爲太子,封啓爲微子。帝乙崩,受即位號爲紂,始爲象箸。箕子歎曰:彼爲象箸,必爲玉杯,爲玉杯則必思遠方珍怪之物,而御之矣。輿馬宮室之漸自此始,不可振也。紂淫虐日甚,微子痛殷將亡,謀於箕子

及少师。比干曰:"今殷其沦丧,若涉大水,其无津涯。今尔无指告,予颠隮若之何?"箕子曰:"商今其有灾,我兴受其败,商其沦丧,我罔为臣仆。诏王子出迪我,旧云刻于王子弗出,我乃颠隮自靖人自献于先王,我不顾行遯。"微子乃去之。箕子谏紂,紂不听,囚箕子以为奴人。或曰可以去矣。箕子曰:为人臣谏不听而去,是彰君之恶,而自说於民,吾不忍为也。乃被发佯狂而受辱,鼓琴以自悲。故传之曰:箕子操,比干谏而不退,紂杀之。

周武王克商,命召公奭释箕子之囚。王就见之,虚己问殷所以亡。曰:"吾杀紂是歟非歟?"箕子不忍言。王乃问:"以天道曰呜呼。箕子惟天阴骘,下民相协厥居,我不知其彝伦攸敘。"箕子乃言曰:"我闻在昔,鲧陻洪水汩,陈其五行,帝乃震怒,不畀洪范九畴,彝伦攸斁。鲧则殛死,禹乃嗣兴,天乃锡禹洪范九畴,彝伦攸敘,乃陈洪范其大目。一曰五行,二曰敬用五事,三曰农用八政,四曰协用五纪,五曰建用皇极,六曰乂用三德,七曰明用稽疑,八曰念用庶征,九曰嚮用五福,威用六极。其论皇极曰:无偏无陂,遵王之义。无有作好,遵王之道。无有作恶,遵王之路。无偏无党,王道荡荡。无党无偏,王道平平。无反无侧,王道正直。会其有极,归其有极。"箕子既为武王传道,不肯仕,武王亦不敢强。箕子乃避中国,东入朝鲜。中国人随之者五千,诗书礼乐、医巫阴阳卜筮之流、百工技艺皆从焉。武王闻之,因封以朝鲜,都平壤。

初至语言不通,译而知之。教其民以礼义、农蚕、织作、经书、井田之制。设禁八条,其略:相杀偿以命。相伤以谷偿。相盗者男没为其家奴,女为婢。欲自赎者,人五十万。虽免为民,俗犹羞之,嫁娶无所售。是以其民不盗,无门户之闭。妇人贞信不淫。辟其田野,都邑饮食以笾豆,崇信让,笃儒术,酿成中国之风。教以勿尚兵鬪,以德服强暴。邻国皆慕其义归附。衣冠制度悉同乎中国。

其後,箕子朝周过故殷墟,见宫室毁坏,生禾黍。箕子伤之,作麦秀之歌。曰:"麦秀渐渐兮,禾黍油油。彼狡童兮,不与我好兮。"殷民闻之,皆流涕。朝鲜被仁贤之化,为诗书礼乐之邦。朝野无事,人民懽悦,以大同江比黄河作歌,以颂其德。

箕子薨,箕氏世君東土。周末燕伯稱王,將東略地。朝鮮侯欲興兵伐燕，以尊周大夫禮諫之而止。使禮西說燕，燕亦止不侵。侯亦自稱王，後子孫稍驕虐，燕乃遣將攻其西，取地二千餘里，至滿藩汗爲界，朝鮮遂弱。及秦并天下，築長城，抵遼東。朝鮮王否畏秦服屬。否薨，子準立十餘年而秦滅。燕齊趙民多亡入朝鮮。及盧綰王燕，朝鮮與燕以浿水爲界。及綰入匈奴，燕人衞滿亡命，聚黨千餘人東渡浿水求居西界爲藩屛。王準信之，拜爲博士，賜以圭，封之百里，令守西鄙滿。誘納逋逃衆漸盛，乃遣人詐告王準，漢兵十道至，欲入宿衞，遂襲王準，準戰不敵，浮海南奔朝鮮，遂爲滿。有自箕子傳四十一代，凡九百二十八年而失國。箕準被逐，率其左右宮人入居韓地金馬郡，號馬韓王，統小國五十餘，亦傳累世。厥後新羅高句麗百濟漸大，馬韓寖衰。百濟始祖溫祚王二十六年，襲馬韓并其國。箕氏主馬韓又二百年而亡，傳祚前後，凡一千一百二十餘年。

贊曰：猗歟！大師運遭昭夷，內貞而晦，制義隨時，被髮操音，惟天我知。宗國既淪，嗚呼！曷歸法授蒼姬，身莅青壝，誕闢土宇，樂浪作京，鰈域長夜，肇昭日星，禁設八條，文宣禮樂，江清大同，山重太白，子孫繩繩，千祀是卜，五世不斬，迄受遺澤，報祀仁辟，極天如昨。

謹按：天生蒸民，必降聖賢以主之。輔相化育，宣朗人文，以遂其生，以立其教。伏羲以下迄于三王，代天開物，故命之以我東有民想不後中國，未聞睿智有作，以盡君師之責。檀君首出文獻，罔稽恭惟。箕子誕莅朝鮮，不鄙夷其民，養之厚而教之勤，變離結之俗，成齊魯之邦，民到于今受其賜。禮樂之習，濟濟不替，至於夫子有浮海欲居之志，則微禹之嘆，沒世愈深矣。大哉！箕子既陳洪範於武王，道明于華夏，推其緒餘，化洽于三韓子孫，傳祚千有餘年，後辟景仰，若揭日月，崇德報功，世篤其典。苟非元聖，烏能致此？嗚呼！盛矣哉，齊人只知有管晏，此故不免坐井。至於洙泗之儒，深釋夫子微言，洛閩之士，徧傳程朱遺教，亦其理宜也。我東受箕子罔極之恩，其於實迹，宜家誦而人熟也。然今之士被人猝問，鮮能條答。蓋由群書散漫，學之不博也。尹公斗壽會奉使朝天，中朝士人，多問箕子之爲。尹公病不能專對，既還，乃廣考經史子書，裒集事實及聖賢之論，下至騷人之詠，摭而成書，名曰《箕子志》。其功良勤，而其嘉惠後學，亦云至矣。第念雜編經傳，統紀難尋，珥乃不揆，僭濫竊採志中所錄，約成一篇，因略敍立國始終世系歷年之數,名曰《箕子實紀》,庶便觀覽焉。

萬曆八年,庚辰仲夏,後學德水李珥謹志

鈎深致遠

第二章 孤云崔致远的风流道

名:崔致远 CH'OE CHI-WON
号:孤云、海云 고운 최치원

生:公元 857 年
卒:不祥

思想简括:风流之道

著作举要:《桂苑笔耕集》

语录:国有玄妙之道曰风流,说教之源,备详仙史,实乃包含三教。接化群生,且如入则孝于家,出则忠于国,鲁司寇之旨也。处无为之事,行不言之教,周柱史之宗也。诸恶莫作,诸善奉行,竺乾太子之化也。

一、思想传承

　　研究思想家需要依据第一手资料,即思想家本人的著作。但是朝鲜半岛三国时期以前的思想史料鲜有保留,流传下来的最早的思想史文献只有新罗时期思想大家崔致远、元晓、义湘的著作。《桂苑笔耕集》是崔致远先生的亲笔大作,是新罗时代惟一的一本文集,也可以说是反映朝鲜学者思想的最早的一本学术著作。故后人为《桂苑笔耕集》写序曰:"吾东方之有文章而能著书传后者,自孤云崔公始。"①

二、文苑之本

公元618年,中国隋灭唐兴,周边民族国家大批公私留唐学生云集大唐。"贞观五年后,太宗始兴国学,遂增筑学舍一千二百间,四门亦增生员……高丽、百济、新罗、高昌、吐蕃诸国酋长亦遣子弟请入学。于是国学之内,八千余人。国学之威,近古未有。"②唐朝将四方求学的留学生安置在国子监学习,称为"宿卫"留学生。这些留唐学生科举考试合格者登榜首,及第者封官授爵,学而优则仕,毕业后可留唐做官,亦可带文凭回国任职。宿卫学生在唐学习年限为十年,一般毕业后归国,换下一批学生入学。宿卫留学生必须是各国的贵族王室子弟或国家重要使臣。他们既是留学生,又是文化交流的使者,不断交替更换,担负着文化交流与传播的双重使命。

868年,新罗景文王(861—874年在位)时期,崔致远满11岁。"致远少精敏好学,将随海舶入唐求学"。③ 临行之前,父亲勉励他"十年不及第,则勿为吾儿"。崔致远在唐朝学习了7年,于公元874年,18岁及第登科。"致远至唐,追师学问无怠,乾符元年甲午,礼部侍郎裴瓒下一举及第。"④此后崔致远留唐为官多年,"及年二十八岁,有归宁之志"于885年回到新罗。崔致远将汉诗汉文学带到新罗,在新罗的乡歌文学的基础上发展了汉文诗歌,因此在韩国文学史上亦被称为"东方文苑之本"。

崔致远从唐朝返回新罗,正值新罗真圣女王(888—897年在位)时期,国势混乱,国库亏空。889年,农民起义爆发,局势一片混乱。894年,崔致远上书《时务策》,提出改革案,按照儒家官僚制度改革新罗贵族骨品制,将部落头领改称为"王"。真圣女王赐予崔致远新罗最高官位——阿湌。由于新罗贵族统治势力的反对,崔致远的改

---

① 崔致远:《崔文昌侯全集》,成均馆大学校大东文化研究院,1972年。
② 《唐会要》卷三十五。
③④ 金富轼:《三国史记》卷第46,列传第六,乙酉文化社,1990年。

革案没有被采纳。非但如此,崔致远还因此而受到猜疑和排挤,连连贬官。"致远自以西学多所得,及来将行以志,而衰季多疑忌不能容,出为大山郡太守。"893年,真圣女王任命崔致远为遣唐使赴唐,但因灾年和社会的混乱,无法成行出使,只好放弃。真圣女王在位11年,由于政绩不佳,禅让王位给孝恭王(898—912年在位)。新罗国势日衰,崔致远难以实施抱负,不得已而四处云游,踏遍庆州的南山,刚州的冰山、智异山,昌原的月影台、海云台、风岩台等地。晚年带家眷隐居海印寺、伽倻山、月留峰、孤云庵一带。史料记录:"伽倻山在陕川治缥县北三十里,山有海印寺,崔文昌带家隐于此,为月留峰,峰下有清凉寺,崔文昌游处。"①崔致远何时过世,未有记载。高丽显宗(1010—1031年在位)11年8月,追赠崔致远为内史令;1023年,显宗又追封崔致远为"文昌侯",在先圣庙从祭。朝鲜朝时代,在泰仁的武城书院、庆州的西岳书院、咸阳的柏渊书院、永平的孤云影堂、大邱解颜县的桂林祠等地的寺庙中祭祀崔致远。

三、大同之化

《桂苑笔耕集》记载:"伏蒙将军念以来自异乡,勤于儒道。"②崔致远留学唐朝有着明确的目的,就是要应考科举,步入仕途,因此必然要钻研经典儒学和文章诗赋,参加科举考试。中国科举文化的健全正是在唐代形成的。除了秀才、举人、进士及第者们的杏园诗宴、雁塔题名等文运外,通过科举制度的实施使得儒家经典得以深入人心,从而带动了儒家社会价值观念的普及。崔致远早年留学唐朝,在这种环境的熏陶中形成了他的世界观。金富轼形容崔致远等当时留唐盛况时说:

> (新罗朴氏)以至诚事中国,梯航朝聘之使相续不绝,常遣子弟造朝而宿卫,入学而讲习,于以袭圣贤之风化,革鸿荒之俗为礼义之邦。又凭王师之威灵,平百济、高句丽,取其地郡县之,可

---

① 《东文选》,《东国舆地胜览》。
② 崔致远:《桂苑笔耕集》第十九卷,《与客将书》。

谓盛矣。①

崔致远在唐朝学而优则仕,一帆风顺。他集儒者、文官、诗人、僧侣于一身,是汉文学和儒学的传播者,在唐罗文化交流中发挥了重要作用。崔致远归国的抱负是实现大同理想。他说:

> 必可驱尧舜而殿禹汤,苑五岳而池四海,盛矣美矣!②

尧舜为前驱,禹汤殿后,将三山五岳作为庭园,将四海当作莲池,那是多么昌盛的时代,多么美丽的江山啊!崔致远发自内心地赞美大同世界。他回到新罗之后主张"格蛮夷,归尧舜之风"③、"贤圣夷致尧舜为先",④因为"尧舜之理能咸若,禹汤之兴必勃焉"。⑤ 纠正蛮夷落后的风气,回归尧舜之风,实践尧舜的治理经验,必然会带来像禹汤时代那样的兴旺景象。因此,他提出:

> ……政以仁为本,礼以孝为先。仁以推济众之诚,孝以举尊亲之典,莫不体无偏于夏范,遵不匮于周诗。⑥

崔致远从儒家思想的根本即仁与孝的道德观出发,提倡礼的思想,涵盖以仁政为根本的政治思想,以及以孝道为基础的道德伦理。崔致远曾经上书表达过自己的愿望,曰:

> ……次愿太尉廓清寰宇,高坐庙堂,演迦倻之真宗,龙堪比德;举儒童之善教,麟不失时。克兴上古之风,永致大同之化。⑦

中国隋唐时期是佛教盛行之时,故将儒学排在佛学之后称为"儒童之善"。显然崔致远也受到这种影响,但他还是强调要不失时机地传授孔子之教,发扬上古尧舜的风气,为实现大同目标而努力。崔致远表达了他的愿望是太尉掌握天下,高高地坐在庙堂上面讲演迦倻

---

① 金富轼:《三国史记》卷十二,《论曰》。
② 崔致远:《桂苑笔耕集》卷一,《贺通和南蛮表》。
③ 崔致远:《桂苑笔耕集》卷七,《郑畋相公第一》。
④ 崔致远:《桂苑笔耕集》卷十九,《兴金府郎中别纸第二》。
⑤ 崔致远:《桂苑笔耕集》卷一,《贺回驾日不许进歌乐表》。
⑥ 崔致远:《国译孤云先生文集》,孤云先生文集编纂会,1973年。
⑦ 崔致远:《桂苑笔耕集》卷十六,《求化修大云寺疏》。

佛宗,使老子之道和孔子之教世代流传,兴上古之风气,永达大同理想!

四、人无异国

唐朝是中国历史上最为开放的时代。崔致远留学唐朝,拓宽了视野,看到了文化的共通性,提出了"人无异国"的主张,认为人类追求文明与进步,在本质上是相通一致的。他说:

> 天所贵者人,人所宗者道。人能弘道,道不远人。故道或尊焉,人自贵矣。能助道者,惟崇德欤?然则道之尊,德之贵,睦为法首,方洽物情。必也正名,乃称大德;是由道强名,大德成而上。①

> 夫道不远人,人无异国。是以东方人之子,为释为儒,必也西浮大洋,重译从学。②

《论语》曰"人能弘道"。崔致远强调践行儒家的道德伦理,弘扬道德,以求达道。"道不可废,时然后行。"生存于农耕社会的人们收获自然物,靠天吃饭,故将天看得极为尊贵。人们的行为自觉尊崇天道。"道"是人命名的,是人不断琢磨的自然的道理。人欲弘扬天道,《中庸》曰:"道不远人,人之为道而远人,不可以为道。"实际上道离人并不远,道就在人们庸庸碌碌的日常生活之中。人尊崇并且实践道,人自身涵养会自然高贵起来。有德之人循道,构筑法界大德,接洽万物,处理世态人心之事。所谓大德,其大的意义为大道,尊道而上,有德方能达道。对于东方人来说,"道"的终极标准是一致的,无论是佛学还是儒学,或是西学,不过是殊途同归而已。崔致远将道学作为一门人类共通的学问来钻研,提出人无异国的主张,扩展了道学境界。他说:

> 昔子贡曰:夫子之文章,可得而闻,夫子之言性与天道,不可

---

① 崔致远:《译注崔致远全集》,《海印寺善安住院壁记》。
② 崔致远:《崔文昌侯全集》,《四山碑铭文真鉴和尚碑铭并序》。

>得而闻也。然则至于四科弟子(德行,语言,文学,正史),窥测尚难,况是万里远人,钻仰何及?固不效尤于篆刻,请有益于琢磨。①

>某无谋进取,有志退居,以诗篇为养性之资,以书卷为立身之本。②

无论是在朝为官,还是隐退山林,崔致远一向将道学作为一门最为深奥的学问来钻研,并穷理尽性,立身为命。崔致远有诗句曰:"泼澄性海见深源,理究希夷辟道门。"③《周易·说卦传》言"穷理尽性,以至于性命。"主张于性中求见道之根本;于理中发现入道之门。老子《道德经》13章曰:"视之不见名曰夷,听之不闻名曰希。"理是看不见的,也听不见的,只有究理,才能寻觅到入道之门。崔致远曰:"至道则无形可扪,精必则有感必通,"④"其相显而顺,其旨奥而信,故能使寻相为无相,道者动而行之"⑤。孔子曰:"有德者必有言。"老子曰:"上士闻道,动而行之。"对道可从两方面理解,显的一面为有相,奥的一面无无相。道者虽无形,但穷其理,达其精髓,必然遂通。崔致远以人无异国的胸怀开阔视野,提倡道学,将道学概念和理念引进了新罗。

五、三教会通

崔致远先生提倡"三教会通",除了儒学之外,他将佛教和道教都看做是对道的补充完善。他说:

>夫教列为三,佛居其一。其如妙旨则暗神玄化,微言则广谕凡流。开张劝善之门,解摘执迷之网。然则欲使众归敬,须令像设庄严,有感必通,无求不应,垦情田而种福,游法海而淘殃。不

---

① 崔致远:《桂苑笔耕》卷十九,《贺除礼部尚书别纸》。
② 崔致远:《桂苑笔耕》卷十九,《与客将书》。
③ 崔致远:《桂苑笔耕》卷十七,《七言纪德诗性箴》。
④ 崔致远:《桂苑笔耕》卷十五,《黄录斋词》。
⑤ 崔致远:《崔文昌全集》,"无染和尚碑铭"。

可思议,于是乎在。①

所谓教有三,即儒释道,佛教为其中之一。佛教的微妙教义补充了玄妙之道,佛教的精微之言启发了芸芸众生,开启了劝善行善的大门,解开了凡人执迷不悟的迷茫大网。佛教教导人们若要人心归敬,须做到行为端庄,渐修有悟。还要肯于辛勤播种福种,在法海中畅游,清洗灾殃。劝善行善,去恶遏恶,用佛的妙义引导众生脱离苦海。佛教不可思议的意义皆在于此。崔致远在理论上融会儒释道三教,努力使之本土化。他说:

> 五常分位,配东方者曰仁心。三教立名,显净域者曰佛,仁心即佛,佛目能仁者也。道郁夷柔顺,性源达迦卫慈悲教诲;是犹石投水,雨聚沙。然东诸侯之外守者,莫我大;而地灵既好生为本,风俗亦交让为主……太平之春,隐隐上古之化……宜君子之乡也,法王之道,日日深又日日深矣!②

五常分为五个方位,其中东方方位被称作仁心。三教之名有异,宣扬西方净土的称佛,佛可止于仁,故仁心也指佛心。佛之道郁夷柔顺,这种本性来源于达迦卫的教诲,就像石子投水激起涟漪,雨水聚沙一样。崔致远为自己的民族感到自豪,他认为东方边远诸侯之中,就是自己的民族最伟大了。因为新罗人生活的地方山川灵秀,生生为本,风俗古朴,人人谦让……处处呈现平和安定,春天和风怡然,俨然有上古之风,有最适宜于君子居住生活的君子村落。那里佛祖法王之道深入民心,日益普及。

崔致远在唐朝及第后为官时,他说:

> 臣虽尘役拘身,而云装挂志,大成是望,上达为期,每依郭璞诗中,精调五石,愿向葛洪传上,得寄一名。③
>
> 今则月就盈数,日临下元,遥倣真仪,敬陈斋法,严星坛而稽

---

① 崔致远:《桂苑笔耕集》卷十六,《求化修大云寺疏》。
② 崔致远:《译注崔致远全集》257页,《智澄大师碑铭》。
③ 崔致远:《桂苑笔耕集》卷十五,《下元斋词》。

首,风驭以驰魂。①

这几段说他虽为俗事缠身,但志在青云。曾按照郭璞游仙诗,精练五石灵药,希望在葛洪的《神仙传》上留名。今天的月亮是盈数之日子的下元 10 月 15 日,在这一天模仿远处的仪式,安排斋法,设置星坛,向神仙叩头,使人神魂驰聘。

> 仰玄门之善闭,遵妙道以勤行。但以为子为臣,曰忠曰孝,既增荣于国禄,愿无忝于家勋,手握玉符,且救患中之难。志栖金禄,唯思象外之游。②

望玄门,遵妙道,但为子为臣当行忠孝。虽然有志享受俸禄,但是一心追求象外之游,超越尘世。本欲严守家风,不要做有辱家门的事情,手持玉符,应为国解难,为国奉献。崔致远一生虽未留下有关儒教、佛教或道教的专门学术著作,但可贵的是他能够把握三教根本,融会贯通三教。他指出:

> 混成至道,本在勤行,众妙玄门,唯资善闭。故曰,修之身,则其德乃贵;修之国,则其德有余。既能事少功多,可谓暂劳永逸。③

> 佛语心法,玄之又玄,名不可名,说不可说。④

崔致远认为道是混成的,具有综合包容的特征,必须勤奋学习,众采博学,众妙的玄门在入门修炼,通过修身提升道德水准,然后治理国家,就会达事半功倍的效果。如此修道,一时的辛苦,可以带来终生的安逸。

崔致远运用老子的方法解说佛教,突出了独特的道概念,规定了道的内涵是儒、佛、道、仙融合的风流道。新罗时代是土俗民间信仰与外来宗教思想的儒教、佛教道教兼容并存的时期。崔致远曰:"国有玄妙之道曰风流"⑤,说明了在古朝鲜传统文化的基础上交流融会

---

① 崔致远:《桂苑笔耕集》卷十五,《下元斋词第二》。
②③　崔致远:《桂苑笔耕集》卷十五,《下元斋词》。
④ 崔致远:《桂苑笔耕集》,《真鉴国师碑序文》。
⑤ 金富轼:《三国史记》新罗本纪第四,真兴,《崔致远鸾郎碑序》。

外来文化的新罗文化特征。崔致远所说的风流道意义包含儒释道仙教。

儒教"入则孝于家,出则忠于国,鲁司寇之旨";佛教"诸恶莫作,诸善奉行,竺乾太子之化";道教"处无为之事,行不言之教,周柱史之宗";仙教"说教之源,备详仙史,实乃包含三教,接化群生"。这也是崔致远对新罗时期思想特征的总结。崔致远把握了三教的根本,提倡三教贯通。崔致远的《鸾郎碑序》中提出的风流道定义贴切地囊括了统一新罗时期融会与包容性的思想史特征,概括了新罗时期思想的根源和内涵特征,提示了探讨理解朝鲜传统思想兼容并蓄的方法。

崔致远生平履历

857 年,1 岁。出生于新罗庆州沙梁部。父亲名肩逸。
868 年,12 岁。乘商船赴唐朝留学。
874 年,18 岁。居住唐朝长安,9 月参加宾贡科考试及第。
875 年,19 岁。在唐朝洛阳做官。作诗 100 首,赋 5 首,杂诗 30 首。
876 年,20 岁。被任命为江南道宣州溧水县的县尉,尉 9 品官。著《中山覆篑集》5 卷。
877 年,21 岁。辞职入山修学。
878 年,22 岁。修学中生活困难,成为唐朝襄阳李尉的门客。
879 年,23 岁。由唐朝大将、诸道行营兵马都统高骈推荐,任"从事官",负责表、状、书、启等文书起草整理。
880 年,24 岁。由高骈荐举,被任命为都统巡官承务部殿中侍御史内供奉。
881 年,25 岁。黄巢叛乱,写"檄黄巢书"。
884 年,28 岁。平息了黄巢之乱。有意回归新罗,唐熙宗派遣崔致远为交流使臣,带诏书归国。
885 年,29 岁。在海上漂泊了几个月后到达新罗。回国后被诏聘为侍读兼翰林学士守兵部侍郎知瑞书监。接受王命撰述《凤岩寺智证大师塔碑铭》。

886年,30岁。 整理了在唐朝做军务文书四年中书写的文章,编辑成《桂苑笔耕集》20卷、《中山覆篑集》5卷、诗赋3卷,一起进献给了新罗献康王。春,受王命撰述《大崇福寺碑铭》、双界寺《真鉴禅师塔碑铭》。
887年,31岁。 树立双界寺真鉴禅师塔碑。
890年,34岁。 受王命撰写《无念国寺塔碑铭》。赴任大山郡太守。
892年,36岁。 后百济建国,大山郡守被解职。
893年,37岁。 任命富城郡太守。作为"贺庆使"派往唐朝,由于动乱,未能成行。完成知曾寺《寂照塔碑铭》。
894年,38岁。 2月,上书事务策十条,被新罗女王封为新罗贵族最高级别"阿飡"。
895年,39岁。 作《海印寺妙吉祥塔记》。
897年,41岁。 被任命为防房太监,兼任天岭郡守。为真圣女王代写《让位表》。为孝恭王书《谢嗣位表》。6月,真圣女王让位于太子孝恭王。
898年,42岁。 1月,作《海印寺结界场记》。11月,被免除阿飡级别,从此遨游山林江海,啸咏风月。
900年,44岁。 作《海印寺善安住院壁记》。
904年,48岁。 居住海印寺严华院,著述《法藏和尚传》。
908年,52岁。 作《新罗寿昌郡护国城八角楼记》。去世年月不祥。
1020年,8月。 高丽显宗11年,追认崔致远为内使令,于先圣庙从祭。
1023年,2月。 高丽显宗14年,被追封为"文昌侯"。

崔致遠思想史料閱讀

■《三國史記》卷第四十六 列傳第六 崔致遠

　　崔致遠,字孤雲或云海雲,王京沙梁部人也。史傳泯滅,不知其世系。致遠少精敏好學,至年十二,將隨海舶入唐求學。其父謂曰:十年不第,即非吾子也。行矣勉之。致遠至唐,追師學問無怠。乾符元年甲午,禮部侍郎裴瓚下一舉及第。調授宣州溧水縣尉,考績爲承務郎侍御史內供奉，賜紫金魚袋。時黃巢叛，高駢爲諸道行營兵馬都統以討之，辟致遠爲從事，以委書記之任，其表狀書啟傳之至今。及年二十八歲，有歸寧之志。僖宗知之，光啟元年，使將詔來聘，留爲侍讀兼翰林學士守兵部侍郎知瑞書監（趙炳舜本監下有事字）。致遠自以西學多所得，及來將行以志。而衰季多疑忌，不能容，出爲大山郡太守。

致遠自西事大唐，東歸故國，皆遭亂世。屯邅塞連，動輒得咎，自傷不遇，無複仕進意，逍遙自放，山林之下，江海之濱。營臺榭，植松竹，枕籍書史，嘯詠風月，若慶州南山，剛州冰山，陝州清涼寺，智異山雙溪寺，合浦縣別墅，此皆遊焉之所。最後帶家隱伽耶山海印寺，與母兄浮圖賢俊，及定玄師，結爲道友。棲遲偃仰，以終老焉。始西游時，與江東詩人羅隱相知。隱負才自高，不輕許可人，示致遠所制歌詩五軸。又與同年顧云友善。將歸，顧云以詩送別。略曰：我聞海上三金鼇，金鼇頭戴山。高高山之上兮，珠宮貝闕黃金殿。山之下兮、千里萬里之洪濤，旁邊一點雞林碧。鼇山孕秀生奇特，十二乘船渡海來。文意感動中華國，十八橫行戰詞苑，一箭射破金門策。《新唐書·藝文志》云：崔致遠四六集一卷，桂苑筆耕集二十卷。注云：崔致遠高麗人，寶貢及第爲高駢從事。其名聞上國如此，又有文集三十卷，行于世。

初，我太祖作興，致遠知非常人，必受命開國。因致書問：有雞林黃葉，鵠嶺青松之句。其門人等至國初來朝，仕至達官者非一。顯宗在位，爲致遠密贊祖業，功不可忘，下敕贈內史令，至十四歲太平二（二，當作三）年壬戌五（壬戌五月，當作癸亥二月（據麗史））月，贈諡文昌侯。

■ **校印桂苑筆耕集序**

記有之曰，酒醴之美，而玄酒明水之尚，貴五味之本也。文繡之美，而疏布之尚，反女功之始也。古之君子，必重其本始如此。吾東方之有文章而能著書傳後者，自孤雲崔公始。吾東方之士，北學于中國，而以文聲天下者，亦自崔公始。崔公之書傳于後者，唯《桂苑筆耕集》與《中山覆集》二部。是二書者，亦吾東方文章之本始也。吾東方以文爲尚，至我朝益煥以融，家燕許而戶曹劉，以詩若文成集者，無慮充棟宇矣。而顧鮮有知崔公之書者。余嘗見近代人所撰東國書目，有載《中山覆集》者，求之，終不可得。唯《桂苑筆耕集》二十卷，爲吾家先世舊藏，自童幼時知珍而玩之。然間以語人，雖博雅能文而好古者，亦皆言未曾見，然則是書也幾乎絕矣。使是書不行于東方，是玄酒不設于太室，而疏布不尚也。豈所以教民不忘本哉？世或謂公文皆駢儷四六，殊不類古作者。公之入中國，在唐懿僖之際，中國之文方專事駢儷，風會所趨，固有不得而免者。然觀公所爲辭，多華而不浮，如《檄黃巢》一篇，氣勁意直，絕不以雕鏤爲工，至其詩平易近雅，尤非晚唐人所可及。是蓋以明水疏布之質，而兼有乎酒醴之美者，豈不彌可珍哉？公在中國，取科第，入軍府，亦既已聲施當時矣。而一朝去之如脫，及歸東方翰苑，貳兵部，以至阿湌。阿湌者，新羅太官。其顯用方未已也，而顧又自放於山林寂寞之濱，以終老其身而不悔。蓋度其時之皆不可有爲也，士君子立身蹈道，莫有大乎出處之際。出處而不失其時，非賢者不能也。賢者之作，固不可使其無傳，況其文傑然如彼，而又爲東國文章之本始者哉？湖南觀察使徐公準平，即余所稱博雅能文而好古者也。聞余蓄是書，取而校之，捐其俸，以活字得數十百本，用廣其傳，曰不可使是書絕于東國也。嗚呼！不忘本始，教民厚也。表章賢人，勸民善也。徐公之用心也如此，其所以爲政於湖南者，亦可知已。役既完，徐公屬余曰：子實傳是書，今不可無一言。余辭不能得。若崔公之蹟行本末，與是書之可備攷證者，徐公之序詳之矣，余無所復贅云。甲午九月，大匡輔國崇祿大夫議政府左議政洪奭周序。

■《三國史記》新羅本紀第4，真興王

崔致遠《鸞郞碑序》曰：國有玄妙之道曰風流。說教之源，備詳仙史，實乃包含三教，接化群生。且如入則孝於家，出則忠於國，魯司寇之旨也。處無爲之事，行不言之教，周柱史之宗也。諸惡莫作，諸善奉行，竺乾太子之化也。

■《三國史記》新羅本紀第四，智證

四年冬十月，羣臣上言：始祖創業以來，國名未定，或稱斯羅，或稱斯盧，或言新羅。臣等以爲，新者德業日新，羅者網羅四方之義，則其爲國號，宜矣。又觀自古有國者，皆稱帝稱王，自我始祖立國至今二十二世,但稱方言,未正尊號。今羣臣一意,謹上號新羅國王。王從之。

■ 新羅鄉歌——安民歌

原文:君隱父也,
臣隱愛賜屍母也,
民焉狂屍恨阿孩古爲賜屍知,
民是愛民如古如,
窟理叱大兮生以知所音物生,
此兮食惡支治良羅,
此地兮舍遺只於冬是去于丁爲
屍知?
國惡支援以支知古如,
君如臣多支民隱如爲內屍等焉,
國惡太平恨音叱如。

譯文:君者,父也,
臣者,慈母也,
百姓者,愚昧無告之嬰孩也。
百姓將知其所愛,
漂搖流蕩之庶民,
與君臣之愛,引導我吧……。
捨棄此將何往?

將知心懷國家,
君君,臣臣,民民,
則國將太平。

■《海東高僧傳》

釋順道,不知何許人也。邁德高標,慈忍濟物,誓志弘宣,周流震旦,移家就機,誨人不倦。高句麗第十七解味留王(或云小獸林王)二年壬申夏六月,秦符堅發使及浮屠順道送佛像經文。于是羣臣以會遇之禮,奉迎于省門,投誠敬信,感慶流行。尋遣使回謝,以貢方物。或説順道從東晉來,始傳佛法,則秦晉莫辨何是何非。師既來异國,傳西域之慈燈,懸東域之慧日,示以因果,誘以禍福,蘭薰霧潤,漸漬成習。然世質民淳,不知所以裁之。師雖蘊深解廣,未多宣暢。自摩騰入后漢,至此二百余年。后四年,神僧阿道至自魏(存古文),始創省門寺以置順道。《記》云:以省門爲寺,今興國寺是也,后訛寫爲肖門,又建伊弗蘭寺以置阿道,《古記》云興福寺是也。此海東佛教之始。

■《海東高僧傳》

釋摩羅難陀,胡僧也。神异感通,莫測階位,約志游方,不滯一隅。按《古記》,本從竺乾入于中國,附材傳身,徵烟召侶,乘危篤險,任歷艱辛,有緣則隨,無遠不履。當百濟第十四枕流王即位九年九月,從晉乃來。王出郊迎之,邀至宮中,敬奉供養,禀受其説。上好下化,大弘佛事,共贊奉行,如置郵而傳命。二年春建寺于漢山,度僧十人,尊法師故也。由是百濟次高麗而興佛教焉。逆數至摩騰入后漢二百八十有年矣。

■《三國史記》卷二十四,百濟本紀,第二 枕流王

枕流王即位元年,秋七月,遣使入晋朝貢。九月,胡僧摩羅難陀自晋至,王迎至宫中禮敬焉。佛法始于此。……二年,春二月,創佛寺于漢山,度僧十人。

■《三國遺事》難陀辟濟條

《百濟本紀》云:第十五(《僧傳》云十四,誤)枕流王即位甲申(東晋孝武帝大元九年),胡僧摩羅難陀至自晋。迎置宫中禮敬。明年乙酉,創佛寺于新都漢山州,度僧十人。此百濟佛法之始。又,阿莘王即位(元年),(東晋)大元十七年二月,下敕崇信佛法求福。

■《三國史記》卷二十四,百濟本紀,第二 枕流王

九月,胡僧摩羅難陀自晉至,王迎之,致宫內禮敬焉。佛法始於此。

■《三國史記》卷四,新羅本紀

初訥祇王時,沙門黑胡子自高句麗至一善郡,郡人毛禮于家中作室安置。于時,梁遣使賜衣着香物,群臣不知其香名與其使用,遣人漬香遍問。黑胡子見之,稱其名目曰:此焚之則香氣分馥,所以達成于神聖。所謂神聖,未有過于三寶:一曰佛陀,二曰達摩,三曰僧伽。若燒此發願,則必有靈應。時王女病革,王使胡子燒香發誓,王女之病尋愈。王甚喜,饋贈尤厚。胡子出見毛禮,以所得物贈之,因語曰:吾今有所歸,請辭。俄而不知所歸。至毗處王時,有阿道(一名我道)和尚,與侍者三人,亦來毛禮家,儀表似黑胡子,住數年,無病而死。其侍者三人留住。講讀經律,往往有信奉者。

■《三國史記》卷四,新羅本紀,第四 法與王

十五年,肇行佛法。

■《三國史記》卷四十四,列傳 第四 居柒夫

王以爲僧統,始置百座講會及八関法。

■《三國遺事》卷四,慈藏定律

誡礪僧失,嚴飾經像爲恒式,一代護法,于斯盛矣。

第二章　孤云崔致远的风流道

■《三國遺事》卷三,寶藏奉老

道士等行鎮國内,有名山川。古平壤城勢新月城也,道士等咒斥南河龍,加築爲滿月城,因名龍堰城。作讖曰:龍堰者,且云千前年寶藏堵。且鑿破靈石。(俗云都帝岩,亦云朝天石蓋,昔聖帝騎此石朝上帝故也。)

■《三國史記》卷二,高句麗本紀,第九　寶藏王　上

三月,蘇文告王曰:三教譬如鼎足,闕一不可。今儒釋并興,而道教未盛 非所謂備天下之道術者也。伏請遣使于唐 求道教以訓國人。大王深然之,率表陳請。太宗遣道士叔達等八人,兼賜老子道德經。王喜,取僧寺館之。

孤云親筆

第三章　誓幢元晓的和诤无碍

名：元晓 원효 WONHYO
号：誓幢、新幢、丘龙

生：617 年
卒：686 年

思想简括：和诤无碍

著作举要：《法华经宗要》一卷、《大慧度经宗要》一卷、《涅槃经宗要》一卷、《无量寿经宗要》一卷、《弥勒经宗要》一卷、《菩萨璎珞本业经疏》下一卷、《华严经宗要》三卷、《金刚三昧经论》十三卷、《阿弥陀经疏》一卷、《菩萨戒本持犯要记》一卷、《梵纲经菩萨戒本私记》上卷、《大乘起信论疏》二卷、《大乘起信论别记》一卷、《中边分别论疏》一卷、《判比量论》跋文及断简、《游心安乐道》一卷、《大乘六情忏悔法》一卷、《发心修行章》一卷、《二障义》一卷、《解深密经疏》序、《十门和诤论》残简一卷。

语录：夫大乘之为体也，萧然空寂，湛尔冲玄，玄之又玄，岂出万象之表。寂之又寂，犹在百家之谈，非像表也。五眼不能见其躯，在言里也；四辩不能谈其状，欲言大矣。入无内而莫遣，欲言微矣；苞无外而有馀，引之于有，一如用之而空，获之于无，万物乘之而生。不知何以言之，强号之谓大乘。

一、思想传承

元晓自幼出家,无师自通,被后人称作"海东法师"、"和诤国师"、"韩国佛教之宗"。元晓生平不详,在中国史料《宋高僧传》中有《唐新罗国芬皇寺元晓传》;元代昙噩所撰《新修科分六学僧传》也有记载;韩国史料《三国遗事》"元晓不羁"补充了一些元晓生活逸事。元晓著作颇丰,共有 100 部 240 卷,因而被誉为百部论师。但如今大部分已遗失,保存下来的只有 21 部 22 卷。元晓的《大乘起信论疏》和《金刚三昧经论》,在韩国佛教史上具有重要意义,其核心思想是和诤会通、一心无寐。

二、和诤无碍

元晓著作的量与质,奠定了他在佛教界的地位,其著作虽无所不包,但"和诤无碍"思想一以贯之。《十门和诤论》是元晓的主要代表著作,他以和诤论会通佛教,被后人尊为"和诤国师"。现存《十门和诤论》是部分残简。《十门和诤论》曰:

> 如来在世,已赖圆音,众生等……雨骤,空空之论云奔,或言我是,言他不是,或说我然,言他不然,遂成河汉矣。大……山而投回谷,憎有爱空,犹舍树以赴长林,譬如青蓝共体,冰水同源,镜纳万形,水分……通融,聊为序述,名曰十门和诤论,众莫不允,金曰善哉。①

《十门和诤论》开章告知,如来在世时,众生皆遵循如来圆音,和睦相处,没有纷争。但佛祖入寂之后,人人都想将自己的观点看作是佛教的最高教理。于是众说纷纭,争执不下。为了化解无谓的争纷,统一佛教,元晓提出了十门和诤论。韩国学者赵明基先生认为十门是众门之意,而非确指。韩国的李种益先生则主张十门是元晓从佛

---

① 元晓:《元晓圣师全书》,《十门和诤论》残简。

教理论中挑选出来的十个确定的范畴。并且依据元晓现存的著作,将其复原为如下十门:

1 三承一承和诤门　　依据典籍《法华经宗要》
2 空有异执和诤论　　依据典籍《十门和诤论》残简
3 佛性有无 和诤论　　依据典籍《十门和诤论》残简
4 人法异执和诤论　　依据典籍《十门和诤论》残简
5 三性异执和诤论　　依据典籍《起信论疏》
6 五性成佛和诤论　　依据典籍《在其他文献种引用的和诤论》
7 二障异义和诤论　　依据典籍《二障义》
8 涅槃异义和争论　　依据典籍《涅槃宗要》
9 佛身异义和诤论　　依据典籍《涅槃宗要》
10 佛性异义和诤论　　依据典籍《涅槃宗要》

《十门和诤论》涉及到佛教发展过程中出现的主要理论分歧。分歧内容包括以上所总结的存有与非有、自我与客体、现象与无相、本体与客体、将遍计所执性、依他起性、圆成实性的分歧等等。元晓和诤分歧的主要方法是归一。元晓说:

> 夫一心之源,离有无而独净。三空之海,融真俗而湛然。湛然融二而不一,独净离边而非中。非中而离边,故不有之法,不即住无,不无之相,不即住有。不一而融二,故非真之事,未始为俗,非俗之理,未始为真也。融二而不一,故真俗之性,无所不立,染净之相,莫不备焉。离边而非中,故有无之法,无所不作,是非之义,莫不周焉。尔乃无破而无不破,无立而无不立,可谓无理之大理,不然之大然矣。是谓斯经之大意也。良由不然之大然,故能说之语,妙契环中。无理之至理,故所诠之宗,超出方外。无所不破,故名金刚三昧。无所不立,故名摄大乘经。一切义宗无出是二,是故亦名无量义宗。且举一目以题其首,故言金刚三昧经也。①

理解元晓思想的归一法,可将上述命题和叙述内容交叉排列分

---

① 元晓:《金刚三昧经论》。

解阅读。

分解阅读一：

（符号注：——顺读，// 交叉读，/省略）

⊙ 一心之源——离有无而独净//湛然融二而不一//非中而离边
⊙ 三空之海——融真俗而湛然//独净　　　　//离边而非中

分解阅读二：

浓缩命题概念，将"一心"与"三空"的两系列上下交叉展开。可细分成阅读。

⊙ 一心　离有无/独净//湛然/融二/不一//非中/离边//融二/不一
⊙ 三空　融真俗/湛然//独净/离边/非中//不一/融二/离边/非中

分解阅读三：

使用提炼与推演的方法，提炼两个前提，并由两个前提推演出四个结论。

⊙ 一心
⊙ 三空。

1　无破而无不立，无立而无不破
2　无理之至理，不然至大然
3　不然之大然，故能说之语，妙契环中，无理之至理，故所诠之宗，超出方外
4　无所不破，故名金刚三昧，无所不立，故名摄大乘经

分解阅读四：

结论中的肯定与否定概念的排列井然，以成双的对概念，形成对理、事、性的双层否定与肯定。

一／三　　心／空　　源／海　　离／融　　有／无　　真／俗　　独净/湛然
　　　　　不一/非中　　不有之法/非真之事　　　　不无之相/非俗之理，
不一而融二／融二而不一　　　非真之事／未始为真　　　非俗之理/真俗之性　　无破/无不破　　　　立/无不立　　无理/大理　　不然/大然
无理/至理

分解阅读五：

论述过程从概念与概念的连接意义上逐层推理，以肯定、否定、二重否定、二重肯定的形式展开。

- 不即住无／不即住有　　　未停留在无的状态／未停留在有的状态
- 离边／非中／非中而离边　离开了有无的两边
- 非中／离边／离中而非边　也没有处在有无的中间
- 不一而融二，故非真之事，未始为俗，非俗之理，未始为真也。　　不建立一而是将一融合在真与俗二者之间，因此不是真的事，未必就是俗；不是俗理，未必就是真
- 融二而不一，故真俗之性，无所不立，染净之相，莫不备焉。　　真俗融合不成立成一个，真俗的性没有不立的，所以有无之法是无所不作，有无之法适用于一切。染净两相，全都齐备了，是非之义，莫不周
- 无理之至理／不然之大然　　否定两立与对立，达到了高度的融会统合

分解阅读六：

一个概念中由肯定与否定构成，使得"一心"在相互依存、循环连接的"妙契环中"缘起，在自觉融合中达到"超出方外"三海皆空。

- 一心之源——离边而非中（肯定）——妙契环中（循环过程中绝妙契合）
　　　　　　　非中而离边（否定）——超出方外（在有无之间超脱出来）

- 三空之海——融二而不一（肯定）——妙契环中（真俗相互依存契合）
　　　　　　　不一而融二（否定）——超出方外（真俗之性无所不具）

元晓文中的相对概念无有高低对立意义，而是通过交叉配语的反复，表述两种概念的连接关系，就像古代房屋建筑的镶嵌方法一样，形态美观大方，意境深远。元晓的会通和净方法既没有讲一致与统一，也不讲差别和对立，而是论述了对立统一的方法。元晓说：

> ……一切他义,咸是佛义,百家陞说,无所不是,八方法门,皆可入理。而彼自少闻,专其详狭见,同其见者,乃为是得,异其见者,咸谓脱失,犹如有人苇管窥天。

佛教有各种派别,百家言各有说法,八方法门都有其道理。但是一些人见识狭窄,对于那些与自家不同的见解,一概认为是错误的,就如同用芦苇管观天,一孔之见。佛教佛典无数,有大小乘佛教百家宗派的各种主张,元晓以和诤的理论方法综合证明了大乘的一贯性。他将大乘看作本体,认为大乘就像千条江河终归大海一样趋向归一。他说:

> 其体也旷兮,其若大虚而无私焉。荡兮,其若巨海,而有至公焉。有至公,故动静虽成无其私,故染净斯融。染净无私,故真俗平等,动静成,故升降参差……。①

三、一心无寐

元晓在《大乘起信论别记》中曰:

> 为道者,永息万境,逐还一心之源。其为论也,无所不立,无所不破,如中观论十二门论等,遍破诸执,亦破于破,而不还许能破所破,是谓往而不遍论也。其瑜珈论摄大乘等,通立深浅,判于法门,而不融遣自所立法,是谓兴而不夺论也。今此论者,既智既仁,亦玄亦博,无不自立而自遣,无不破而还许。而还许者,显彼往者,往极而遍立。而自遣者,明此兴者,穷兴而夺,是谓诸论之祖宗,群诤之评主也。②

道变化无穷,但万变不离其宗,无非是一心的变化,因为一心是道之渊泉。任何理论都有破有立,中观论和十二门论皆如此。破除原有的理论,在破掉的理论上继续破除。但不允许破主体与对象,这便叫做破而不定论。瑜伽论和摄大乘论唯识论中的许多理论,虽立

---

①② 元晓:《大乘起信论别记》。

教判,但不能融合,只能弘扬而不能贬抑。元晓认为,理论家们以其智慧立论、自谴、破论、反思,但是没有论破到家。只有一边肯定,一边否定,不断推论穷究,才是道理产生的原始方法,才是和诤论的一般方法。中观论和瑜伽唯识论的两大佛教流派之间,一向论争不止。不断相互否定,破除执著,破上加破,使之不能重新肯定,其方法只在立与兴,而不能否定,是一种只知兴而不知否的理论。大乘起信论克服了这两大流派的不足,用开合、立破、兴夺的方法展开和诤论述。瑜伽唯识论的方法是立而不破,兴而不夺;而中观论的方法是只破不立,只兴不夺。元晓将二者归一,在圆成实性的基础上,调和将遍计所执性与依他起性。即以圆成实性作为基础,发展遍计所执性和依他起性。克服世俗世界中的法执和我执,包容俗谛与真谛。将声闻乘、缘觉乘、菩萨乘的三乘统一为一乘,形成大乘的一贯性。元晓总结说:

　　此诸师说,皆是皆非,所以然者,佛性非然,非不然。故诸说悉非,非不然,故诸义悉是。①

元晓解说事物的态度既非然,又非非然。他使用肯定与否定,克服偏离执著和脱离遮蔽,达到一心无寐,"一切无寐人,一道出生死","无差别相"。他肯定佛内在于众生一心之中,众生觉悟一心即可成佛。元晓的主要观点如下:②

1. 佛乘无乘——《法华经宗要》
2. 实相无相——《大慧度经宗要》
3. 一体无二——《大乘六情忏悔法》
4. 涅槃之心性体用如一——《涅槃经宗要》
5. 法性如一——《弥勒上生经宗要》
6. 心性体平等——《无量寿经宗要》
7. 一切众生同一本觉——《金刚三昧经论》
8. 一心无心,真俗平等——《大乘起信论疏》

---

① 元晓:《涅槃宗要》。
② 何劲松:《韩国佛教史》,宗教文化出版社,1997年。

9. 心性融通——《游心安乐道》
10. 圆融无碍——《华严经疏》

元晓的和诤论依据华严经理论。华严将宇宙看作为一,一切相互会通一致,主张一中一切、多中一切、一即一切、多即一切,世界上的一切事物都不是一个个独立的存在,而是可以相互和诤的。依据是"所谓佛法者即非佛法","为道者 永息万境 遂还一心之原"。① 元晓将一心论作为一切论的源泉,力图化解大小乘的矛盾。他将一心清净视为自性之心、真如佛性、法身、如来藏、法界法性、佛教的终极实在世界。一切皆系一心,一心是平等无念之心,回归一心便不分觉与不觉,不分众生与菩萨,可以直接觉悟空与缘起世界,觉悟我即佛的境界。

四、融会佛教

韩国原始民间信仰是一种万物有灵论的多神信仰。佛教传到半岛之后,古朝鲜人在原始民间信仰基础上接受了外来宗教。古朝鲜人接受了儒家的伦理道德,道教的自然观和自然调和观念,以及佛家的慈悲为怀、善恶报应的思想。7世纪以后,朝鲜佛教有了前所未有的发展。特别是统一新罗国时期,大乘佛教蓬勃兴起,以义湘同元晓的华严思想为主导,元晓的和诤思想成为新罗佛教的理论和新罗曹溪宗的教义。元晓的和诤思想对后世学者产生了极大的影响,人们不仅努力和诤佛教各派,还尝试和诤儒教道教。如18世纪以后,崔济愚(1824—1865)创立的天道教便是儒佛道的和诤产物。

元晓的和诤理论促进了新罗佛教的大众化、庶民化、土著化。在新罗统一半岛的历史变革时期,元晓的和诤思想代表了统一新罗佛教发展的新方向。其思想具有两方面的价值,一是对佛教理论的补充;二是对于佛教新罗本土化的贡献。因此,元晓在韩国佛教史上的地位,就像龙树在印度佛教史上的地位一样,具有不可替代的意义。

---

① 元晓:《大乘起信论》序。

公元初期,印度曾有24个佛教派别,各持己见,争执不下。龙树破空破邪,显正立法,排除了宗教派别的极端和独断,创立了一套中道理论,成为印度佛教8宗之祖。

在古印度,佛灭度之后,围绕对"佛陀"的理解,印度佛界出现了诸多分歧。法体究竟是实有还是空无,成为分歧的焦点。空宗——大乘派最初的派别约在公元1世纪形成,创始人是龙树、提婆。主要经典是《般若经》、《中论》等。他们认为世界上一切事物皆是虚幻,虚幻才是世界的本质。为了和会分歧,印度思想家龙树提出了"八不中道"的中道理论,"中道"意指正确的途径,"道谛"是实现佛教立项要遵守的手段和方法。他在《中论》著作中说:"不生亦不灭,不常亦不断,不一亦不异,不来亦不去。"这八苦是众苦的根源,所以必须破除。否定了八苦,就破除了一切法的真实性,就意味着解脱,并证得了空。

有宗,在中国称"法相宗",出现于公元5—6世纪,创立人是无著、世亲。主要经典有《解迷经》、《瑜伽师地经》、《二十唯识论》、《成唯识论》等。空宗认为一切皆空。但人们会问:佛教本身是否也是空的? 于是,有宗提出"空"与"有"相结合的理论。认为现实世界的现象是空的,而超世的精神——真如佛性则具有真实性和永恒性。有宗为涅槃世界的非空找到了理论依据。

公元8—9世纪,印度教兴盛。13世纪后,佛教在印度消亡。印度佛教于汉代传入中国,中国借助大量的佛经翻译活动开始流行佛教。隋唐时期形成理论和经济相对独立的佛教宗派。7世纪的时候,中国主要有天台宗、三论宗、法相宗、华严宗、律宗、禅宗、净土宗、密宗等13个教派。大部分都传到了朝鲜、日本和越南。

印度的中道思想传到中国,在中国佛教实践的具体运用中形成了起信论、楞伽论等理论体系。元晓的"和诤"思想直接来源于该体系。印度龙树的中道思想是在否定中求超越,隋朝的教判思想重在开创,元晓的和诤思想在肯定与否定的辨证关系中求发展。三者有承继关系,但并不等同。元晓认为前二者是破而不立,或立而不破,和诤才能"立破无碍"。

古朝鲜三国时期的宗教主要是信仰佛教,没有宗教分立现象。新罗统一三国之后,从唐朝留学归来的留唐学生继承中国佛教宗派传统,在新罗开始建立各种宗派,产生了佛教派别。因此高丽佛教可以分为信仰佛教和宗派理论佛教两部分。信仰佛教通过对佛、菩萨、鬼神的崇拜以求得佛的镇护,使庶民摆脱痛苦,获得幸福。大乘佛教在宣扬佛法无边,诸佛无限,遍及四方,无所不在的同时,塑造了大批形象生动的菩萨让人们顶礼膜拜。如汉传佛教中有文殊、普贤、观音、地藏、弥勒佛等家喻户晓的大菩萨。新罗的慈藏把象征大智慧的文殊菩萨的道场移到朝鲜。弥勒菩萨和花郎道结合之后走进了新罗王公贵族生活之中。义湘回国后 将观音菩萨带回海东。

新罗王室贵族成员最初接受佛教时,做出了很大贡献,比如新罗王子异次顿献身殉教,开启了佛教在新罗传播的大门。新罗法兴王(514—540年在位)22年,修建兴轮寺,并削发为僧,法名法空。法兴王妃入寺成为比丘尼,法名妙法。从此佛教的信仰自由获得公认。

统一新罗时期,佛教信仰具有为我所用的实用倾向。王室为了巩固自己的统治,将王权的强化与佛教的神权化相结合,表现为王即佛的思想。贵族宣扬弥勒佛思想,与护国思想紧密相联,人们将佛看作是镇护国家的神;与前期巫俗信仰的万物有灵论相联系,人们把佛看作是万物神之一的护国神而接受下来;还宣扬"真种说",将佛教理论与圣骨真骨的骨品制结合,建立贵族制度,确立贵族世袭尊贵的地位。民众间流行生活佛教,一方面佛教的因果思想和诸行无常思想给人们的人生观带来一定的影响,如善有善报、恶有恶报、迷因有迷报。又如世间一切变化无常,人生则是变化流转的延续认识,如朝鲜朝时期的长篇小说《九云梦》等文学作品中贯穿了这种人生无常的思想。佛教传入之前,三国尚未有特别值得自豪的文化,随着佛教的传入,在建筑、铸造、雕塑雕刻和工艺、绘画上都有了辉煌的发展。与佛教有着深刻关系的艺术作品表现出新罗人的创造性,如庆州的石窟庵、佛国寺、庆州大佛。随着佛教的传播,新罗艺术有了长足发展。

宗教理论以思辨方法告诉人们现实世界的虚幻不实和种种痛苦,劝告人们接受其规定的修行方法和处事态度,通过修行达到至高圆满的精神境界——涅槃境界。诸佛的终级目标虽然是一致的,但是修行的方法和哲学理论有多种不同,这样就构成了佛教的诸多宗派。在新罗统一之前,无论是传播佛教的和信仰佛教的,都没有宗派的分立迹象。新罗统一了三国之后,开始整理出各宗派的教义,此后,留学唐朝的僧侣陆续回国,将中国的各种宗派理论带回国,形成宗教派别。就是说新罗的宗教派别不是在本土产生的,是延续了中国的佛教宗派。新罗统一后的一个世纪,成为教宗的分立时代。与国家的统一相反,佛教界呈现一种分裂的局面。

新罗宗教各门的开宗道场和开山祖如下:

宗教名称	地方	寺刹名	教主	时期
天台宗	熊州	翁山寺	玄光	真平王时期
华严宗	荣州	浮石寺	义湘	文武王时期
法相宗	庆州	三郎寺	景兴	神武王时期
戒律宗	梁山	通度寺	慈藏	善德王时期
法性宗	庆州	芬皇寺	元晓	文武王时期
涅槃宗	全州	景福寺	普德	武烈王时期
密宗	庆州	金光寺	明朗	善德王时期

从唐朝留学归国的第一批留学生将教派思想带回新罗,除了禅宗以外,12个宗教派别在新罗存在,新罗分成了九个佛教宗派别如下[①]:

山名	寺刹	宗祖	入中国年代	归新罗年代
迦智山	宝林寺	道义(？—825)	公元784	公元818
实相山	实相寺	洪陟(？—826)	公元810	公元826
桐里山	泰安寺	惠哲(785—862)	公元814	公元839
凤林山	凤林寺	玄昱(787—869)	公元824	公元837
阇崛山	崛山寺	梵日(810—889)	公元831	公元846
狮子山	法兴寺	道允(797—868)	公元825	公元847
曦阳山	凤岩寺	法朗(646!?) 智诜(824—882)	公元？	公元？
圣住山	圣住寺	无染(789—888)	公元821	公元845
须弥山	广照寺	利严(869—935)	公元895	公元911

---

① 吴法眼:《元晓的和诤思想研究》,弘法院出版,1988年。

众多宗派之间无谓相争,阻碍了佛教本义在新罗的传播实践。元晓以"和百家之诤"为己任,创立了和诤思想体系,从理论上和实践上会通了诸争论。元晓经历了由朝鲜三国时期走向新罗统一半岛的历史变革时期,其思想代表的正是统一新罗佛教发展的新方向和特征,超脱各种宗教派别与思想差异,使新罗佛教融会为"会通佛教"。

元晓生平履历

617年,1岁。 出生于新罗押梁。姓薛,法名元晓,雅名誓幢、新幢。父亲名谈捺乃末,爷爷名仍皮公。
632年,15岁。 出家,削发为僧。
651年,34岁。 自修佛经,同义湘结伴赴唐朝留学,途中被高句丽军队所阻返回。
661年,44岁。 "慕三奘慈恩之门"又一次与义湘入唐。由于未及入唐,龙朔元年,玄奘已入寂,"厥缘既差,息心游往"入唐未成。
662年,45岁。 与太宗武烈王的二女儿瑶石公主生子薛聪,此后自称小性居士。
663年,46岁。 四处游荡,宛如中国的济公,装扮小丑,唱"无寐歌",传播佛教。
664年,47岁。 注疏华严经等佛教经典,边注疏边讲述佛经。
686年,69岁。 过世,被安置在庆州芬皇寺。

元曉思想史料閱讀

■《宋傳》
釋元曉,姓薛氏,東海湘州人也。束髮之年,惠然入法,隨師稟業,游處無恒,勇擊義圍,雄橫文陣。仡仡然,桓桓然,進無前却。蓋三學之淹通,彼土謂爲萬人之敵。精義入神爲若此也。

■《宋高僧傳·元曉傳》
嘗與湘師入唐,慕三奘慈恩之門。厥緣既差,息心游往。无何,發言狂悖,示迹乖疏,同居士入酒肆娼家,若志公持金刀鐵錫。或制疏以講雜華,或撫琴以樂祠宇,或閭閻寓宿,或山水坐禪,任意隨機,都无定檢。

■《三國遺事》卷四,《元曉不羈》

聖師元曉,俗姓薛氏。祖仍皮公,亦云赤大公。今赤大淵側有仍皮公廟。父談捺乃末。初示生於押梁郡南(今章山郡),佛地村北,栗谷裟羅樹下。村名佛地,或作發智村(俚云弗等乙村)娑羅樹者。諺云,師之家本住此谷西南,母既娠而月滿,適過此谷栗樹下。忽分產,而倉皇不能歸家。且以夫衣掛樹,而寢處其中。因號樹曰裟羅樹。其樹之實亦異於常,至今稱裟羅栗。古傳,昔有主寺者,給寺奴一人一夕饌栗二枚。奴訟於官。官吏怪之,取栗檢之,一枚盈一鉢,乃判給一枚,故因名栗谷。師既出家,舍其宅爲寺,名初開。樹之旁置寺曰裟羅。師之行狀云是京師人,從祖考也。唐僧傳云,本下湘州之人。按麟德二年間,文武王割上州下州之地,置於良州,則下州乃今之昌寧郡也。押梁郡本下州之屬縣,上州則今尚州,亦作湘州也。佛地村今屬慈仁縣,則乃押梁之所分開也。師生小名誓幢,第名新幢(幢者,俗云毛也)。初母夢流星入懷,因而有娠。及將產,有五色雲覆地。真平王三十九年,大業十三年丁丑歲也。生而穎異,學不從師,其遊方始末,弘通茂跡,具載唐傳與行狀,不可具載。唯鄉傳所記有一二段異事。師嘗一日風顛唱街云:誰許沒柯斧,我斫支天柱。人皆未喻。時太宗聞之曰:此師殆欲得貴婦,產賢子之謂爾。國有大賢,利莫大焉。時瑤石宮(今學院是也)有寡公主,敕宮吏覓曉引入。宮吏奉敕將求之,已自南山來過蚊川橋(沙川,俗云牟川,又蚊川,又橋名榆橋也)。遇之,佯墮水中濕衣袴。吏引師於宮,褫衣曬眼,因留宿焉。公主果有娠,生薛聰。聰生而睿敏,博通經史,新羅十賢中一也。以方音通會華夷方俗物名。訓解六經文學。至今海東業明經者,傳受不絕。曉既失戒生聰,已後易俗服,自號小姓居士。偶得優人舞弄大瓠,其狀瑰奇,因其形制爲道具。以華嚴經一切無礙人,一道出生死,命名曰無礙。乃作歌流於世。嘗持此,千村萬落且歌且舞,化詠而歸。使桑樞甕牖玃猴之輩,皆識佛陀之號,咸作南無之稱。曉之化大矣。其生緣之村名佛地,寺名初開,自稱元曉者,蓋初輝佛日之意爾。元曉亦是方言也。當時人皆以鄉言稱之始旦也。曾住芬皇寺,篡華嚴疏,至第四十回向品,終乃絕筆。又嘗因訟,分軀於百松,故皆謂位階初地矣。亦因海龍之誘,承詔於路上,撰三昧經疏。置筆硯於牛之兩角上,因謂之角乘。亦表本始二覺之微旨也。大安法師排來而粘紙,亦知音唱和也。既入寂,聰碎遺骸,塑真容,安芬皇寺,以表敬慕終天之志。聰時旁禮,像忽回顧,至今猶顧矣。曉嘗所居穴寺旁,有聰家之墟云,贊曰:角乘初開三昧軸,舞壺終掛萬街風。月明瑤石春眠去,門掩芬皇顧影空。

■ 現存元曉著作二十一部

書名	典據	備考
1.《法華經宗要》一卷	大正藏 34	
2.《大慧度經宗要》一卷	續藏 38	大正藏 37
3.《涅槃經宗要》一卷	大正藏 38	
4.《無量壽經宗要》一卷	續藏 32	大正藏 37
5.《彌勒上生經宗要》一卷	續藏 5	大正藏 38
6.《瓔珞本業經疏下》一卷	續藏 61	
7.《華嚴經疏》一卷	大正藏 85	
8.《金剛三昧經論》一卷	大正藏 34	
9.《阿彌陀經疏》一卷	續藏 34	大正藏 37
10.《菩薩戒本持犯要記》一卷	續藏 61	大正藏 45
11.《菩薩戒本私記》上卷	續藏 95	
12.《大乘起信論疏》二卷	續藏 71	大正藏 44
13.《大乘起信論別記》一卷	續藏 7	大正藏 44
14.《中邊分別論疏》一卷	續藏 75	
15.《判比量論跋文及斷簡》	續藏 95	
16.《游心安樂道》一卷	續藏 1—12	大正藏 47
17.《大乘六情懺悔法》一卷	大正藏 45	
18.《發心修行章》	全集 10(5)	
19.《二障義》	全集 9	
20.《十門和諍論》斷片	全集 10	
21.《晉譯華嚴經疏序》	東文選	

■十門和諍
  名目   典據
 1. 三乘一乘和諍門   《法華經宗要》
 2. 空有异執和諍門   《十門和諍論》殘簡
 3. 佛性有無和諍門   《十門和諍論》殘簡
 4. 人法异執和諍門   《十門和諍論》殘簡
 5. 三性异執和諍門   《起信論疏》
 6. 五性成佛和諍門   (在其他文獻中引用的和諍論)
 7. 二障异義和諍門   《二障義》
 8. 涅槃异義和諍門   《涅槃宗要》
 9. 佛身异義和諍門   《涅槃宗要》
 10. 佛性异義和諍門   《涅槃宗要》

■《十門和諍論》
序
十門論者,如來在世,已賴圓音,衆生等……雨驟,空空之論云奔,或言我是,言他不是,或説我然,言他不然,遂成河漢矣。大……山而投回谷,憎有愛空,猶舍樹以赴長林,譬如青藍共體,冰水同源,鏡納萬形,水分……通融,聊爲序述,名曰十門和諍論。

殘簡 第九片
 ……有,此所許有,不异于空,故雖如前而非增益。假許是有,實非墮有。此所許有,非不墮有,故雖如后而非增減。前説實是有者,是不异空之有,后説不墮有者,不墮异空之有,是故俱許而不相違。
 由非不然,故得許而亦非然,故俱不許。此之非然不异於然,喻如其有不异於空,是故雖俱不許而亦不失本宗,是故四句并立而離諸過失也。
 問:雖説微言離諸妨難,言下之旨彌不可見。如言其有不异於空,此所引喻,本所未解,何者?若實是有則异於無,喻如牛角,不同兔角。若不异空,定非是有,喻如兔角,無今説是有而不异於空,世間無類,如何得成?説有同喻立不异空,由前比量成不定過?
 答:汝雖巧便説諸妨難,直難言説不及意志,所引譬喻皆不得成,何以故?牛角非有,兔角不無,故如汝所取,但是名言,故我寄言説,以示絶言之法。如寄手指,以示離指之月。汝今直爾如言取義,引可言喻難離言法,但看指端,責其非月,故責難彌精,失理彌遠矣。然今更引聖説,離言之喻,喻如虛空,容受一切長短等色,屈申等業,若時除遣諸色、色業無色,虛空相似顯現,謂除丈木處即丈空顯,除尺木處即尺空顯,除屈屈顯,除申申顯等,當知即此顯現之空,似長似短。離言之事,如是空事,隨其所應,前時容受長短等色,然所容受色,異於虛空,凡夫邪想,分別所取。故喻遍計所執,諸法雖無所有,而計異空,故能容受事不異虛空,非諸凡夫分別所了,故喻依他起相。諸法雖實是有而不異空,故又彼遍計所執,自性非無。所依獨自成立,依他起相。爲所依止,遍計所執,方得施設。喻如虛空離言之事,隨其所應,容受諸色。

　　殘簡 第十片

　　若菩薩離妄想分別,除遣遍計所執相時,便得現照離言之法。爾時諸法,離言相顯,喻如除遣諸色相時,隨其除處離色空顯,由如是等比量道理,應知諸法皆等虛空。如金鼓經言,若言其異者,一切諸佛菩薩行相則是執著,何以故?一切聖人於行非行法中,同智慧行,是故不異,是故五陰非有,不從因緣生,非不有五陰不過聖境,故非言語之所能及。

　　慧度經云:雖生死道長,衆生性多而生死邊如虛空,衆生性邊亦如空虛。中觀論云:涅槃之實際及與世間際,如是二際者無毫厘許異。瑜伽論云:若諸有情,於佛所説,甚深空性,相應經典,不解密意。於是經中説一切法皆無自性,皆無有事,無生無滅。説一切法皆等虛空,皆如夢幻。彼聞是已心生驚怖,誹謗此典,言非佛説,菩薩爲彼如理會通,如是實和會,攝彼有情。爲彼説言,此經不説,一切諸法,都無所有。雖有一切所言説事依止彼,故諸言説轉,然彼所説可説,自性據第一義,非其自性,譬如空中有衆多色,色業可得容受一切諸色,色業謂虛空中,理有種種,若往若來,屈申等事。若於爾時,諸色色業,皆悉除遣,即於爾時,唯無色性,清净虛空,相似顯現如是,即於相似虛空,離言説事,有其種種言説,所作邪想,分別隨戲論著,似色業轉。

　　又即如是一切言説邪想,分別隨戲論著,似衆色業皆是似空,離言説事之所容受,若時菩薩,以妙勝智,除遣一切言説所起邪想,分別隨戲論著。爾時菩薩,最勝聖者,證得諸法,離言説事,唯有一切言説自性非性,所顯喻如虛空清净,相顯亦非過此,有余自性,應更尋思故。

殘簡 第十五片

依此經文,若立一分無佛性者,則違大乘平等法性,同體大悲如海一味。又若立言,定有無性,一切界差別可得,故如火性中無水性者。他亦立言,定皆有性,一味性平等可得,故如諸鹿色聚,悉有大種性,則有決定相違過失。

又彼經言,衆生佛性不一不二,諸佛平等猶如虛空,一切衆生同共有之。又下文云,一切衆生同有佛性,皆同一乘,一因一果,同一甘露,一切當得常樂我净,是故一味。

又若立言,定有無性,由法爾故者,他亦立言,定無無性,由法爾故,是立決定相違過失。執有無性論者,通曰:經言衆生悉有心者,凡舉一切有性無性,未得已得諸有情也,凡其有心當得菩薩者,於中間取有性未得之有心也。設使一切有心皆當得者,已得菩提者,亦應當得耶?故知非謂一切有心皆當得也。又言猶如虛空,一切同有者,是就理性,非説行性也。

又説一因一果,乃至一切當净常樂我净者,是約少分一切,非説一切,一切如是,諸文皆得善通。又若立言由法爾,故無無性者則衆生有盡,是爲大過。如前所立,由法爾故有無性者,則無是失,故知是似決定相違,而實不成相違過失。如有立言,火非濕性由法爾,故又有立言,火是濕性由法爾,故此似決定相違而實無此過失,以火性是熱實非濕,故無性有情,道理亦爾。

問:若立后師義,是説云何通?如顯揚論云,云何唯現在世非般涅槃,法不應理,故謂不應言於現在世。雖非般涅槃法,於余生中,復可轉爲般涅槃法,何名般不以故無般涅槃種種法故。又若於此生,先已積集順解脱分善根,何故不名般涅槃法?若於此生都未積集,云何后生能般涅槃?是故定有非涅槃種性有情。瑜珈論云,亦同此説。

殘簡 第十六片

又若一切皆當作佛,則衆生雖多必有終盡,以無不成佛者,故是則諸佛利他功德亦盡。又若衆生必有盡者,最后成佛則無所化。所化無故,利他行闕,行闕成佛不應道理。又若説一切盡當作佛而言衆生無永盡者,則爲自語相違過失。以無盡者,永不成佛故。

又如一佛一會,能度百千萬億衆生,今入涅槃,於衆生界漸損,以不若有漸損,則有終盡,有損無盡不應理,故若無損者,則無滅道,有滅無損不應理,故如是進退終不可立。無同類,故其義不成。

執皆有性論者,通曰:彼新論之正破執於先來無性而后轉成有性義者,如彼之言,謂不應言於現在世,雖非般涅槃法,於余生中,可轉爲般涅槃法,故今所立宗本來有性,非謂先無而后轉成,故不墮於彼論所破。又彼教意立無性者,爲欲回轉,不求大乘之心,依無量時而作是説,由是密意,故不相違彼救難。云一切有心皆當得者,佛亦有心亦應皆當得者。是義不然,以彼經中自簡別,故彼云,衆生亦爾,悉皆有心。凡有心者當得菩提,佛非衆生何得相濫?

又彼難云:若皆作佛必有盡者,是難還着自無性宗,何者?如汝宗説無性有情,本來具有法,而種子窮未來際,種子無盡。我今問汝,隨汝意答,如是種子,當言一切皆當生果,當言亦有不生果者? 若言亦有不生果者,不生果故則非種子。若言一切皆當生果者,是則種子雖多,必有終盡。以無不生果者,故若言雖一切種子皆當生果,而種子無窮故無終盡,而無自語相違過者,則應信受一切衆生皆當成佛,而衆生無邊,故無終盡。

又汝難云:有滅無□空之□是□□□□□□□□□□□□□□之事是無若□□□□□□□□□□□□□□無因果是□□見□□□□□□□□□所照者□則□無□□□□□□□□□許者□智□□□□□□□□□□□有我者□□□□□□□□□□有□有□□□□□□□者□□□□□□□□之我不實□□□□□而不實不□人□□□□□□□□□□□□□言於世及諸因□□□□□□□□者他亦於世俗諦因緣□□□□□□□有人生若五蘊雖和合無人生者□□□□□生齊有薰習種子因緣有生不生□□□□□□□所説諸難 皆有道理 有道□故意無不□□□□□無所不通 是義云何 若對□道所執□□是□□我則許有五蘊 而無一我離蘊法□無□□□□□言無我無造無受者 以因緣故諸法生 又言□□□□如第二頭 五蘊中我 亦復如是 若對二乘□□□□五蘊之法 則許有一我 而無五

蘊離真我□□□故如經言 即此法界 流傳五道 説名衆生 又言一□衆生 皆有佛性 即是我義 我者即是如來藏□若對菩薩依甚深教 如言取義 起損減執 則□□□□意是有如論説云又此假我 是無常相 是非□□安住相是變壞相乃至廣説故 若對菩薩依□□□如言□義起□并執 則許人法皆無所有 如□□□無我無□生乃□□者見□何況當有□□□□。

　　衆生皆當成佛,而衆生無邊故無終盡。又汝難云:有滅無□空之□是□□□□□□□□□□□□□□之事是無若□□□□□□□□□□□無因果是□□見□□□□□□□□□□□□□所照者□則□無□□□□□□□□□□□□□許者□智□□□□□□□□□□□□□有我者□□□□□□□□□□□□□□有□有□□□□□□者□□□□□□之我不實□□□□□□□而不實不□人□□□□□□□□□□□□□言於世及諸因□□□□□□□者他亦於世俗諦因縁□□□□□□有人生若五蘊雖和合無人生者□□□□□□□生齊有薰習種子因縁有生不生不□□□□□□所説諸難皆有道理　有道□故意無不□□□□□無所不通　是義云　若對□道所執□□是□□我則許有五蘊　而無一我　離蘊法□無□□□□□言無我無造無受者　以因縁故諸法生　又言□□□□如第二頭　五蘊中我　亦復如是　若對二乘□□□□五蘊之法　則許有一我　而無五蘊離真我□□□□故如經言　即此法界　流傳五道　説名衆生　又言一□衆生　皆有佛性　即是我義　我者即是如來藏□□若對菩薩依甚深教　如言取義　起損減執　則□□□□意是有　如論説云又此假如　是無常相　是非□□□安住相是變壞相乃至廣説故　若對菩薩依□□□如言□義起□并執　則許人法皆無所有　如□□□無我無□生乃□□者見□何況當有□□□□。

　　殘簡　第三十一片

　　二空之理,是實不無,聖智所照者亦可,二惑所執人法之事,是妄非有,非聖所照,若齊許者,則無俗智撥無因果,是大邪見。若言雖無所執實法,而有假法,聖智所照者,是則雖無所執,實我而有假我,聖智所照,若齊許者,聖智不出三法蘊處界内,我在何法? 若言實有假法，實無假我者，是則實有我空，而無法空。若二空齊有，即入法等，無若言如所執法，實無所有，故有法空。而由法執名言薰習所生之法，不實而有，有而不實，不廢法空者，是則人執名言薰習所生之我，不實而有，有而不實，不廢人空，因待薰習，果非薰生，不應道理。

故若言於世俗諦，因緣道理，四緣和合，有法生者，他亦於世俗諦，因緣道理，五蘊和合，則有人生。若五蘊雖和合，無人生者，則四緣雖和合，亦無法生，齊有薰習種子，因緣果有生不生，不應道理。

故通曰：所說諸難，皆有道理。有道理故悉無不許，無不許故無所不通。是義云何？若待外道所執是一，是常是我則許有五蘊而無一我，離五蘊法外無神我，故如經言，無我無造無受者以因緣，故諸法生。又言如第三手如第二頭，五蘊中，我亦復如是，若待二乘所執，三乘五蘊之法，則許有一我而無蘊，離真我外無五蘊。故如經言，即此法界流轉五道，說名眾生，又言一切眾生皆有佛性，即是我義，我者即是如來藏義。

故若待菩薩依甚深教，如言取義，起損減集，則許我法，皆悉是有，如論說云，又此假我是無常相，是非有相，是安住相，是變壞相，乃至廣說，故若待菩薩依法相教，如言取義，起增益執，則許人法，皆無所有，如經言，尚無我無眾生，乃至智者見者，何況當有色受想行……

■元曉語錄《大乘起信論疏》序

夫大乘之爲體也，蕭然空寂，湛爾沖玄。玄之又玄，豈出萬象之表？寂之又寂，猶在百家之談。非像表也，五眼不能見其軀；在言裏也，四辯不能談其狀；欲言大矣，入無內而莫遺；欲言微矣，苞無外而有餘。引之於有，一如用之而空。獲之於無，萬物乘之而生。不知何以言之，強號之謂大乘。

■元曉語錄《大乘起信論》

爲道者，永息萬境，遂還一心之源。

■元曉語錄《佛說阿彌陀經》序

若斯動靜，皆是大夢。以覺望之，無流無寂。穢土淨國，本來一心。生死涅槃，終無二際。

■元曉語錄《無量壽經宗要》

譬如覆器，雖降雨而終不能受；譬如孔器，雖受天雨而終不住。

■元曉語録《金剛三昧經論》

夫一心之源,離有無而獨淨;三空之海,融真俗而湛然。湛然融二而不一,獨淨離邊而非中。非中而離邊,故不有之法,不即住無,不無之相,不即住有。不一而融二,故非真之事,未始爲俗,非俗之理,未始爲真也。融二而不一,故真俗之性,無所不立,染淨之相,莫不備焉。離邊而非中,故有無之法,無所不作,是非之義,莫不周焉。爾乃無破而無不破,無立而無不立,可謂無理之大理,不然之大然矣。是謂斯經之大意也。良由不然之大然,故能説之語,妙契環中,無理之至理,故所詮之宗,超出方外。無所不破,故名金剛三昧。無所不立,故名攝大乘經。一切義宗無出是二,是故亦名無量義宗,且擧一目以題其首,故言金剛三昧經也。

■元曉語録《大乘起信論別計》

爲道者,永息萬境,遂還一心之源。其爲論也,無所不立,無所不破,如中觀論十二門論等,遍破諸執,亦破於破,而不還許能破所破,是謂往而不遍論也。其瑜伽論攝大乘等,通立深淺,判於法門,而不融遣自所立法,是謂興而不奪論也。今此論者,既智既仁,亦玄亦博,無不自立而自遣,無不破而還許,而還許者,顯彼往者,往極而遍立,而自遣者,明此興者,窮興而奪,是謂諸論之祖宗,群諍之評主也。

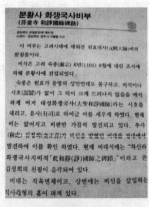

和諍國師碑合

第四章 牧牛子知讷的三禅门

名：知讷 지눌 JINUL
号：牧牛子 목우자

谥号：普照国师

生：1158 年
卒：1210 年

思想简括：定慧双修

著作举要：《法集别行录节要并入私记》、《六祖慧能大师法宝坛经跋》、《看话决疑论》、《诫初心学人文》、《劝修定慧结社文》、《念佛要门》、《修心诀》、《圆顿成佛论》、《定慧结社文》、《真心直说》、《华严论节要》。

语录：请诸修心高士深思细看，吾今区区拣辨，先悟后修，本末之义者要令初心，不自屈不自高，了然自见其曲折，终不混滥也。文云，今顿悟本心，常知如识不变之湿性。心既无迷，即非无名。如风顿止，悟后自然攀缘渐息；如波浪渐停，以戒定慧，资薰身心，渐渐自在，乃至神变无碍，普利群生，名之为佛。

一、思想传承

新罗时期，华严、南山、禅寂等多种佛教宗派并立，其中净土宗在广大民众中颇为流行。净土宗分为两大支流：一是向往西方净土的阿弥陀佛，二是向往兜率天的弥勒佛。新罗佛法大师元晓、义寂、玄

一、法位等注释了大量净土经典,在注释的时候,出现一些理论分歧。此后禅宗传入半岛,多种禅宗教派鼎立,纷争状况延续到高丽朝时期越发明显,曹溪宗、华严宗等各宗派相互排斥,各持己见,争论不休。

12世纪,佛教作为高丽国教定位,由于佛教与王室关系密切,佛僧得以占用大规模土地修建寺刹,各派宗教势力都异常活跃。禅宗内部分成了华严、涅槃、法相等派别。知讷的前辈义天(1055—1101)建立天台宗,想以天台宗统合两派。在各种挑战中禅宗逐渐走向衰落。知讷26岁(1182)参加谈禅法会后,致力于禅宗的复兴。1190年,知讷居住在八公山居祖庵,苦思冥想,埋头写作,影响韩国禅宗发展方向的《定慧结社文》终于问世了。1200年他移居松广山吉禅室,创建定慧结社。新罗时代名僧元晓、义湘的华严思想传至均如、谛观、义天,到了高丽时代,由知讷接续下来。知讷将教宗中的华严思辨的形而上学同禅宗的体悟相结合,统合禅与教,创立了独具特色的韩国禅宗修行方法。

> 其劝人诵持常以金刚经,立法演义则意必六祖坛经,申以华严理论大慧语录相羽翼。开门有三种,曰惺寂等持门,曰圆顿信解门,曰径截门。依而修行,信入者多焉。禅学之盛,近古莫比。[①]

二、定慧双修

知讷提倡佛禅一元,知讷认为华严经的如来出现品"即心即佛,离妄即佛"同禅的旨意是一致的。他说:

> 世尊说之口,即为教;祖师传之于心,即为禅。佛祖心口必不相违,岂可不穷根源而各安所习,妄兴诤论虚丧天日耶?[②]

佛祖说的是教,师祖用心传授的就是禅,无论是教,还是禅,在根本理论上都是一致的。二者无有相异之点,所以应该安稳地穷其根源,而不应该盲目妄论争执。在修行上,知讷会通禅宗和教学,认为

---

① 知讷:《普照全书》,《普照国师碑铭》,不一出版社,1989年。
② 同上书,《华严论节要序》。

修禅与华严的顿悟可以兼行,"心之体用,是法界性相,则事事无碍之德,同体大悲之功,不为分外矣"。① 即坐禅与读经同修,所谓定慧双修,靠双修开发佛性。在《修心诀》中,他将定慧分为体与用。他说:

> 若设法义,入理千门莫非定慧,取其纲要,则自性上体用二义,前所谓空寂灵知是也。定是体,慧是用也。即体之用,故慧不离定;即用之体,故定不离慧,定则慧,故寂而常知。慧则定,故知而常寂。如曹溪云:"心地无乱自性定,心地无痴自性慧。若悟如是,任运寂知,遮照无二,则是为顿门个者,双修定慧业。若言先以寂寂,治于缘虑;后以惺惺,治于昏住,先后对治,均调乱以入于静者,是为渐门劣机所行也。难云惺寂等待,未免取静为行,则岂为了事人,不离本寂本知,任运双修也。"②

修行入门之法无非就是定慧,定慧就是自性体用,定为体,慧为用。所谓空寂与灵知,定慧不分离,空寂而有灵知,灵知常处在空寂之中。定寂与慧知相即论,说明定慧的一致,无有先后。定慧的体与用,被知讷解释为自性定慧和随相定慧。他说:

> 修自性定慧者,此是顿门,用无之功,并运双寂,自修自性,自成佛道者也。修随相门定慧者,此是未悟前渐门劣机,用射治之功,心心断惑,取静为行者。③

自性定慧与随相门定慧不同,前者使用寂静的无之功,后者使用断欲的治之功。前者直接自修本性,后者需克制心中的迷惑,使心寂静下来。也就是说定慧双修包括自性定慧和随相定慧,前者说的是人的自我本性空寂,无有烦恼,开发自身原有的佛性;后者说的是人只要追寻这种自身之根本,并发挥之,即可成佛。

三、三禅宗门

为了开发修行者的真如佛性,并维持其性,知讷提出了与一般顿

---

① 知讷:《普照全书》,《华严论节要序》。
②③ 同上书,《修心诀》。

悟渐修、见性成佛不同的修行法。他将修行分为解悟、渐修、从道三个阶段，提出了三禅宗门修行法。即：

① 圆顿信解门　　② 惺寂等持门　　③ 看话径截门

"圆顿信解门"要求人们坚信佛与众生持有同一真如自性，寻求自悟。圣人与凡人无有差异，圣人与凡人都具有佛性，只是圣人能悟，凡人未悟，坚信佛与众生同一真如自性，就叫圆顿信解。所谓悟，是真如自性的显现。知讷阐明如下道理：

> 祖门正信，非同前也。不信一切有为因果，只要自己本来是佛，天真自性，人人俱足；涅槃妙体，个个圆成；不假他求，从来自备。三祖云："圆同太虚，无欠无余，良由取舍，所以不如"，志公云："有相身中无相身，无明路上无路。"永嘉云："无明实性即佛性，幻化空身即法身。"故知众生本来是佛，既生正信，须要解滋。永明云："信而不解，增长无明；解而不信，增长邪见"，故知信解相兼，得入道矣。①

所谓信是笃信自己具有佛性；所谓圆顿是通过修行达到涅槃妙体的圆成。修行的顺序从分别自心日用无明开始，然后见闻觉知主体佛性，接着要觉悟圆满真心。"圆顿信解"是初心者必须首先要做到的启蒙修行，即探明自身的真心佛性和通往圆顿之成佛之路径。"惺寂等持"下一步修行。

"惺寂等持门"从自性上体用两种意义，空寂（定）与灵知（慧）。"定"意味着心地无乱无戒；"慧"意味着无痴。定慧本来就存在，具备于人心之中，修行者只要能悟就行，修行就是觉悟自性空寂灵知的过程。惺寂等持门开发真如自性，并维持无念的惺寂持，保持一种解脱境界。这一过程要求达到三种修行状态，首先是"惺惺寂寂"。这是一种清醒而不混沌，见闻觉知而不污染的精神状态；其次是"常惺惺"状态，就是不分地点场合，总能保持清醒的状态，做到清新能见，见闻觉知；最后还要"常寂寂"，即不动摇，不生分别心，常能自制的修行

---

① 知讷：《普照全书》，《真心直说》。

状态。

第二个阶段"看话径截门",是进入佛境的捷径之门。圆顿信解门提出前提条件,即要求修行者确信自己的自性空寂灵知本来具足,与佛无有不同;惺寂等持门揭示了修行原则;接下来修行的捷径就是:

> 师(知讷)尝言:予自普门已来十余年矣。虽得意勤修,无虚废时,情见未忘,有物碍膺,如雠同所。至居智异,得大慧普觉禅师语录云:"禅不在静处,亦不在闹处;不在日用应缘处,不在思量分别处。然第一不得舍却静处闹处,日用应缘处,思量分别处参",忽然眼开,方知皆是屋理事。予于此契会,自然物不碍膺,雠不同所,当下安乐耳。由是慧解增高,众所宗仰。①

大慧普觉禅师是中国禅宗的创始者。他认为禅不能受静或闹的外部环境的支配,只要心慧清净,不受外界支配,顿悟渐修,就能融会佛心。知讷坚持这种禅教一致论,他说:

> 然上来所举法门,并是为依言生解悟入者。委办法有随缘不变二义,人有顿悟渐修两门。……然若一向依言生解,不知转身之路,虽终观察,转为知解所缚,未有休歇时。②

修行时,常会出现难以摆脱被知解所束缚的言教。为了使知解顿忘者能够离言得入,须要进入第三个修行阶段"看话径截门"。这是一条既能入也能出之门,出入自由,融会贯通,神会佛性。知讷引用六祖慧能批判圭峰宗密和荷泽神会的话说明了这一层意思:

> 大慧禅师云:"圭峰谓之灵知,荷泽谓之知之一字,众妙之门。黄龙死心叟云:知之一字,众祸之门。要见圭峰荷泽则易,要见死心则难。到这里须是具超方眼,说似人不得也。是以云门云:大凡下语,如当门按剑,一句之下,须有出路,若不如是,死在句下。"③

---

① 知讷:《普照全书》,《普照国师碑铭》。
②③ 同上书,《法集别行录节要并入私记》。

>修心之士,先以祖道,知自心本妙,不苟文字。①

初修者要进入入道方便门,即"圆顿信解门",只有下定决心,坚信不移地坚持修行,才能入门。入门之后在"惺寂等待门"中维持真实惺寂等持修行状态,定慧渐修。在此过程中,能够直接进入的随乘方便门是"看话径截门"。对于那些上根大智慧的人来说,此三禅之门尤为重要。

四、三学成道

知讷继承了元晓的无诤论,一生竭力熄灭教派之间无谓的争执,将人们的注意力引向佛教的修行。他主张先悟后修、顿悟渐修的修行方法。他说:

>夫入道多门,以要言之,不出顿悟渐修两门耳,虽曰顿悟顿修,是最上根机得入也。若推过去,已是多生,依悟而修,渐熏而来,致于今生,闻即发悟,一时顿毕,以实而论,是亦先悟后修之机也。则而此顿渐两门,是千圣轨辙也……②

最基本的佛教修行方法是顿悟与渐修,这两种修行法是不可分的,因为只觉悟而不践行,不可能成佛。按照先后的修行顺序,叫先悟后修。何谓先悟之"顿悟"呢?

>顿悟者,凡夫迷时,四大为身,忘想为心,不知自性是真法身,不知自己灵知是真佛也。心外觅佛,波波浪走,忽被善知识指示入路,一念回光,见自本性,而此性地,原无烦恼,无漏智性,本自具足,即兴诸佛,分毫不殊,故顿悟也。③

简言之,即心即佛的觉悟就是顿悟。"渐修"的意义如下:

>渐修者,离悟本性,与佛无殊,无始习气,卒难顿除。故依悟

---

① 知讷:《普照全书》,《华严论要序》。
②③ 同上书,《修心诀》。

而修,渐熏功成,长养圣胎,久久成圣,故云渐修也。①

渐修不可能一下将过去的习气全部顿除掉,因此必须逐渐觉悟,经历不断的实践过程渐渐完成。知讷将顿悟与渐修的关系比喻为两个车轮"顿悟渐修之义如车二轮",他在《定慧结社文》中说:

> 迷一心而起无边烦恼者,众生也。悟一心而起无边妙用者,诸佛也。迷悟虽殊,而要由一心则离心求佛者,亦无有是处也。②

修行成佛的根本是即心即佛,修行的原理是定慧心,修行的方法是定慧双修达心。"常以习定均慧为物","定慧即均,亦何心而不佛,何佛而不心"。知讷认为戒、定、慧是佛家过去、现在、未来三学要谛,他说大乘"无有一法,不归三学之门,无有一佛,不传三学而成道也"。

> 理本无我,戒也。理本无乱,定也。理本无迷,慧也。但悟此理,即真三学耳。③

> 曹溪云:心地无非,自性成。心地无乱,自性定。心地无痴,自性慧,此之是也。④

> 未法时代,人多乾慧,未免苦轮,运意则承虚诧假,出语则越分过头,知见偏枯,行解不等。近来禅门泛滥学辈,多有此病,皆云既自心本净,不属有无,何假劳形,妄加行周?是以效无碍自在之行,方舍真修。非惟身口不端,水乃心行污曲,都不觉知。或有执于圣教,法相方便之说,自生退屈,劳修渐行,违背性宗,不信有如来为末世众生,开秘密之诀,固执先闻,捡麻弃金也。⑤

知讷指出在禅门中修行者的通病是见解枯竭、固执己见,捡起芝麻丢掉西瓜。这就是教与禅的争执原因,是毫无意义的行为。他主张定慧双修,"若能如是定慧双修,万行齐修,则岂比夫空守默之痴禅,但寻文之狂者也"。守默之痴禅只认文字、只知书本知识。为了不变成痴禅,必须坚持定慧双修。

---

① 知讷:《普照全书》,《修心诀》。
②③④⑤ 知讷:《劝修定慧结社文》,《韩国佛教全书》第四册。

此各在当人,不可一向。若因言悟道,籍教明宗,具择法眼者,虽多闻而不起认名执相之念,虽利他而能断自他憎爱之见,悲智渐丹,妙契赛中,则诚当实行者也。若随语生见,齐文作解,遂教迷心,指月不分,未忘名闻利养之心,而欲说法度人者,如秽蜗螺,自秽秽他,是乃世间文字法师,何名专精定慧,不求名闻者乎?①

只有定慧双修,才能不被文字所局限,不偏着禅或教的一边,融会双方,利己利他。在佛教的修行门中,禅定是重要的一门。华严、唯识、涅槃、三论等宗派所依据的是经典文字,只有禅宗提出人人本来具足心性,可见性成佛。宋朝禅僧的12字参禅要领"不立文字,直指人心,见性成佛"成为禅宗宗旨。意思是要经过静心关照、觉悟心性的参禅过程,达到禅宗的最终目的成佛。《楞伽经》四卷为达摩的正传,达摩提出了"面壁观心、坐禅修行"的方法;五祖弘忍(602—675)和六祖慧能都尊崇《金刚经》。禅宗传到新罗的最初历史记录是崔致远在凤岩山智证国师碑上记载的内容,新罗僧人法朗在唐朝接受禅宗第四祖道信之法归国,开始传播禅宗。法朗、尊范、惠隐之后,出现了新罗禅宗第四代智证法师道宪。新罗兴德王(826—836年在位)以后,其它禅宗僧侣从唐朝返回,开创九山禅门,争论禅理,无有休止。

进入高丽朝,大众佛教逐渐变成贵族佛教。高丽太祖王建接受了道诜国师的指导,在建国理念中融入佛教,曰:"我国家大业,必资诸佛护卫之力……"②以高丽太祖十训作为祖训,规定佛教为高丽国教,高丽成为佛教国。丽初禅宗颇为盛行,但是到了高丽中期,大臣崔承老极力推行儒教,使佛教势力渐弱。华严宗与法相宗跃为佛界主流。为了重新振兴禅学,禅宗界主流阇崛山门的知讷开始提倡新的禅宗修行实践方法。知讷的修禅法由其弟子真觉国师慧谌等曹溪宗十六国师传承至今,如今曹溪宗仍然是韩国佛教的主流。知讷会通禅教的精神,反映了韩国佛教的基本特征,如韩国现存规模最大的

---

① 知讷:《劝修定慧结社文》。
② 《高丽史》世家,卷二,太祖26年条,十训要。

佛寺"通度寺",寺名的含义是"会通所有佛法,济度一切众生",即"通万法,度众生"。通度寺位于韩国庆尚南道梁山市下北面芝山里的灵鹫山南山峦,是韩国佛教曹溪宗大本寺,也是韩国三宝寺刹中的第一佛宝寺刹。这座寺创建于善德女王15年(公元646年)。从中国留学回来的新罗慈藏律师在通度寺筑金刚戒坛,安奉了在中国五台山修行时授得的佛祖顶骨舍利,因此获得新罗佛宗的位相。这个寺庙所处地形与印度佛陀说法的印度灵鹫山相似,又"通于印度灵鹫山形",故称为"通度寺"。韩国佛教会通精神由此可见一斑。

知讷生平履历

1158年,1岁。出生于高丽一个贵族家庭,父亲名郑光遇,为高丽国子监的国正,是一个虔诚的佛教徒。知讷自幼体弱多病,无药可救,父亲求佛治疗知讷的疾病,许愿送知讷入佛门。

1166年,8岁。知讷病愈后,出家到九山禅门的阇崛山。

1173年,15岁。受具足戒,拜宗晖禅师为师。

1176年,18岁。去首都开京的普济寺。

1182年,24岁。在普济寺应试僧科,合格。

1183年,25岁。居住在城市,感到世俗名利无明的破灭,决心离开首都,隐遁结社。

1185年,27岁。居住清源寺,读《六祖坛经》、《大慧语录》。

1188年,31岁。组织定慧结社。

1191年,33岁。撰写《劝修定慧结社文》。

1197年,40岁。一边在智异山上无住庵参禅,一边令弟子守愚寻找新的定慧寺址。

1200年,43岁。同弟子了世(1163—1245)等到达松广山的吉祥寺。自1197年至1205年,吉祥寺的改建工程经历9年时间完工。高丽熙宗(1204—1211在位)为此举行了120天的庆典,并按照中国禅宗的开山祖六祖慧能修禅的地方曹溪山的名字,将松广山也改名为曹溪山,将定慧寺改名为修禅社。知讷白天在寺里讲授《大慧语录》,晚上修禅。他写的《诫初心学人文》,成为禅院的修禅学规,是韩国禅宗史上的第一篇修道僧人生活规范。

1203年,46岁。撰写《修心诀》,主要讲述顿悟渐修与定慧双修,后来成为修禅入门的教科书。

1204年,47岁。撰写《真心直说》,讲述修禅方法。

1207年,50岁。著《华严论节要》。为新刊《六祖坛经》写跋文。

1209年,52岁。著《法集别行录节要并入私记》。

1210年,53歲。故。

1215年,遺著《圓頓成佛論》、《看話決疑論》刊行。

知訥思想史料閱讀

■ **知訥:《普照全書·華嚴論節要序》**

世尊説之口,即爲教。祖師傳之於心,即爲禪。佛祖心口必不相違,豈可不窮根源而各安所習,妄興諍論虛喪天日耶?

■ **知訥:《普照全書·修心訣》**

修自行定慧者,此是頓門,用無之功,並運雙寂,自修自性,自成佛道者也。修隨相門定慧者,此是未悟前漸門劣機,用射治之功,心心斷惑,取静爲行者。

■ **知訥:《普照全書·真心直説》**

祖門正信,非同前也,不信一切有爲因果,只要自己本來是佛。天真自性,人人具足;涅槃妙體,個個圓成;不假他求,從來自備。

■ **知訥:《普照全書·法集別行錄節要並入私記》**

大慧禪師云:"圭峰謂之靈知,荷澤謂之知之一字,衆妙之門。黃龍死心叟云:知之一字,衆禍之門。要見圭峰荷澤則易,要見死心則難。到這裏須是具超方眼,説似人不得也。是以云門云:大凡下語,如當門按劍,一句之下,須有出路,若不如是,死在句下。"

■ **知訥:《普照全書·華嚴論節要序》**

修心之士,先以祖道,知自心本妙,不苟文字。

第四章　牧牛子知訥的三禪門

■ **知訥:《普照全書·修心訣》**

　　夫入道多門,以要言之,不出頓悟漸修兩門耳。雖曰頓悟頓修,是最上根機得入也。若推過去,已是多生,依悟而修,漸熏而來,致於今生,聞即發悟,一時頓畢,以實而論,是亦先悟後修之機也。則而此頓漸兩門,是千聖軌轍也……頓悟者,凡夫迷時,四大爲身,忘想爲心,不知自性是真法身,不知自己靈知是真佛也。心外覓佛,潑潑浪走,忽被善知識指示入路,一念回光,見自本性,而此性地,原無煩惱,無漏智性,本自具足,即與諸佛,分毫不殊,故頓悟也。……漸修者,離悟本性,與佛無殊,無始習氣,卒難頓除。故依悟而修,漸熏功成,長養聖胎,久久成聖,故云漸修也。

半跏思維

第五章 牧隐李穑的隐显之学

名:李穑 이색 Lee Saek
号:牧隐 목은 Mok Eun

生:1328年
卒:1396年

思想简括:隐显非相反

著作举要:《牧隐集》

语录:居庙堂,乐其道之行今也。在田里,乐其身之全,身全道亦全矣!追惟前日如行云流水已无踪迹,独其爱君之心与吾终身之乐,不可须臾之相离也。可离岂吾所谓可乐者哉!

一、思想传承

牧隐李穑(1328—1396)为高丽末期的思想教育家和政治家。曾赴元朝燕京国子监留学三年,回高丽后,始任成均馆大司成,讲授程朱性理之学,培养了一批批学术人才,"于是东方性理之学大兴,学者袪其记诵辞章之习而穷身心性命之理,知宗是道而不惑于异端,欲正其义而不谋于功利,儒风学术焕然一新,皆先生教诲之力也"。[①] 牧隐通过丽末的教育改革和教学,广泛传播性理学,培养、选拔人才,为高丽末期和朝鲜朝前期的社会改革和政治改革培养、储备了人

---

① 权近:《朝鲜牧隐先生理文靖公行状》,《牧隐先生文集》。

才,为性理学成为朝鲜国学奠定了理论基础。因此,研究李穑的思想,有助于把握高丽朝末期学术风气的转化和理路。权近又曰:"吾东方牧隐先生质粹而气清,学博而理明。吾东方以来,未有盛于先生者也。"①

二、隐显非相反

牧隐先生理气观的独特之处在于他对隐显观念的理解上。牧隐先生曰:

> 隐,不可见之谓也。其理也,微然其着于事物之间者,其迹也粲然。隐也显也,非相反也。盖体用一源也明矣。天高地下,万物散殊,日月星辰之布列,山河岳渎之流峙,必曰显乎?然知其所以然者,鲜矣。尊君卑臣,百废修举,诗书礼乐之焜兴,典章文物之偾饰,不曰显乎?然知其所由来者,亦鲜矣。②

牧隐以"体用一源,显微无间"的思维方式解说"理"与"迹"。理为本体为原理,迹为用为现象。从"理"而言,理是天下万物散殊、日月山河存在的"所以然"者。但"理"隐而无形。牧隐说:"夫理无形也,寓于物,物之象也,理之著也。是故龙图龟书,圣人之所则,而蓍草之生,所以尽阴阳奇耦之变,而为万世开物成务之宗,则虽细物何可少哉!"③理没有形态,在物上表现出来而显象。所以万物变化,阴阳生成,都离不开理。牧隐又曰:

> 夫性也,在人物指人物,而名之曰人也物也,是迹踪也。求其所以然而辨之,则在人者性也,在物者亦性也。同一性也,亦同一天也。④

理表现在人物上,就是人之性。人之性与物之性都是同一天

---

① 权近:《牧隐先生文集序》,《牧隐先生文集》一。
② 李穑:《牧隐先生文集》六,《子显说》。
③ 李穑:《牧隐文稿》卷三。
④ 李穑:《牧隐先生文集》六,《直说三篇》。

理的表现。从"迹"来看,天上地下万物散殊,日月星辰和山河岳渎等自然现象,以及尊君卑臣、诗书礼乐、典章文物等人文现象都是显而易见的。"理"的无形之隐与"迹"之有形之显,其间的关系"明矣",即是"体用一源"。理与迹、体与用、隐与显的"隐也显也",是牧隐用来说明本体与现象体用一源关系的一对哲学范畴概念。牧隐先生曰:

> ……其体也,寂然不动。其用也,感而遂通。光明灿烂,纯粹笃实。谓之隐,则彻首彻尾;谓之显,则无声无臭,故曰君子之道费而隐,鬼神之德,鹳鱼之诗可见矣。是以显之道观乎?吾心,达乎天德而已矣。①

"理"具有"寂然不动"和"感而遂通"的两种特性。作为寂然不动之体的"理"是纯粹笃实的,这种性质叫做"隐";而感而遂通之用的"理"是彻首彻尾的,这种性质谓之"显"。"隐也显也,非相反也",隐与显并不是相反、相互矛盾的,而是浑然一体、内外上下贯通的,"故曰君子之道费而隐"。隐与显的关系是"费而隐"、"显之通"。只有体悟了隐与显的这种"隐显非相反"的意义,"吾心"才能够"达乎天德",人心才能达到天德的最高境界。对于人心,牧隐说:

> 心之用大矣,经纶天地而有余力,无丝毫之或漏于其外也。是天地亦不能包其量矣。善用者二帝三王是已,善保者孔颜思孟是已。行之以政事,述之以文章,于是乎其用也费矣。其隐而不可见者,又非穷冥昏黔之地也。昭乎日月也,盛乎鬼神也,其亦求之方寸间而已矣。闻善言,见善行,油然而生者心之端也,持其端而不失者,敬义而已。②

对于所谓天德,牧隐解释道:

> 克明德,人之得乎天而具众理,应万事,本然之善也。气质或拘之,物欲或蔽之,于是乎失之矣。得之于天,失之于己,故曰

---

① 李穑:《牧隐先生文集》六,《子显说》。
② 同上书,《直说三篇》。

虚位。然其本然之躯体尝焉见于俄顷之间,守之固,扩之充,则在我者,非自外至也。生而具之者德也,失而复之者德也,尚德之字,以季德可不思其义乎?夫勇以一其志,质以为之本,敬以为之主,德以守其天。①

牧隐认为心之用之广,表现在善言善行上。帝王可述政,为善用者,学者可写文章,为善保者。只有把握其油然而生的心之端,不越规,维持本然之善,才能使得心具众理而应接万事,不被物欲所蔽。"吾心达乎天德"与"德以守其天",为牧隐道德修养之最高标准。以这种道德标准为规范,牧隐道学的践履活动从"体用一源"出发,注重体用,履行了一条"隐而不显"和"隐字之显"的实践路线,体现出理"隐显非相反"的特征,通向了"费而隐"、"显之通"的天德境界。

三、隐而不显

高丽末期的三位忠臣圃隐郑梦周、冶隐吉再和牧隐李穑被后人并称"丽末三隐"。14世纪末叶,正是高丽王朝与李氏朝鲜王朝改朝换代之时,这三位高丽忠臣都表现出一臣不侍二君的态度。特别是郑梦周血洒高丽古都开城的善竹桥,以身殉国,以忠报君,成为后来朝鲜士林楷模,并被评价为理学之宗。吉再也是誓不为朝鲜官,退隐江湖,表示出儒家春秋大义的实践精神。李穑在高丽与朝鲜朝交替期也保持了不事二君的节操,但是由于他晚年与朝鲜朝太祖李成桂仍有来往,再加上他隐居佛寺,逝后未得到配享待遇。所以申象村叹曰:"高丽亡,惟圃隐郑梦周,冶隐吉再之守节义为人所知。哀哉,牧隐之为人不为人晓!"②

虽然牧隐没有受到官方正式的配享待遇,但是人们没有因此而忘记牧隐的功绩。如高丽大学尹丝淳教授说:

> 牧隐不事二君的节操并不单纯表明他的政治态度,而是他

---

① 李穑:《牧隐先生文集》六,《直说三篇》。
② 刘明锺:《稼亭牧隐夫子三融合论及其思想史意义》,《韩中牧隐李穑研究》,艺文书院。

对儒学价值观——春秋大义的一种实践。……牧隐实践的节操典范本身就是对性理学的收容和土著化的贡献。在性理学成为官学的朝鲜朝时代,他依然被人们称赞为丽末三隐之一的史实可以证明这一点。①

刘明锺教授述说:

> 冶隐于鸡龙冬鹤寺为牧隐之忠魂行招魂祭,冶隐化去,后人在举行过招魂祭的地方,立三隐阁以追慕。②

高丽末名儒郑梦周(1337—1392)、郑道传(1337—1398)与权近(1352—1409)都是牧隐的学生,而且都是牧隐做成均馆大司成时选拔到成均馆授课的五经博士。郑梦周在成均馆讲授四书周易课程,因此而被视为东方理学儒宗;权近制《入学图说》阐释四端七情的心性问题,为朝鲜性理学向心性情论方向发展和图说方法的兴盛起了先导作用;郑道传的批佛论引用佛教用语与儒学语录进行比较,成为丽末儒学界排佛先锋,由此掀起了丽末批佛扬儒高潮。随着高丽朝的灭亡,李氏朝鲜新政权的诞生,佛教滑下了国教宝座,让位于儒教,性理学成为朝鲜朝政治统治理念和主流意识形态。郑梦周、郑道传和权近皆为韩国性理学先驱者,在韩国哲学史上可谓群星灿烂。而他们的老师李穑却默默无闻,加之《高丽史》的评价,就愈发显得暗淡无光了。《高丽史·李穑传》中对牧隐学问有这样的记载:"学问不纯,崇信佛法,为世人所讥谤。"

牧隐15岁师从樵隐李仁复,但就其学脉而言,主要还是继承了家学,受父亲影响极大。牧隐的父亲稼亭李穀(1297—1351)最初求学于李齐贤门下,科举及第入仕,初为福州的司禄参军,于崇惠王元年(1331年)晋升为艺文馆检阅。后于崇肃王继位初年(1332年),获得征东省乡试状元,在元朝及第做官,与元朝学者交流甚广,受到元

---

① 尹丝淳:《牧隐在思想史上的位置》,《牧隐李穑先生逝世600周年纪念学术论文》,1996年。
② 刘明锺:《稼亭,牧隐夫子三融合论及其思想史意义》,《韩中牧隐李穑研究》艺文书院。

朝学者的高度评价。1337年归国就职,升至艺文馆提学。牧隐继承家学,并在15岁时拜樵隐李仁复为师。16岁后参加成均馆的九斋都会,多次名登榜首。20岁"愿为君子,乃游学中华",①做为国子监生员赴元朝修学3年。24岁归国为父守丧三年。27岁在元朝殿试及第,被任命为元朝的应奉翰林文字承事郎,兼任国史院编修官。29岁为了照顾年迈的母亲回国。40岁晋升为高丽朝成均馆大司成。牧隐选拔郑梦周为博士,召集各地名人学者金九荣、朴尚衷、朴宜中、李崇仁等汇集成均馆兼任学官,终日在明伦堂分九经讲学,将宋理学理论有体系地引进高丽,并对教育和学术以及科举制度进行了一系列改革,初步树立了以性理学为基础的教育规模和学术阵容,使"程朱性理之学始兴"。因此,首尔大学琴章泰教授说:

> 我们可以这样评价牧隐:牧隐的儒学思想使以章词学为主的高丽后期儒学学风转变到了以经学为基础的实践儒学,为使用性理学理论注释理气心性论打下了经学基础,从而奠基了韩国的性理学。②

如此看来,《高丽史》中对李穑的评价显然有历史局限性。牧隐曰:

> 天地大矣广矣,犹相依附,况人伦之恣,纲常风化之所系者乎?故君臣之相责作揖,维持帝王之治之美,未有不相因而能致乎其极者也。唐虞之都余后世之会合皆可见已。夫圣人作万物都如云从龙,风从虎,气机之相合,胶漆之相投,无有龃龉,言听计从,功成理定,所以相因之效,不曰美欤?子因少而读书决科入仕,名闻于时,谓之无因不可也。退于田里如隐士,然谓之有因,亦不可也。今以官,召则至,替则去,应然若无意于其间者。子因之学,可谓有所守矣。古之能知处之分者,不过于此,子因

---

① 李穑:《牧隐诗藁》卷三,《我昔诗》。
② 琴章泰:《牧隐李穑的儒学思想》,《牧隐李穑先生逝世600周年纪念学术论文发表》,1996年。

其无变焉。"①

身为高丽重臣的牧隐不能背叛自己的职责,"君臣之相责作揖,维持帝王之治之美,未有不相因而能致乎其极者也"。牧隐的政治理想并非是推翻高丽王朝,建立新政,而是欲维持高丽王朝的"帝王之治……致乎其极"。故牧隐先生的晚年极为凄凉。47岁时,因导师过世而悲痛欲绝,辞官七八年不出。他曾受王命为指空懒翁和尚写碑铭,此后开始与僧侣往来。60岁为西普通塔作记文赞扬佛法,被世人说成"诏主佞佛"。64岁与儿子李崇仁、李锺学、李锺善一起被流放他乡。69岁坚持不事二君,对朝鲜朝太祖李成桂表示:"亡国之大夫不可以图存,但将骸骨归葬故山而已。"自称亡国遗臣,隐居五台山直到过世。无论读书入仕、名闻于世,还是隐退田里、默默无闻,牧隐都认为"皆有其因",故可泰然处之。牧隐就是这样一位"知处之分者"的隐者。他退出仕途仍然乐其道,曰:

居庙堂,乐其道之行也;今在田里,乐其身之全,身全道亦全矣!追惟前日如行云流水,已无踪迹,独其爱君之心与吾终身之乐,不可须臾之相离也。可离岂吾所谓可乐者哉!②

世人如何评说并不重要,对于牧隐来说重要的是达"相因之效","维持帝王之治之美","相因而能致乎其极者也"。

四、隐者之显

对于主一无适之功,牧隐曰:

太极,寂之本也,一动一静而万物化醇焉。人心,寂之次也,一感一应而万善流行焉。是以大学纲领在于静定,非寂之谓乎?中庸枢纽在于戒惧,非寂之谓乎?戒惧,敬也,静定亦敬也,敬者主一无适而已矣。③

---

① 李穑:《牧隐先生文集》卷六,《子因说》。
② 同上书,《寄赠柳思庵诗卷序》。
③ 同上书,《寂庵记》。

牧隐给华严宗景元的信中将大学的静定和中庸的戒惧与佛教的寂联系起来,认为敬的主一无适便是有所守而无所移,寂便是太极之根本。他认为在太极的终极意义上,儒之敬与佛之寂是一致的。高丽朝末期,通过科举制度走向仕途的儒生们纷纷批佛,一场沸沸扬扬的扬儒排佛热潮以成均馆为中心掀起,而唯独成均馆馆长李穑无动于衷。李穑与当时激烈的排佛倾向不同,他认为儒释道是相贯通的。他说:

> 老氏周柱下史,不遇也。著书五千言,再传而至盖公,曹参荐之文帝,致汉形措,虽吾儒用天下者,其成效,必皆若是之美也。①

因此他主张三教会通。这种思想与其家学影响有关。牧隐的父亲就有援佛入儒的想法。稼亭曾言:

> 夫以孔子之有后而其门人若是,况吾佛者绝人伦以传法为嗣,其于慎终之义,为如何也?昔释氏之示化,着地右胁,示有终也。敛之金棺,示不薄也。则虽外死生,而其慈孝之教,未尝不寓于其间。②

就儒学本身而言,儒学的内圣路线与外王路线在实践过程中常常会出现二律背反效应。外王的经世路线一旦与政治权益相结合,便会出现政教合一现象而极易被腐化;内圣路线脱离了经世精神又容易走向虚学的宗教化方向。牧隐在元朝学习性理学,知性理学说是在原始儒学的基础之上,融会佛道理论而自成体系的,因此在终极意义上三教并不冲突。尹丝淳教授评价牧隐思想说:

> 牧隐着眼于儒佛的共通性,而保持佛儒信仰,与郑道传以后的朝鲜朝性理学的学者风格完全不同。……因此牧隐有可能被后人评价为非纯儒。牧隐比任何人都最先具有了性理学道统意识,但却在朝鲜朝时代没有被排列到我国性理学道统的学术队

---

① 李穑:《牧隐文稿》卷七,《送徐道士使还序》。
② 李榖:《稼亭集》卷六,《大崇恩元寺高丽第一代师圆公碑》。

伍中来,也没有能够受到文庙配享从祭的待遇。这种结果与他那种思考方式与行动有直接关系。①

随着丽末鲜初朝代的交换,儒教取代了佛教的国教地位。牧隐是传播性理学的儒宗,在韩国理学史上的地位无人可以替代,朝鲜由佛教社会转向儒教社会,牧隐功不可没。但同时,他对佛教和老子思想又给予了极高的评价,这正是牧隐思想不同凡响之处。新罗学者崔致远曾用"风流道"一词囊括韩国思想,说明韩国思想成分和要素主要是巫儒释道。除了韩国的巫俗以外其他三教皆外来文化。外来文化的收容从来没有"全盘西化"或者"全盘东化"的可能。在外来文化与本土文化相嫁接中,第一步必世俗化、本土化。三国时期,佛教由中国传入朝鲜半岛,经历新罗时期的本土世俗化的消化过程,到了高丽时期终于发展成为高丽朝的国教。但是佛教世俗化到了高丽末期发展到了极端,产生了寺院形式的大庄园经济豪寺,带来了佛教界的腐败,成为影响社会经济发展的疾患。高丽末期佛教世俗堕落,其自身的问题当然需要治理,但这与佛教原理是两回事。丽末鲜初的排佛扬儒高潮,其中有学界的学术争论,也有显而易见的政治目的和社会历史背景。从高丽朝的金氏到朝鲜朝的李氏掌权,彻底的改朝换代,需要一种新的理念支持,而丽末的排佛扬儒正是为鲜初异姓革命寻找理论依据的斗争。朝鲜朝政教合一倾向便由此而来。自从儒学取代佛教登上了朝鲜朝国教的宝座之后,儒学独尊,一色理学,排斥异教的倾向一直延续到朝鲜朝末期。

五、灯灯相续

牧隐从来主张佛儒会通,他讲到心学之功,后人可以从中理解牧隐所表达的心心相印与灯灯相续的传道之法。牧隐先生曰:

> 心学其功可胜道哉!夫心譬则灯也。心心相印至于无尽,

---

① 尹丝淳:《牧隐在思想史上的位置》,《牧隐李穑先生逝世600周年纪念学术论文》。

灯灯相续亦至于无尽。我国家仰赖慈光历数之传亦如灯之无尽也。①

13世纪初叶,安珦最初将性理学传往高丽,此后朝鲜性理学的传播延续依照学派相传。而学派的建立是在牧隐做成均馆大司成时建立的学术规模。恭愍王6年,君王专设"试国子祭酒"官职给李穑,让他担当国子监的教育官。"成均馆大司成之由儒官兼职,实则由此始于牧隐。"②在牧隐最初担任成均馆大司成时,"学校废弛,王欲复兴改创成均馆于崇文馆之旧址"③,看到学校荒废状况,牧隐痛心疾首,诗曰:

孟氏辟杨墨,
其功配三才。
而今反相助,
默坐时冷哈。
祇园焜金碧,
闾里多莓苔。
伤哉可流泪,
造物应相猜。④

牧隐立即向高丽恭愍王上书"时政五事"提出改革教育,建议兴办乡校、学堂、成均馆。恭愍王16年,规范成均馆教育内容为九斋学规,即四书五经斋,以此促进了儒学的中兴。牧隐虽未亲自注疏四书经典,但对儒学经典有着深刻的理解。他说:

周官六翼,在位者之座右铭也。如其不传,至治之泽不降矣,其关于世道岂不重哉?⑤

---

① 李穑:《牧隐先生文集》六,《传灯录序》。
② 刘明钟:《稼亭,牧隐夫子三融合论及其思想史意义》,《韩中牧隐李穑研究》,艺文书院。
③ 李穑:《牧隐先生文集》一,《朝鲜牧隐先生李穑》。
④ 李光靖:《牧隐先生年谱》,韩山李氏大宗会,1985年。
⑤ 李穑:《牧隐文稿》卷九,《赠金敬叔诗序》。

丽末教育改革兴起,建四书五经斋,并恢复了文庙释奠礼。还任命了一批博通经学的学者做成均馆教员,如金九容,郑梦周、朴尚衷、朴宜衷、李崇仁等。"四方学者云集,诸公分经授业,每日讲毕相与论难疑义,各逐其极。公怡然中处,辨析折中,必务合于程朱之旨,竟夕忘倦,于是东方性理之学大兴。学者祛其记诵词章之习,而穷身心性命之理,知宗斯道而不惑于异端,欲正其义而不谋于功利,儒风学术焕然一新,皆先生教诲之力也。"①在牧隐的诗中,可以看到他志在兴教,传播理学的抱负。

国家崇文教多术,
大作泮宫高堞矶。
仍开九斋各授业,
侁侁青衿盈国都。
夏天都会松山峦,
读书赋诗须刻烛。
全篇警句世所知,
讨论讲习仍孜孜。
昔贤遗迹可对越,
风移世变成挑挞。
如今濂洛教初行,
讴吟直欲求性情。②

牧隐召集一批儒学名家,共同研讨性理学,改变了以往只是背诵儒学诗赋的学风,开始对儒学进行形而上学理论的探讨,涉及到心性情理命等理学的基本理论。这批学者又向弟子传授性理学的理论。逐渐形成了理学学派,儒学思想如同灯灯相续、至于无尽一般传播下来。

李穑在兼任成均馆大司成的同年,即恭愍王十六年(1367),又与同僚知贡举李仁复一起上书,请求在高丽朝实行元朝的科举法。据

---

① 李穑:《牧隐先生文集》一,《朝鲜牧隐先生李穑》。
② 李穑:《牧隐文稿》卷十八,《紫霞云》。

《高丽史》载,时隔两年之后(1369),恭愍王才下令用元朝乡试、会试、殿试之制,而此时已是明太祖洪武二年了。同年,明太祖遣使向高丽朝通报灭元建国情况。又次年(1370,明洪武三年,高丽恭愍王十九年),明朝颁布科举制度。同年,即遣使高丽朝颁布科举程式,其中规定第一场试"五经义",所指定阅读的经书传注,也是以程朱学为主。明洪武十七年(1384)再一次颁行科举程式,其中乡试科目一以程朱传注为准,进一步确立起程朱学的官学地位。因此,在此期间,高丽朝的学者一再强调加强科举中经义的内容,为此也就必须加强程朱学的教育。

古代教育与科举相关,高丽光宗9年(958)开始实施科举考试。此前,高丽朝按照由新罗延续下来的荫续制度,世袭为官。科举制度实施之后儒生官吏体制逐渐形成。在科举中,牧隐曾五次主管科举考试。从恭愍王14年以后的科举考试官表中可以看到李穑的主管地位以及牧隐学脉的形成。①

时期	考试官	科举及第时期	官职	与李穑的关系
恭愍王14年	李仁复	崇目3年	兴安府院君	导师
	李穑	恭愍王2年	签书密直司事	本人
恭愍王17年	李穑	恭愍王2年	成均馆大司成	本人
恭愍王18年	李仁复	崇目王3年	兴安府院君	导师
	李穑	恭愍王2年	三司左使	本人
恭愍王20年	李穑	恭愍王2年	三司左使	本人
	田禄生	崇惠王元年	政堂文学	门人
恭愍王23年	李茂芳	恭愍王2年	政堂文学	同事
	廉兴邦	恭愍王6年	密直复使	门人
禑王2年	洪仲宣	崇惠王元年	政堂文学	门人
	韩脩	崇肃王复3年	知密直	门人
禑王3年	安克仁	崇惠王元年	竹城君	门人
	权仲和	恭愍王2年	政堂文学	同事
禑王6年	廉兴邦	恭愍王6年	瑞城君	门人
	朴形	崇目王2年	密直使	门人

① 申千湜:《牧隐李穑的学问与学脉》,一潮阁,1998年。

续表

禑王8年	安宗源	恭愍王2年	顺兴君	同事
	尹珍	崇惠王元年	判厚德府事	门人
禑王9年	禹玄宝	恭愍王4年	门下评理	门人
	李仁敏	恭愍王9年	政堂文学	门人
禑王11年	廉国宝	恭愍王4年	瑞城君	门人
	郑梦周	恭愍王9年	政堂文学	门人
禑王12年	李穑	恭愍王2年	检校门下侍从	本人
	廉兴邦	恭愍王6年	三司左使	门人
昌王继位	郑道传	恭愍王11年	密直提学	门人
	权近	恭愍王18年	知申事	门人
昌王元年	柳源	恭愍王9年	判开城府事	门人
	李锺学	禑王2年	厚德府事	子
恭让王2年	成石琳	恭愍王6年	门下评理	门人
	赵浚	恭愍王23年	评理	门徒
恭让王4年	契长寿	恭愍王11年	判三司事	门人
	李元			
备注	1. 考试官中上行为知贡举,下行为同知贡举。 2. 材料依据:《高丽史》卷73。志27,选举1,科目1,选场			

高丽恭愍王14年以后到高丽末,如上表所示,共举行了16次科举考试。主办科举考试选拔人才的主角是考试官。担当这一重任的是李穑的老师李仁复和众门人以及个别同僚。李穑主管科举,整顿了科举考试舞弊的不正之风,改进科举制度,将经学定为科举考试科目,通过科举选拔人才,使得儒学复兴。1368年4月,恭愍王亲自到成均馆的九斋学堂,视察诸生的科举考试,任命牧隐为读书官。牧隐前后5次亲自主持科举。1369年,尝试使用"科举易书通考之法"选拔出三十三名优秀人才。"恭愍王谓近臣曰:近日物议如何?对曰:皆言国家得人。王笑曰:文武皆用第一流以为宰相,谁敢议之?盖自多同日立用两贤也。"①"牧隐在作九斋亲试读卷官时候 培养了一批文生,推算有137名,记录的有88名"。②

---

① 《高丽史》卷137,列传50。
② 高惠玲:《牧隐的师承及交游》。

北京大学辜正坤教授在讨论科举教育问题时说:

> 以严格的德智考核为基本要求的科举而不是以利益集团拉帮结派的选举方式来遴选知识分子精英做为官员,组成管理国家的政治集团,这无疑是中国政治文化对于全人类的贡献之一,至今无与伦比。①

他认为现代民主的真髓归根结底是权力分配的问题,是每个人有多大的机遇从社会现存的权力总和中获得自己想获得的一份权力。用什么机制使大家分享权力(包括发言权)的方式比较公正呢?他说:

> 学者们经过考察,发现无论多么有德行的英明的天子,要永远都准确无误地遴选出贤才,是不可能的,权力不应该只靠皇帝想当然地给谁就给谁,只有连皇帝都无法干预的考试才是相对来说比较公正的形式。于是中国古代发展出一个科举制选取候补官员的办法。……所以从唐宪宗到唐懿宗的133个宰相中,有104个宰相是进士。西方学者通常认为进士的文化水平相当于博士。实际上进士比博士水平还要高一点。104个博士来管理国家事务,当然会使得唐朝的文化那么发达,会走在世界的前面。②

高丽朝初期引进中国的科举制度,科举制度与教育和学术以及政治体制有着直接的联系。高丽末期儒学的振兴,教育的兴盛,理学学术阵容的整备,性理学理论的摄取,都与李穑所作出的努力有关。牧隐的所谓"灯灯相续",恐怕是超越佛儒教义之上吧!

牧隐虽强调理本,亦非常重视理之体用一源。理之禀性费而隐,用其言曰"隐也显也"。本文所叙"隐而不显"与"隐者之显",为作者从牧隐"隐显非相反"概念中引申出来的命题,需要上下联系起来看,才能够确切理解牧隐所言"隐也显也,非相反也"的现实意义。隐显非相反,体用一源,德以守其天;隐而不显,丽末三隐,相因之效;隐者

---

①② 辜正坤:《中西文化价值定位与全球文化建构方位》,《世界文化的东亚视角》,北京大学出版社,2004年。

之显,太极寂之本,灯灯相续。这几个相因题目概括了牧隐用心体用的思想特征。

　　牧隐虽然功在千秋,逝后却没有得到配享待遇,虽义理分明却在史书中得不到正面评价。这种名分待遇配享,对于牧隐来说并非值得看重。牧隐"居庙堂,乐其道之行也;今在田里,乐其身之全,身全道亦全矣!"但是,对于评说历史功过的后人来说却至关重要。从历史境域的角度体察牧隐的思想感受,对牧隐的功过可以概括如下:

　　1. 安珦在13世纪初将性理学之书籍第一次带到了半岛。经过很长一个时期之后,由牧隐将性理学真正传播到高丽学术核心的成均馆,并通过对教育和科举制度的改革使之强化普及。牧隐在元朝留学,之后将性理学引入高丽并使之成为高丽教育学术选拔官吏制度主要内容。在韩国思想史上,韩国性理学理论的定位,李穑所起到的作用是无人可以替代的。

　　2. 牧隐思想发生在14世纪初叶的高丽朝末期,牧隐所处的时代是一个动荡的、改朝换代的时期。高丽末期,他对于佛教道教采取融合开放的态度,体现了其学问的开放性和深度。

　　3. 牧隐使得以词章学为主的高丽后期儒学学风转变到了以经学为基础的实践儒学学风,为使用性理学理论注释理气心性论打下了经学基础。

　　4. 丽末鲜初,郑梦周的节义精神维护了原始儒学的春秋大义精神,成为韩国学界万世师表,使儒学价值忠义孝敬得以保留;郑道传提倡维新变革,成为扶持新政功臣,使儒学的经世精神,易变维新理论得以发扬。以郑梦周为代表的义理学派和以郑道传为首的改革求新的两派分化现象,一向令学界关注,而二郑之间还有一派,那就是李穑的经世路径。

李穑生平履历

1328年,1岁。诞生于宁德郡宁海邑槐市,字颖叔,号牧隐。父亲稼亭李毂为高丽朝名臣文孝公。外祖父金泽为乡校名贤。

1333年,6岁。父亲李穀在元朝科举及第。
1335年,8岁。在韩山崇井山读书。
1341年,14岁。在江华岛的乔桐华盖山读书。参加秋季成均馆试,
　　　　　　试科合格。父亲留住元朝燕京。
1342年,15岁。拜樵隐李仁复为师。
1343年,16岁。赴成均馆九斋都会,读四书五经。
1344年,17岁。书《养真斋计》。参加科举考试。
1345年,18岁。在大芚山读书。父亲李穀在燕京送诗2首。
1346年,19岁。在平州牡丹山寺读书。与安东权氏结婚。
1347年,20岁。婚后入元朝,到父亲府上觐亲,在元朝国子监"辟雍"
　　　　　　学营随从宇文子贞学习周易。
1348年,21岁。父亲在元朝以中瑞司典簿的资格进入学子监求学三
　　　　　　年。牧隐也成为学子监生员,在学习中受到老师吴
　　　　　　伯尚的称赞。
1350年,23岁。秋,由元朝归国。在榆林关作诗《贞观吟》、《浮碧楼》
　　　　　　等。12月,再次赴元朝学习。
1351年,24岁。1月,入学元朝学子监。1月底,听到父亲过世的噩
　　　　　　耗,迅速归国。李穀在高丽的官位是"重大匡韩山君
　　　　　　匡靖大夫都检议赞成事右文馆大提学"。在元朝曾
　　　　　　被封为"奉议大夫征东行中书省左右司郎"。
1352年,25岁。上疏改革方案《时政五事》。
1353年,26岁。3月,父亲的三年丧事结束。5月在科举明经科合
　　　　　　格,授"肃雍府承"官职。9月在征东府乡试中状元
　　　　　　及第,被封为书状官赴元朝。《海东绎史》卷十八中
　　　　　　统计,高丽朝中元科者共九人,李穀中顺帝元统元年
　　　　　　(1333)制科第二甲。其子李穑中至正十三年(1353)
　　　　　　二甲第二名。授予应奉翰林文字承仕郎同知制诰
　　　　　　兼国史院编修官。同年3月,回到高丽。11月,被
　　　　　　授予通直郎典理正郎艺文应教知制诰春秋馆编修
　　　　　　官。作诗《韩山八咏》。

1355年,28岁。升任"奉善大夫试内书舍人知制诰春秋馆编修官"。夏天,又以书状官的身份赴元朝大都燕京。

1356年,29岁。归国,上书《时政八事》,升任"中散大夫吏部侍郎翰林直学士"兼"史馆编修官知制诰兼兵部郎中"。

1357年,30岁。被任命为"中大夫试国子祭酒翰林直学士"兼"史馆编修官知制诰知合门事"。

1358年,31岁。升任"通议大夫枢密院右副丞宣翰林直学士"。

1359年,32岁,作《南原府新置济用财记》。

1361年,34岁,受王命,讲授"书经"和《洪范》。

1362年,35岁。作《流沙亭记》和《麟角寺无无堂记》。

1363年,36岁。作《平红巾贼后陈情表》。12月,被授予"端诚辅理功臣,密直提学同知春秋馆事上护军"。

1364年,37岁。刊行《稼亭文集》。

1365年,38岁。任"签书密直司事礼文馆大提学提调铨选事"。10月,作为"同知贡举"的科举考试官,使尹绍宗等28人及第。

1367年,40岁。任"判开城府事,礼文馆大提学,知春秋馆事,上护军兼成均馆大司成,提点书云观事"。

1368年,41岁。接受元朝官职"朝列大夫,征东行中书省左右司郎中"。8月,升任"匡靖大夫三司左司"。

1371年,44岁。受王命增修高丽史书《金镜录》。

1372年,45岁。向明朝写表文,祝贺明朝平定蜀乱,请求高丽子弟入明留学。

1373年,46岁。为母亲服丧。被封为大匡韩善君礼文馆大提学,知春秋馆事。受王命写《传灯录》。

1374年,47岁。樵隐李仁复去世,为师吊丧。恭愍王退位,禑王继位。被任命为"重大匡韩善君,知春秋馆事,兼成均馆大司成,知书筵事"。

1375年,48岁。受王命写《骊州神勒寺普济师舍利石钟碑》和《扬州桧巌寺禅觉王师碑》文。

1376年,49岁。作《直说》三篇,论述天人、君臣、心理关系。

1377年,50岁。受王命写《广通普济禅寺碑铭》。

1378年,51岁。在京畿道五冠山兴圣寺为恭愍王夫妇作法会记,《五冠山兴圣寺转藏法会记》。为京畿道龙门山(又曰弥智山)写《砥平县弥智山润笔庵记》,为江华道龙藏寺写《砥平县弥智山龙门寺大藏殿记》。

1379年,52岁。在郑梦周的居住地写《圃隐斋记》;为弟子权近写《阳村记》;为京畿道龙门山(又名弥智山)写《砥平县弥智山竹杖庵重营记》;为居住在金刚山润笔庵的懒翁禅师写《金刚山润笔庵记》;受懒翁王寺的知己朋友达顺之托,写《巨济县牛头山见庵禅寺重修记》。受王命写追悼崔莹文《判三司事崔公书像赞》。向明朝写《陈情表》。

1380年,53岁。写文章追慕好友樵隐李仁复《祭樵隐先生文》。身体多病,将家中的一间房室起名"知止"。

1385年,55岁。受王命写《受援彰圣寺真觉国师大觉圆照塔碑》碑文。

1384年,57。受王命为圆证国师普愚的舍利塔写碑文《扬州太古寺圆证国师碑》。(参照《朝鲜金石总览》)。写《宁边安心寺指空懒翁舍利石钟碑》等。因病辞职。

1386年,59岁。再任科举考试的知贡举,出"策问"试题,规定考生年龄不得超过20岁。

1387年,60岁。禑王重修西普通塔,命牧隐写塔记。

1388年,61岁。建议禑王子昌王继位。

1389年,62岁。11月,恭让王继位,禑王被流放到江陵,昌王被流放到江华岛。12月,牧隐被任命为"判门下府事",不到10天,就受到李成桂一派的弹劾免职。

1390年,63岁。由于拥立昌王,所以多次被弹劾,审问,流放到咸昌。儿子钟学也被免职,流放顺川。

1391年,64岁。在郑梦周的帮助下得到保释。12月被册封为韩山府院君。

1392年,65岁。4月,再次被弹劾流放。7月,朝鲜王朝建立,李成桂继位。8月,二子钟学于流放地被杀,年仅32岁。10月,解除流放,判为庶民,回到韩州。

1393年,66岁。向李朝太祖致谢得到赦免。8月,夫人权氏去世。

1395年,68岁。11月24日,受到太祖的款待,出宫时太祖亲自送至中门。11月27日,太祖给牧隐送科田120结和大米食盐等食品。

1396年,69岁。5月7日,去世,李成桂亲发追悼文。11月,被埋葬于韩山加智岘山岭。

李穡思想史料閱讀

■《高麗史》卷二,《太祖世家》《高麗太祖十訓要》

其一曰:我國家大業,必資諸佛護衛之力。故創禪教寺院,差遣住持梵修,使各治其業。后世奸臣執政,徇僧請謁,各業寺社,爭相換奪,切宜禁之。

其二曰:諸寺院皆道詵推占山水逆順而開創。道詵云:吾所占定外,妄加創造,則損薄地德,祚業不永。朕念后世國王公侯后妃朝臣,各稱願堂,或增創造,則大可憂也。新羅之末,競造浮屠,喪損地德,以底於亡,可不戒哉!

其三曰:傳國以嫡雖曰常禮,然丹朱不肖,堯禪於舜,實爲公心。若元子不肖,與其次子,次子又不肖,與其兄弟之衆所推戴者,俾承大統。

其四曰:惟我東方,舊慕唐風,文物禮樂,悉遵其制。殊方异土,人性各异,不必苟同。契丹實禽獸之國,風俗不同,言語亦异,衣冠制度,慎勿效焉。

其五曰:朕賴三韓山川蔭佑,以成大業。西京水德調順,爲我地脉之根本,大業萬代之地,宜當四種巡駐,留過百日宜致安寧。

其六曰:朕所至願在於燃燈、八關。燃燈所以事佛,八關所以事天靈及五岳名山大川龍神也。后世奸臣,建白加減者,切宜禁之。吾亦當初誓心會日,不犯國忌,君臣同樂,宜當敬依行之。

其七曰:人君得臣民之心,爲甚難。欲得其心,要在從諫遠讒而已。從諫則聖,讒言入密,不信則讒止。又使民以時,輕徭薄賦,知稼穡之艱難,則自得民心,國富民安。古人云,芳餌之下,必有懸魚,重賞之下,必有良將,張弓之外,必有避鳥,重仁之下,必有良民。賞罰中,則陰陽順矣。

其八曰:車峴以南,公州江外,山形地勢,并趨背逆,人心亦然,彼下州郡人,參與朝廷,与王侯國戚婚姻,得秉國政,則或變亂國家,或御統合之怨,犯躍生亂云云。

其九曰:百辟群僚之禄,視國大小以爲定制,不可增減。且古典云,以庸制禄,官不以私。若以無功人及親戚私昵虚受天禄,則不止下民怨謗,其人亦不得長享福禄,切宜戒之。

其十曰:有國有家,儆戒無虞,博觀經史,鑒古戒今。周公大聖,《無逸》一篇,進戒成王,宜當圖揭,出入觀省。

■《高麗史·列傳》《崔承老傳》

且三教各有所業,而行之者,不可混而一之也。行釋教者,修身之本,行儒教者,理國之源。修身是來生之資,理國乃今日之要務。今日至近,來生至遠。舍近求遠,不亦謬乎?

■《牧隱文稿》卷六,《寂庵記》

太極,寂之本也,一動一靜而萬物化醇焉。人心,寂之次也,一感一應而萬善流行焉。是以大學綱領在於靜定,非寂之謂乎?中庸樞紐在於戒懼,非寂之謂乎?戒懼,敬也,靜定亦敬也,敬者主一無適而已矣。

■《牧隱先生文集》六,《子顯說》

隱,不可見之謂也,其理也微。然其着於事物之間者,其迹也粲。然隱也顯也,非相反也。蓋體用一源也明矣。天高地下,萬物散殊,日月星辰之布列,山河岳瀆之流峙,必曰顯乎?然知其所以然者,鮮矣。尊君卑臣,百廢修舉,詩書禮樂之熠興,典章文物之賁飾,不曰顯乎?然知其所由來者,亦鮮矣。

……其體也,寂然不動,其用也感而遂通。光明燦爛,純粹篤實。謂之隱,則徹首徹尾;謂之顯,則無聲無嗅。故曰君子之道費而隱,鬼神之德,鳶魚之詩可見矣。是以顯之道觀乎吾心達乎天德而已矣。

■《牧隱先生文集》卷六,《直說三篇》

克明德,人之得乎天而具衆理,應萬事,本然之善也。氣質或拘之，物欲或蔽之，於是乎失之矣。得之於天，失之於己，故曰虚位。然其本然之軀體，嘗焉見于俄頃之間，守之固，擴之充，則在我者，非自外至也。生而具之者德也，失而復之者德也，尚德之字，以季德可不思其義乎？夫勇以一其志，質以爲之本，敬以爲之主，德以守其天。

　　心之用大矣，經綸天地而有余力，無絲毫之或漏於其外也。是天地亦不能包其量矣。善用者二帝三王是已，善保者孔顔思孟是已。行之以政事，述之以文章，於是乎其用也費矣，其隱而不可見者，又非窮冥昏黔之地也。昭乎日月也，盛乎鬼神也，其亦求之方寸間而已矣。聞善言，見善行，油然而生者心之端也，持其端而不失者，敬義而已。

■《牧隱先生文集》六，《傳燈録序》

　　心學其功可勝道哉！夫心譬則燈也。心心相印至於無盡，燈燈相續亦至於無盡。我國家仰賴慈光歷數之傳亦如燈之無盡也。

■《牧隱先生文集》卷六，《寄贈柳思庵詩卷序》

　　居廟堂，樂其道之行也；今在田里，樂其身之全，身全道亦全矣！追惟前日如行云流水，已無踪迹，獨其愛君之心与吾終身之樂，不可須臾之相離也。可離豈吾所謂可樂者哉！

明倫堂

第六章 圃隐郑梦周的忠烈节义

名:郑梦周 Chong Mongju
号:圃隐 포은 정몽주

生:1337 年
卒:1392 年

思想简括:忠烈节义

著作举要:《圃隐集》

语录:
此身死了死了,一百番更死了。
白骨为尘土,魂魄有也无。
向主一片丹心,宁有改理也欤!

一、思想传承

牧隐李穑任朝鲜朝成均馆大司成(校长)期间,学者云集,讲论理学风气盛行。当时的学者阳村权近(1352—1409)记述了这一盛况:

> 择一时经术之士,若永嘉金九容、乌川郑梦周、潘阳朴尚衷、密阳朴宜中、京山李崇山等,皆以他官兼学官,以公(李穑)为之长。兼大司成,自公始也。明年,申春,四方学者云集,诸公分经授业。每日讲毕,相与论难疑义,各臻其极。公怡然中睡,辨析折衷,必务合于程朱之旨,竟夕忘倦。于是,东方性理之学大兴,学者去其记诵词章之习,而穷身心必命之理,知宗斯道而不惑于

异端,欲正其义而不谋于功利。儒风学术,焕然一新,皆先生教诲之力也。①

在成均馆的众学者之中,李穑特别赞赏郑梦周的学问。他说:

> 梦周论理,横说竖说,无非当理,可推东方理学之祖。②

按照李穑的评价,后来的朝鲜学者皆公认郑梦周为朝鲜理学之祖。然而在朝鲜传播性理学,并非始于郑梦周,而且郑梦周也未有性理学方面的著作。但学界为何赞誉郑梦周先生为"东方理学之宗祖"呢?考察郑梦周之学问与功德,便可破解其谜。

二、四书之学

圃隐郑梦周"天分至方,豪迈绝伦,有忠孝大节,少好学不倦,研穷性理,深有所得。"高丽朝恭愍王16年(1367),郑梦周成为成均馆的学官,年底晋升为成均馆大司成。现存圃隐先生文集中只有三百多篇诗,近二十篇书、启、铭、记等杂文。为此门生卞季良感叹到:"呜呼盛哉!惜其无有微言至论著之于书,以昭来学于无穷也。"③圃隐遗留下来的理论著作不多,后人只能通过他的诗文和一些史料来研究圃隐思想。权采曰:

> 乌川圃隐郑文忠公,生于高丽之季,天资粹美,学问精深。其为学也,以默识心融为要,以践履躬行为本。性理之学,倡道东方,一时名贤,咸推服焉。④

北京大学国学研究院的楼宇烈教授这样评价郑梦周先生:

> 程朱性理学通过对传统儒学经典的再诠释来建构儒学天道性命形上学理论。理学集大成者朱熹将《论语》、《孟子》、《大学》

---

① 权近:《朝鲜牧隐先生李文靖公行状》,《牧隐集》。
② 《高丽史》卷十七列传30,郑梦周条。
③ 卞季良:《圃隐集》卷首,《圃隐先生诗藁序》。
④ 权采:《圃隐郑先生文集》卷首,《圃隐先生诗卷序》。

第六章 圃隐郑梦周的忠烈节义

和《中庸》编纂在一起,称之谓"四子书"简称"四书",并穷一生精力为之作章句集注,朱熹《四书章句集注》堪称性理学基础和标准。因此习得四书,同时钻研《易》、《诗》、《书》、《礼》、《春秋》等五经奥义,是一般性理学者的必修。并以此见其学问深度。圃隐不仅对朱子《四书章句集注》,而且对五经,都有深刻的理解,特别对《易》理和《诗》道钻研尤深。①

《高丽史·郑梦周传》记载,圃隐在初兼成均馆博士时,"经书至东方者,唯朱子集注耳,梦周讲说,发越超出人意,闻者颇疑,及得胡炳文《四书通》,无不吻合,诸儒尤加叹服"。中国朱子学者胡炳文的著作,除《元史》本传中提到的《易本义通释》、《四书通》外,还有《书集解》、《春秋集解》、《礼书纂述》、《大学指掌图》、《五经会义》、《尔雅韵语》等。其中《易本义通释》、《四书通》,以及《纯正蒙求》(启蒙读物)、《云峰集》四种被收入《四库全书》。圃隐在成钧馆讲授"四书",其义理观点与胡炳文吻合。可见圃隐四书之精通程度之深。

朝鲜朝建国功勋郑道传年轻时多学诗文词章,他听朋友说,郑梦周认为词章之学只是"末艺",应当先学身心之学,而身心之学就在《大学》与《中庸》二书之中。于是郑道传找到《大学》和《中庸》阅读,并登门造访圃隐,得到了郑梦周赐教。郑道传记曰:

> 道传十六、七习声律为对偶语。一日,骊江闵子复(按,子复,闵安仁字)谓道传曰:吾见郑先生达可,曰:词章末艺耳,有所谓身心之学,其说具《大学》、《中庸》二书。今与李顺卿携二书往于三角山僧舍讲究之,子知之乎?予既闻之,求二书以读,虽未有得,颇自喜。……予亟往谒,则与语如平生,遂赐之教,日闻所未闻。……先生送《孟子》一部,朔望之暇,日究一纸或半纸,且信且疑,思欲取正于先生。②

> 先生于《大学》之提纲,《中庸》之会极,得明道传道之旨;于《论》、《孟》之精微,得操存涵养之要,体验扩充之方。③

---

① 楼宇烈:《东方理学宗祖淑世儒林楷模》。
②③ 郑梦周:《圃隐郑先生文集》,《圃隐奉使稿序》。

从三峰的赞辞中,可知郑梦周通过研究讲读"四书",把握了儒学身心之学的宗旨。

三、乾坤之学

圃隐在成均馆开设五经课程,讲稿没有能够流传下来,但留下了三百余首诗。从北京大学楼宇烈教授的考证中可得知,中国学者收录的高丽朝文士的诗作中,圃隐有十四首诗被选入明末清初中国文人编的诗集《列朝诗集》、《明诗综》中。《列朝诗集》中介绍了圃隐的生平和思想:

> 梦周,高丽迎日人,为人豪迈绝伦,负忠孝大节,诗文跌宕峻洁,精研性理之学。李穑为大司成,选为学官。经书至东方只朱子集注,梦周讲论辨难,纵横引据,往往超出其表,穑叹服曰:此东方理学之祖也。亲丧,庐墓三年,东国之俗为之一变。洪武七年,恭愍王颛被杀,宰相李仁任杀我使人蔡斌,请降北元。梦周为大司成,上书为言其非,被放。复遣使日本,逾年乃还。九年,为政堂文学。鲜人得罪天朝,惧讨,议遣使贺圣节,请谥承袭,大臣皆相顾规避。召论欲遣梦周,梦周慨然即日启行,兼程而至。我太祖皇帝嘉欢,优礼遣还。未几,复如京师,请蠲减岁贡,奏对详明,太祖优诏较之,鲜人赖焉。①

李穑曾经赞扬圃隐"老圃自来明易理"。从郑梦周写的《冬至吟》诗句中,可见其易学端倪。

> 乾道未尝息,坤爻纯是阴。
> 一阳初动时,可以见天心。
> 造化无偏气,圣人犹抑阴。
> 一阳初动处,可以验吾心。②

"一阳初动时"是"复"卦的卦象,周易"复"卦《象传》曰:"反复其

---

① 钱谦益:《列朝诗集》。
② 郑梦周:《圃隐郑先生文集》卷一。

道,七日来复,天行也。利有攸往,刚长也。复,其见天地之心乎?"郑梦周在诗中由四时节气联系到易的阴阳反复,表达了在阳之初的复卦之中寻见天地之心的意思,又由天地之心的"无偏气",联想"圣人犹抑阴",以天地复阳之心来检验自己忠君为国、不侍二君的忠烈节义之气节。

圃隐《读〈易〉寄子安、大临两先生有感世道》云:

> 纷纷邪说误生灵,首倡何人为唤醒?
> 闻道君家梅欲动,相从更读洗心经。
> 固识此心虚且灵,洗来更觉已全醒。
> 细看艮卦六画耳,胜读《华严》一部经。①

郑梦周将读《易经》的感想写成诗,寄给"子安"(陶隐李崇仁,1347—1392)和"大临"(河仑)两位朋友。诗中的"邪说"指佛教,"洗心经"指《易经》。诗中表达了用《易经》来抵制佛教的邪说,并认为"细看艮卦六画耳,胜读《华严》一部经",意为《易经》中的"艮"卦所包含的意义,胜过于佛教的《华严经》。二程曾说:"看一部《华严经》,不如看一艮卦。"②认为《华严经》只是空讲止观,而没有说为何要止和如何止,艮卦则告诉人们要止于所止。圃隐在《幻庵卷子》一诗中说:"钜细纷万殊,粲然斯有理。处之苟臻极,物我无表里。浮屠异于此,悬空谭妙旨。一切归幻妄,君父失所止。"他认为佛教谈止观是虚的,无所着落,而儒家落实到君臣父子的日常伦理上说止才是实在的。圃隐的诗《读〈易〉》写到:

> 石鼎汤初沸,风炉火发红。
> 坎离天地用,即此意无穷。
> 以我方寸包乾坤,优游三十六宫春。
> 眼前认取画前易,回首庖羲迹已陈。③

周濂溪的"太极图"源于道教的"水火匡廓图",《太极图说》讲太

---

① 郑梦周:《圃隐郑先生文集》卷二。
② 程颐、程颢:《二程集》,中华书局,1981年。
③ 郑梦周:《圃隐郑先生文集》卷二。

极而阴阳,阴阳而五行,五行而化生万物,其用无穷。因此圃隐在诗中吟到坎离两卦曰"坎离天地用,即此意无穷";"以我方寸包乾坤"表示圃隐欲实施自己的抱负;"回首庖羲迹已陈",庖羲即伏羲,圃隐感慨回头看一切已经成为往事。

在《湖中观鱼》一诗中,圃隐描述曰:

> 潜在深渊或跃如,
> 子思何取著于书?
> 但将眼孔分明见,
> 物物真成泼泼鱼。①

圃隐在观赏游鱼时体会到了天地万物自然活泼的生机。《中庸》引《诗·大雅·旱麓》云"鸢飞戾天,鱼跃于渊"一句,说明天地和君子之道的明白易知。朱熹注曰:"子思引此诗以明化育流行,上下昭著,莫非此理之用。"又引程子之说曰:"此一节,子思吃紧为人处,活泼泼地,读者其致思焉。"②圃隐"鸢鱼妙洋洋,斯言知者少"的诗句表现了他对程朱思想的理解。郑道传说圃隐"于《易》知先天后天相为体用"。《易》有所谓"先天"和"后天"易之说,宋儒以伏羲始画八卦为"先天"易,以文王重六十四卦为后天易。邵康节讲《易》重象数,主"先天"学;程伊川讲《易》重义理,主"后天"学。朱熹讲《易》,主要继承伊川程氏的义理学,兼取康节邵氏的象数学。圃隐继承了朱熹思想。三峰郑道传赞曰:

> 先生之学,有功于后世;先生之诗,有关于世教。如此,宁不为吾道重也。③

圃隐先生玄孙郑熹评说道:

> 惜乎,丧乱之余,所著诗文遗失殆尽,使来学不得寻其绪论。其幸存一卷集中所录,《读易》、《观鱼》、《冬至》、《浩然》等篇,皆性理之作也。自古圣贤之传道,亦不在名言。尧之传舜,不过

---

① 郑梦周:《圃隐郑先生文集》卷一。
② 朱熹:《四书章句集注·中庸章句》,中华书局版,1983年。
③ 郑道传:《圃隐奉使藁序》,《圃隐先生集》。

曰:允执厥中。舜复益之以三言,曰:人心惟危,道心惟微,惟精惟一,允执厥中。此万世心学之渊源,则于数篇之中,亦足以见先生之学也。①

在圃隐先生遗留下来的诗篇中,人们可以理解圃隐先生的易学思想。

四、义理之学

《高丽史》"本传"记载郑梦周"倡鸣濂洛之道,排斥佛老之言"。在一次经筵上,圃隐说到了儒佛的区别:

> 儒者之道,皆日用平常之事。饮食男女,人所同也,至理存焉。尧舜之道,亦不外此。动静语默之得其正,即是尧舜之道,初非甚高难行。彼佛氏之教,则不然。辞亲戚,绝男女,独坐严穴,草衣木食,观空寂灭为宗,岂是平常之道?②

圃隐认为儒学讲的是日用平常之事和饮食男女之理,行而可明君臣、父子、夫妇、长幼、朋友人伦之事,推而极至可穷天地万物之理,从而达物我一体无表里之境界。与此相反,佛教则要求出离饮食男女的日用平常之事,悬空侈谈玄理,以饮食男女、天地万物为幻妄,以追求寂灭解脱为宗旨。《高丽史》记载:

> 时俗,丧祭专尚桑门法,梦周始令士庶仿《朱子家礼》,立家庙。奉先祀。又,以守令杂用参外吏胥,秩卑人劣,始选用参官有清望者,严其黜陟。又,以金谷出纳,都评议司录事白录事白牒施行,事多猥滥,始置经历都事,籍其出纳。又,内建五部学堂,外设乡校,以兴儒术。其他如立义仓,赈穷乏,设水站,便漕运,皆其画也。③

圃隐从政期间仿照《朱子家礼》,立家庙,祀祖先,改革了旧时的

---

① 郑梦周:《圃隐先生集》卷四,附录《语家庭述》。
② 郑梦周:《圃隐郑先生文集》。
③ 《高丽史》,卷117,郑梦周条。

丧祭时俗；改变地方守令的选用方法；整顿国库钱出纳中的积弊，设专职建立出纳账簿；发展国学教育，内建五部学堂，外设乡校，以兴儒术；设立义仓救济贫穷者；设立水站，以便利漕运；中国元明交替之际，圃隐力主与明王朝通好，曾经前后六次使明，三次入京面见明太祖。

高丽末期，李成桂劝郑梦周归顺新政，但他誓死不从，作《丹心歌》，回答了李成桂的试探。

> ……及文忠（圃隐）心迹彰著，太宗设宴请之，作歌侑酒曰：此亦何如，彼亦何如，城隍堂后垣颓落亦何如，我辈若此为不死亦何如？文忠遂作歌送酒曰：此身死了死了，一百番更死了。白骨为尘土，魂魄有也无。向主一片丹心，宁有改理也欤！太宗知其不变，遂议除之。①

圃隐的《丹心歌》充分表达了他对高丽君主的忠心和至死不渝的决心。虽然他因此而被害，血洒善竹桥，但是他的那种忠烈节义精神却得到李朝君臣的高度推崇，他忠烈节义的壮举，使他被尊为东方理学宗祖。这是因为忠孝精神与朝鲜朝时期的基本伦理观念相符，提倡这种义理精神对于巩固朝鲜朝政权有利无害。阳村权近（1352—1409）给世宗王的"上书"中说：

> 自古有国家者，必褒节义之士，所以固万世之纲常也。王者举义创业之时，人之附我者赏之，不附者罪之，固其宜也。及大业既定，守成之时，则必赏尽节前代之臣。亡者追赠，存者征用，优加旌赏，以励后世人臣之节。此古今之通义也。……窃见前朝侍中郑梦周，本以寒儒，专蒙太上王荐拔之恩，以至大拜。其心岂之欲厚报于太上？且以才识之明，岂不知天命人心之所归？岂不知王氏危亡之势？岂不知其身之不保？然犹专心所事，不贰其操，以至殒命，是所谓临大节而不可夺者也。韩通死于周，而宋太祖追赠之；文天祥死于宋，而元世祖亦追赠之。梦周死于

---

① 郑梦周：《圃隐先生文集》《圃隐先生集续集》卷二，《遗事》。

高丽,独不可追赠于今日乎?宜加封赠,录其子孙,以励后世。①

北京大学国学研究院的楼宇烈教授评价圃隐精神说:

> 朝鲜民族是一个具有强烈自主独立精神的民族,特别是在近代史上抵抗日本帝国主义的侵略、统治的长期斗争中,这种独立自主的民族精神得到了充分的发扬。而朝鲜民族的这种独立自主精神,是与其长期以来的儒学文化传统,特别是圃隐以来的性理学节义派的传统,有着密切的关系。②

圃隐先生的性理思想、忠烈节义精神的历史意义,可以在韩国成均馆大学柳承国教授总结的春秋大义的义理精神中找到答案,他说:

> 在韩国,特别是在三国时代,视《春秋》学为最高经典,鼓吹忠义精神。此种精神至朝鲜朝仍保有其重大意义。赵光祖的道学、李退溪的尊理、栗谷的正义精神,乃韩国真理植根的表现。而超越生死的士人精神代表,则有赵宪与李忠武公的忠烈精神,丙子胡乱时的三学士,金尚宪的义理精神,孝宗与宋时烈的北伐精神。特别是在韩末,每逢国难时,全国各地蜂起的义兵,都是以《春秋》精神为守护保存韩民族的原动力。③

朝鲜朝名儒柳成龙(1542—1607)从天理名分、纲常节义方面,对郑梦周的一生作了总评估。他写道:

> 大厦将倾,而一木扶之;沧海横流,而一苇抗之。知其不可而犹且为之者,分定故也。古人云,天地生人,各无不足之理。常思天下君臣父子,有多少不尽分处。所谓分者何也?天地所以命物,而物之所以为则者也。然则,木之支厦,分也;苇之抗海,分也。臣子之忠孝于君亲而竭诚尽节,以至捐躯殒命者,亦分也。学者,学此而已;知者,知此而已;行者,行此而已。尽此者圣,勉此者贤。如此而生,如此而死,得丧祸福,随其所遇,而

---

① 郑梦周:《圃隐先生文集》卷四。
② 楼宇烈:《东方理学宗祖淑世儒林楷模》。
③ 柳承国:《韩国儒学史》第五章。

吾心安焉。若夫时之不幸,势之难为,则君子不以为病焉。圃隐郑先生,以义理之学为诸儒倡,当时翕然宗之。今其微言绪论虽无所寻逐,然即其所就之大者而观之,则亦求尽乎性分之内,而不愿乎其外者欤?不然,何其见之明而守之固,决之勇而行之果欤!呜呼!先生在家为孝子,立朝为忠臣。迨乎丽运告讫,天命去矣,民心离矣。圣人作,万物睹,一时智能之士,争欲乘风云之际,依日月之光,以求尺寸之功,孰肯以王氏社稷为念哉?惟先生挺然独立于风波荡覆之际,确然自守于邦国危疑之日,义形于色,不以夷险贰其心。既竭其力之所至不得,则以身殉之,无所怨悔,岂所谓知其不可而犹且为之者耶?然先生一死,而天衷以位,人极以建,民彝物则赖以不坠。斯固心之所安而分之所定,于先生何戚哉?或有以先生周旋乱世,不早洁身为疑者。孟子曰:有安社稷臣者,以安社稷为悦。先生有焉。由其如是,故不屑于进退出处之常,以委身处命于昏乱之世,尽瘁宣力,国存与存,国亡与亡,其忠盛矣。任高丽五百年纲常之重于前,启朝鲜亿万载节义之教于后,先生之功大矣!①

郑梦周生平履历

1337年,1岁。高丽崇肃王6年,出生于庆尚道迎天。母亲李氏梦中梦见怀抱一盆兰花,花盆坠落到地,郑梦周出生,故雅号曰"梦兰"。梦周儿时,梦周母亲又梦到一条龙,于是将"梦兰"改为"梦龙"。

1355年,18岁。郑梦周的父亲(云瓘)是高丽枢密院知奏事的后孙,他梦中见到周文王的弟弟周公旦。孔子曰"近日不思周公",意指难得见到象旦那样扶助周武王建立周朝的理想政治家。父亲寄希望于儿子将来做一个象周公那样贤明的政治家,便将"梦龙"改为"梦周"。郑梦周号圃隐,字达可。

---

① 柳成龙:《圃隐先生集跋》《圃隐郑先生文集》卷四。

1357年,20岁。高丽恭愍王6年,于监试合格。
1360年,23岁。文科状元及第。
1362年,25岁。初入仕途,为艺文馆的艺文检阅修撰。
1363年,26岁。任郎将兼阁门祗侯之职、又任卫尉寺丞,之后作为东北面都指挥使韩邦信的从事官,同李成桂一起讨伐女真。
1364年,27岁。任典宝都监判官和典农寺丞。
1365年,28岁。作为成均馆博士,讲授《朱子集注》。后讲解宋朝儒学者胡炳文的《四书通》。
1372年,35岁。以"书状官"身份赴明朝。回程时,受到海上风浪的袭击,一行12人遇难,郑梦周被救,第二年回国。任庆尙道按廉使、右司议大夫。
1376年,39岁。任高丽朝成均馆大司成。反对李仁任等人的排明亲元的外交方针,被流放到彦阳一年。
1377年,40岁。作为使臣去日本九州交涉战俘事宜,解救了数百名高丽百姓。
1379年,42岁。任右散骑长侍,又任典工司、礼仪司、典法司、判图司的判书。
1380年,43岁。作为助战元帅,随李成桂去全罗岛讨伐日寇。
1381年,44岁。升任密直副使、商议会议都监事、宝文阁提学、同知春秋馆事、上护军。
1382年,45岁。作为进贡使、请谥使,两次赴明朝,被拒绝入国,自辽东返回。
1383年,46岁。为东北面助战元帅,随从李成桂去咸镜道。
1384年,47岁。作为圣节使赴明朝讲和。
1385年,48岁。任同知贡举,选拔禹洪命等33名科举及第者。
1386年,49岁。赴明朝,请奏5年未纳贡事宜。
1387年,50岁。任门下评理,又被封未永原君。再次赴明,明丽关系恶化,未能入国,自辽东返回。
1388年,51岁。任三司左使、门下赞成使、艺文馆大提学。
1389年,52岁。同李成桂一起拥立恭让王。

1390年,53岁。任守门下侍中、判都评议使、司兵曹尚瑞寺事、右文馆大提学、门下赞成事同判都评议使、司事户曹尚瑞寺事、进贤馆大提学、知经筵春秋馆事,并兼任成均馆大司成。

1392年,55岁。李成桂的威望越来越高,赵浚、郑道传等拥戴李成桂武装夺权。郑梦周欲趁李成桂狩猎受伤之机,铲除李成桂手下大将赵浚。郑梦周探望李成桂归来,在开城善竹桥上,被李成桂的儿子李芳远手下的赵英珪暗杀。

1401年,朝鲜太宗元年,追封郑梦周为"益阳府院君"。中宗时敕在文庙配享。

1405年,根据权近的提议,太宗5年,追封郑梦周为"大匡辅国禄大夫领议政府事、修文殿大提学、监艺文春秋馆事、益阳府院君"。

1517年,朝鲜朝中宗12年,在文庙立碑受配享。并在开城的崧阳书院等13个书院中受到配享,在墓碑和迎浅庆尚北道的永川临皋书院等书院中安奉郑梦周的画像。谥号文忠。

鄭夢周思想史料閱讀

■《高麗史》卷30,列傳,鄭夢周條

夢周論理,橫説竪説,無非當理,可推東方理學之祖。

■《圃隱鄭先生文集》,《圃隱先生詩集跋》圃隱之子 鄭宗誠

吾先人所著詩文不爲不多,然自以不滿其意,旋作旋棄,而間有收錄,亦且不少。不幸遭家之故,遺失殆盡。今所存者,特百中之一二耳。

■《圃隱鄭先生文集》,《圃隱先生詩卷序》,河侖

圃隱先生鄭公,以天人之學,經濟之才,大鳴前朝之季。今其子宗誠、宗本,以其遺稿來示余,且請余曰:吾先子所著詩與文,喪亂之中失亡殆盡,幸此若干百篇僅存,……

■《圃隱鄭先生文集》,《圃隱先生集序》

顧其當時,有能治經,深於文義者,相命曰理學。不知牧老所指何,居然橫竪當理,亦須闖藩者能之,獨恨無少論著可以尋其緒耳。

■《圃隱先生集重刊序》,宋時烈

惜乎！其嘉言至論不盡傳於世,而獨此寂寥數篇幸存而不泯,則牧隱所謂橫説竪説者,未知爲何等語也。可勝惜哉！

■《圃隱鄭先生文集》,《圃隱先生詩卷序》,權採

烏川圃隱鄭文忠公,生於高麗之季,天資粹美,學問精深。其爲學也,以默識心融爲要,以踐履躬行爲本。性理之學,倡道東方,一時名賢,咸推服焉。

■《圃隱鄭先生文集》,卷首,鄭熹,圃隱先生玄孫

惜乎,喪亂之余,所著詩文遺失殆盡,使來學不得尋其緒論。其幸存一卷集中所錄,《讀易》、《觀魚》、《冬至》、《浩然》等篇,皆性理之作也。自古聖賢之傳道,亦不在名言。堯之傳舜,不過曰：允執厥中。舜復益之以三言,曰：人心惟危,道心惟微,惟精惟一,允執厥中。此萬世心學之淵源,則於數篇之中。

■《晦軒實記》安珦詩

香燈處處皆祈佛,簫管家家盡祀神。獨有數間夫子廟,滿庭春草寂無人。

■《高麗史》卷九十二"崔承老"本傳

竊聞聖上爲設功德齋,或親碾茶,或親磨麥,臣愚深惜聖體之勤勞也。此弊始於光宗……崇信佛法,雖非不善,然帝王士庶之爲功德,事實不同。若庶民所勞者,自身之力,所費者自己之財,害不及他。帝王則勞民之力,費民之財。昔梁武帝,以天子之尊,修匹夫之善,人以爲非者以此。是以帝王深慮其然,事皆酌中,弊不及於臣民。臣聞人之禍福貴賤,皆禀於有生之初,當順受之。況崇佛敎者,只種來生因果,鮮有益於見報。理國之要,恐不在此。……三教各有所業,而行之者不可混而一之也。行釋教者,修身之本；行儒教者,理國之源。修身是來生之資,理國乃今日之務。今日至近,來生至遠,舍近求遠,不亦謬乎？

■ 浩然卷子
皇天降生民,
厥氣大且剛。
夫人自不察,
養之固有道。
乃萬於尋常,
浩然誰敢當?
恭承孟氏訓,
勿助與勿忘。
千古同此心,
鳶魚妙洋洋。
斯言知者少,
爲子著此章。

■ 湖中觀魚
潛在深淵或躍如,
子思何取著於書?
但將眼孔分明見,
物物眞成潑潑魚。

■ 冬至吟
乾道未嘗息,坤爻純是陰。一陽初動時,可以見天心。造化無偏氣,聖人猶抑陰。一陽初動處,可以驗吾心。

■《洪武實錄》
成桂既立,其國都評議司奏言:"主犯遼陽,成桂力阻之,鄭夢周實主其議,以故深怨成桂。瑤立,從臾瑤殺成桂及鄭道傳等。國人奉安妃命,放瑤而立成桂。"此成桂來告之辭,史官按而書之者也。以東國史參考之,王顓既弒,夢周以諫阻北使被放,再朝京師,深荷優遇,寧有主謀犯遼之事?攻遼之役,成桂實在行,於夢周何與?夢周之欲殺成桂,爲其謀篡也,非爲其阻攻遼也。夢周不死,成桂篡必不成,既殺夢周以窺國,又借口攻遼,委罪夢周,以自解免。史官信其欺謾,按而書之,不亦冤乎!先是高麗陪臣李彝等,奔告天朝,訴成桂篡立狀曰:"在貶宰相,遣我來告天子,請出師致討。"太祖流彝等於栗水,令禮部出其所記李穡等姓名,示使臣趙胖等,成桂遂起大獄,窮治穡等。於是,王氏之舊臣,斬艾殆盡,而成桂之大事定矣。太祖以高麗僻處東夷,非中國所治,聽其自理。成桂因是以殺夢周、放李穡,徼福假靈於天朝,用以脅服東人,潛移社稷。祖訓固曰:"自洪武六年至二十八年,李旦首尾凡弒王氏四王,姑待之。"然則,成桂之弒,夢周之冤,聖祖蓋已灼見本末。史官拘牽簡牘,漫不舉正,亦豈聖祖之本意乎?東國之史,出朝鮮臣子之手,尊成桂父子曰太祖、太宗,曲爲隱避,而夢周不附成桂之事,謹而書之,不没其實。正德中,麗人修《三綱行實》,忠臣以夢周爲首。國有人焉,豈非箕子之遺教歟!余故表而出之,無使天朝信史,傳弒逆之謾辭,以貽譏外藩,且使忠義之陪臣,負痛於九泉也。

■ 善竹橋介紹

"善竹橋"位於開城的子南山東面山脊之下,原名"選地橋",是架在潺潺溪水上的一座小石橋。

高麗末期,忠臣鄭夢周被李成桂一派(趙英珪、高吕、李敷等)追殺到善竹橋暗殺致死。圃隱鄭夢周是高麗末期的鴻儒碩學,一片丹心忠於高麗君主,於56歲在善竹橋上被害,流芳萬世。直至今日,人們似乎還可以在橋上看到鄭夢周就義的血迹,善竹橋上的一片片暗紅色的斑斑色點,據說那是對鄭夢周節義精神的追憶。

善竹橋的周圍圍有石欄杆。朝鮮朝第二十三代君主正祖四年時,鄭氏的后孫鄭好仁認爲:"染滿忠義烈士鮮血的橋不能被任意踐踏毁壞",於是用石欄把善竹橋圍起來,在橋的南邊又開辟出一條通路,專供行人過往。善竹橋的西邊有一塊碑樓,碑樓里面并排樹着一對大石碑,其中一塊是朝鮮朝第二十二代君主英祖十六年時立的,碑上有國王的親筆題詞"道德精忠亙萬古,泰山高節圃隱公";另一塊石碑是朝鮮朝第二十六代高宗王九年樹立的,上面刻着國王的御筆"危忠大節光宇宙,吾道東方賴有公"。橋的東面還有"成仁碑",那是留守珪敍欽所立,上面有書法名家石峰韓濩的親筆"一代忠義,萬古綱常"。這塊碑俗稱"泣碑",因爲碑上常年濕漉漉的滲着水分不干。成仁碑的旁邊還有一塊"錄事碑",是同圃隱先生一起被害的錄事金慶祚的石碑。

善竹橋

第七章 三峰郑道传的务实维新

名:郑道传정도전 Chong Tojon
号:三峰 삼봉

字:宗之 종지

生:1342年
卒:1398年

思想简括:务实维新

著作举要:《朝鲜经国典》、《经济文鉴》、《心问天答》、《阵法》、《佛氏杂辨》、《心气理篇》。

语录:自古有一死,偷生非所安。

一、思想传承

　　三峰郑道传既是朝鲜开国一等功勋,朝鲜王朝政治的总设计师,又是王朝政治的牺牲品。其改革维新思想构成了朝鲜朝初期的经世学风;其批佛理论使高丽佛教从国教的宝座上下滑;其政治思想奠定了朝鲜王朝礼制社会秩序的基础。郑道传的著作收录于《三峰集》。代表作有《心问·天答》2篇,其中以理气论的天人感应说解释了福善祸恶论;《学者指南图》是教授儒学的图解入门书,此书对权近写《入学图说》有很大影响,但现今已经失传;诗文《锦南杂题》、《锦南杂咏》百余首;三峰文武兼备,作兵书《八阵三十六变图谱》《五行阵出奇图》

《讲武图》《阵法》；医书有《消脉图诀》；有历算书《太乙七十二局图》和《详明太乙诸算法》；《朝鲜经国典》体现了郑道传的政治理念和治国大纲；《经济文鉴》是在治典上对《经国大典》的补充后续；朝鲜朝太祖7年受王命与郑摠等编撰编年体史书《高丽国史》37卷，后来在此基础上金宗仁等编撰了《高丽史节要》，但现在《高丽国史》遗失；还有批判佛教的《佛氏杂辨》19篇，《心气理篇》等。1397年8月，(朝鲜太祖6年，1398年)郑道传的儿子郑津将父亲的诗文若干篇《锦南杂题》、《锦南杂咏》和《奉使录》进行整理，编辑成为《三峰集》。《三峰集》由朝鲜大学者权近写序，称为洪武初本。后又根据郑道传的意见进行了补充，如今初刊本已遗失。1465年(朝鲜世祖11年)，在洪武初本基础上，郑道传的重孙郑文炯收集散落的文章，增添了《经济文鉴》、《朝鲜经国典》、《佛氏杂辨》、《心气理篇》、《心问天答》，将郑道传文集重新编辑为6本，后附申叔舟的《后序》，在安东府刊行。1486年，《三峰集》又增补了诗赋百余首和其它散落文章120章，第二年在江原道安东府再版，共8本。现在首尔大学图书馆收藏有《经济文鉴》、《经济文鉴别集》3本。1791年(正祖十五年)，《三峰集》受王命再刊为14卷7本，因为在大邱再版，所以又称大邱本，如今收藏在首尔大学奎章阁。朝鲜朝初期的大学者权近(1352—1409)在《三峰集》序中高度评价郑道传思想"义理之精，了然在目，能尽前贤所未发"。

二、排佛崇儒

高丽末期，排佛扬儒的主张愈发引起学界的共鸣，众排佛学者之中，三峰郑道传的排佛论最为有理有力。《心气理篇》、《佛氏杂辨》是郑道传排佛的代表作。成均馆生员朴礎等集体上书说："兼大司成郑道传，发挥天人性命之渊源，倡明孔孟之道学，辟浮屠百代之诳诱，开三韩千古之迷惑。斥异端，息邪说，明天理而正人伦，吾东方真儒，一人而已。"高丽后期，佛教的世俗化发展造成了佛教界的腐败，郑道传作《心问·天答》、《心气理篇》(有《心难气》、《气难心》、《理喻心气》3篇)，《佛氏杂辨》19篇等，对佛教的弊端进行了理论批判，论述了理与气、心以及道的关系。三峰曰：

于穆厥理,在天地先。气由我生,心亦禀焉。①

三峰认为理是先于天地万物的法则,为天地万物的始源。气便由此而生,气生则带有心。与心气相比较,"理为心气之本原,是有理然后有气。有是气后,阳之轻清者,上而为天;阴之重浊者,下而为地。四时于是而流行,万物于是而化生。人于期间,全得天地之理,亦全得天地之气,以贵于万物与天地参焉"。②因此在心气理之中,理处于最尊贵的地位,"于叹美之辞,穆清之至也。此理纯粹至善,本无所杂,故其尊无对"。由于有了理的运作,人与物生生而无穷,乃天地之化,运行不已者。天地万物运行不已曰道,此"道则理也……盖道之大原出于天,而无物不有,无时不然……近而即于父子、夫妇、长幼、朋友,远而即于天地万物,莫不各有其道"。③一气是贯通于人与万物中,不断变化发展的。"凡草本自根而干而枝而叶而华,实一气通贯。当春夏时,其气滋至而华叶畅茂。秋冬其气收敛而华叶衰落。至明年春夏又复畅茂,非落之叶返本归源而后生也。"④人具有了肉体的同时就开始有知觉活动:"形既生矣,神发知也。"⑤形指肉体,神指精神。人的心,即精神与外界事物相接触,所以能够认识事物内在的属性和法则。其原因是心中本来就有融会贯通的理存在着。心能够认识世界万物的能力,是先天就有的。"心虽空而万物咸备也","所谓其众理者,心中原有此理"。⑥对于心、气与理的关系,三峰说:

有心无理,利害之趋。有气无理,血肉之躯。蠢然以动,禽兽同归,其与异者,呜呼几希。⑦

只有心而无理的话,就会利欲横流。只有气而无理的话,不过是个肉疙瘩。无礼乱动,与禽兽无二。人之所以与禽兽不同,是因为人知道义理。"此言人之所以异于禽兽者,以其有义理也。人而无义理,则其所知觉者不过情欲利害之私而已矣。其所运动者,亦蠢然徒

---

①② 郑道传:《三峰集》,《心气理篇》,《理喻心气》,韩国民族文化促进会,1966年。
③④⑤ 郑道传:《三峰集》,《佛氏杂辨》,《氏昧于道器之辨》。
⑥ 郑道传:《三峰集》,《佛氏杂辨·儒释同异之辨》。
⑦ 同上书,《理喻心气》。

生而已矣。虽曰为人,去禽兽何远哉！此儒者所以存心养气,心以义理为之主也。"① 若人不知义理,那么他所知的全是肉欲情欲利害之私,即使活着也是无意义的。若人懂得义理,将义理看得重于生命,"可死则死,义重于身,君子所以杀己成仁"。② 即便是死去了,也是有意义的。这就是儒者存心养性,以理为主的原因。儒者修身养性的目的就是认识天地的运行,认识心里先天具有的理。人心中的理就是义理。理在与外物接触时,发动的是主宰万物万事的规范。

  此之知,知万物之理,具于吾心也。③

  人物之生生而无穷,乃天地之化。运行而不已者,原夫太极。有动静而阴阳生,阴阳有变,合而五行具。于是无极太极之真,阴阳五行之精,妙合而凝,人物生生焉。其已生者,往而过；未生者,来而续,其间不容一息之停也。④

已经发生的,过去而消亡了。还没有发生的,又接着发生。这之间的接续是一秒也不停息的。事物不断发生,不断消亡。天体其大其远其回转变化不停。

  故曰释氏虚,吾儒实,释氏二,吾儒一。释氏间断,吾儒连续。⑤

郑道传将"心"喻为佛家,将"气"喻为道家,将"理"喻为儒家。他认为释惟修心,老惟养气,儒之理则兼治心气。佛家只知道修心之旨,道家只知道养气之法,二者却不知儒家的义理之道。而理是心气之根本,有理才能有气,有气才能生心。有心而无理心不成,有气而无理气无行,故"心难气,气难心,理谕心气"。若以义理之正帅心,心之灵妙便能够显示在事物之理之中；若能以义理之正统气,浩然之气便会弥漫于天地之间。佛道两家各执一端,只有以儒家的义理之正救其偏,才能求"道理之全"。此外,三峰还引用了大量的佛教用语同儒学语录进行了比较。三峰的理论成为高丽末、朝鲜初期儒学界排佛的主要理论依据。由于众儒学者合力排佛,佛教终于在李朝新政

---

①② 郑道传:《三峰集》,《理喻心气》。
③④⑤ 同上书,《佛氏杂辨·儒释同异之辨》。

诞生之时,从国教的宝座上滑了下来,让位于儒学。1392年,高丽末期的武臣李成桂建立了李氏朝鲜。新生的封建王朝急需一种维护封建社会秩序、加强专制统治的精神支柱,儒学适应了这种需求,被立为官学。

三、经世治国

郑道传作为为丽朝末期新兴士大夫的代表人物,是一位文武兼备的政治思想家。他集新王朝的政治财政兵权于一身,在朝鲜朝建国立业的开创期,第一件事情就是着手制定了一部渗透儒家政治治国理念的行政法大典。早在高丽末的1388年,三峰与赵浚就总结了高丽朝的诸法律条列,编撰了行政法汇编《经济六典》。朝鲜朝建国初年,三峰参考借鉴中国的典籍制度,根据朝鲜朝的具体国情,编撰了一部正式法典《朝鲜经国典》,于太祖3年3月(1394年)问世,有上下二卷,分为"治典、赋典、礼典、政典、选典、工典"六部分。这部法典奠定了朝鲜王朝政治制度的基础。以后的历代君主皆以此为治国的法律基准,在此基础之上不断进行修改补充整理。

朝鲜朝太宗(1401—1418在位)命令河礴等修订扩充《经济六典》,修订后名《续六典》。世宗时期(1419—1450在位)设立"集贤殿",众学者聚集,一起研究了中国古代法制,李稷等编《新续六典誊录》。世宗15年,黄喜等编写了《新选经济六典》。世祖时期(1455—1460在位),修订《经国大典》,于成宗2年1471年颁行实施。现在韩国保存下来的最古的朝鲜法典就是这一部。此后,成宗5年又对这部大典修订了16年。这部大典汇集了自太祖至成宗约百余年间发布的所有法典、惯例和条例,是一部朝鲜朝集大成法典。《经国大典》由六典构成,主要内容有正宝位、国号、国本、世系等治国大要。大典规定遵循天地自然之理,以仁为纲,继承箕子朝鲜的传统,国号定名朝鲜;规定王位由长者或者贤者继承,要求文臣编写教科书,按照能力选拔人,官吏选拔须经科举考试,还有整备户籍制度,提高生产,减轻赋税,为民造福等内容。"礼典"中提出祭祀、教育、外交等制度,特别强调了事大外交的重要性。"兵典"中制定了兵农一致、且耕且战的二元兵役体制,以及屯田制度。"刑典"中提出以仁为本的道德政治伦理,仁政和德治的方针,作为道德政治的辅助手段,刑法的必要性得到肯定。"工典"中规定了各种物品制造技术和土木工程的运营标准。总之,《经国大典》以《周礼》的六典制度为样板,将中国历代的制度与朝鲜的现实相结合。①如宰相制度、科举制度、三卿制度、兵农一致的制度、府兵制度、郡县制度、赋税制度、补吏法等都源自《周礼》,宪法依据《大明律》制定。《朝鲜经国典·正宝位》曰:

> 人君之位至尊,然若不得天下万民之民心,则大忧而生。……得民心者,民服从之。不得民心者,民弃之。②

君主的地位系于民心。君主是否能够得人心,要看其统治是否正当。王位交替一般有世袭、禅让和放伐三种方法。世袭指世代沿袭王位;禅让是由失去民心的君主承认自己失德失职,主动让位给有德者;放伐是拥有民心的有德者用暴力夺取失德者政权的方法。这第三种方法成为朝鲜王朝异姓革命的理论根据,用来证实李成桂即位是人心所向,是天命之任,是"顺天应人"。若不如此,失去民心的高丽王将继续祸国殃民。而历史事实是李成桂以暴力强压恭让王下台,其建立新政的理念便是郑道传的民本维新思想。建立一个新王朝,首先须要整理国法,然后要统一思想信仰。郑道传努力使性理学取代佛教成为朝鲜朝官学,使新王朝以一种全新的建国理念取代高丽末期腐化了的佛教,郑道传的政治实践活动推进了性理学在朝鲜的定位发展。郑道传说:

> 盖君依于国,国依于民。民者国之本,而君之天。故周礼献民数于王,王拜而受之,所以重其天也。为人君知此意,则其所以爱民不可不至矣。③

国与民与君王的关系被郑道传解释得非常清楚。周礼献民数于

---

① 韩永愚:《郑道传思想研究》,知识产业出版社,1999年。
② 郑道传等:《朝鲜经国典》上,《正宝位》。
③ 郑道传等:《朝鲜经国典》上,《赋典》。

王,意为民的户籍调查后告知于王。他又说:

> 夫民者,国之本也……古者,方制四海而天子列爵颁禄,非为臣下,皆以为民也。故圣人一动作一施设一命令一法制必本于民。故择其人以牧养之,重其任以付责之,假其权以安固之,厚其禄以宠利之。上之责吏一本于民,吏之报上一本于民,则民重矣。①

三峰认为天子治理四海,设立官爵俸禄,不是为了臣下,而是为民,故圣人的一举一动和一切决策必本于民。选择贤明的官吏是为了让他们牧养人民,给予官吏职权是让他们安抚百姓,支付官吏的俸禄是让他们为民谋利。无论官吏对下的职责,还是官吏对上的忠诚,都要首先做到以民为本。尊重并重视人民百姓,民与君与臣的关系建立在君主和官吏大臣对百姓的尊重与爱护之上,只有为民使用权利才是正当的。"吏爱民之乳牧",如果民不能像尊重父母那样尊重官吏,就说明统治者已经失去了父母官的资格。三峰还提倡在民本国家中建立"礼"制社会,使社会有"序"。他说:

> 臣以为礼之为说虽多,其实不过曰序而已。②

三峰将"礼"看作一种社会秩序。《朱子家礼》同性理学一起传到高丽,高丽末代王恭让王时代的一切祭礼均按《家礼》实行。朝鲜朝太祖根据《经济六典》实施五服制,同时强调《家礼》的"三年丧"和"家庙制"。太宗制定了关于实施《家礼》的若干具体措施,命平壤府印制《家礼》150本,颁发各司,并将《家礼》纳入科举考试内容。对于不实行家庙祭祀的两班给予严惩。朝鲜朝世宗时代制定了《三纲行实图》、《国朝五礼仪》。朝鲜王朝礼仪制度的形成,与三峰的"序"思想有很大关系。

三峰认为实现礼的根本前提是正己克己。他说:"天地之于万物一于生育而已。盖其一原之气周流无间。而万物之生,皆是受气以生,巨纤高下各形其形,各形其性。故曰:天地以生物为心,所谓生物

---

① 郑道传:《经济文鉴》下,《县令郡守民之本》。
② 郑道传等:《朝鲜经国典》上,《正宝位》。

之心,即天地之大德也。"①天地生万物乃天地之大德。被天地所生者先天具有之德为天性之仁。天禀本然之性为仁,"仁"即孟子所说的不忍人之心恻隐之心,不仁即麻痹、无知觉的不动之心。不仁为恶之源,仁为人禀天性之善。人可以随道德教化去调理善恶、贤愚、贵贱等人性。为了使人们变化气质而成为圣贤,维持本然之性,就要制定道德规范。因此,仁义理智四德和亲义别序信的五伦的社会伦理,皆以儒家明明德的德目之仁为核心。"仁为心德之全,爱乃仁之所发。"②

"仁"之序包括个人与父母、他人的关系,以及个人与家族、社会、国家的关系,还包括人与自然万物的关系。"盖亲与我,同气者也。人与我,同类也。物与我,同生者也。故仁心之所施,自亲人而人而物。如水之流,盈于第一坎而后达于第二、第三之坎。其本深,故其及者远。举天下之物,无一不在吾仁爱之中。"三峰曰:"亲亲而仁民,仁民而爱物。"③将人的道德规范框架和顺序称作"礼"。三峰说:"臣愚以为……政者正也,正其身也"。④

只有正己克己,才能正人、治人、复礼。修己治人,克己复礼为政治伦理,政治统治理念非强权霸道,而应以仁治的道德为中心。故三峰强调说:

> 身修而家齐也,家齐而治国也,国治而天下平也。盖自身心,推而至于家、国、天下,内外交养,本末俱治。可见圣学之有本而圣治之有序矣。⑤

三峰追求修齐治平,其政治理念最终回归儒家原典《大学》的实践伦理。郑道传是一位社会变革型学者,他的学问目的极其明确,即是为变革新政作理论论证。他虽然在性理学理论上没有什么深度突破,但是在将性理学理论附注于朝鲜现实社会的实践上做得极为出色。他以儒学整备国家制度,统合社会秩序,与前期文学诗赋形式的

---

①② 郑道传等:《朝鲜经国典》上,《正宝位》。
③ 郑道传:《三峰集》,《佛氏杂辨·佛氏慈悲之辨》。
④ 郑道传:《三峰集》卷三,《上恭让王疏》。
⑤ 郑道传:《三峰集》,《经济文鉴》别集上。

朝鲜儒学文章学和经学相比较,他使得朝鲜儒学进入了一个实现政治理想的礼学阶段。并且为朝鲜理学进一步向思辨性理学方向发展,做了理论实践的铺垫。

四、务实维新

郑道传曾经被流放9年,这是他与一般学者和政治家有所不同的地方。他体察社会民情,自觉投身于现实社会改革。他在《经济文鉴》别集中说:

> 外有女真、蒙古遣兵侵伐,无岁无之。当是时国势微微殆哉……狄兵至则坚壁国守,退则遣使通好。至遣世子,执挚亲朝。故虽与强暴之国为邻而卒得其和好,以保民社。①

《朝鲜经国典》的礼典总序中曰:"奉表天朝,以尽事大之诚敬……事大以礼。"1271年,蒙古在中原建立了元朝,对高丽发兵,欲征服高丽。1280年,元朝在高丽设立"征东行省",在咸镜道设立"双城总管府",在平安道设"东宁府",在济州道设立"耽罗总管府",以控制高丽。倭寇自海上侵袭高丽沿海渔民,使得沿海地区良田荒芜,海上交通瘫痪。在与倭寇的战斗中,高丽军队统率李成桂和崔莹声望大振。在对待元朝的态度上,李与崔两位大将发生分歧。1388年明朝兼并元朝设立双城总管府,崔莹大怒,组成远征军进犯辽东。李成桂反对远征,中途撤军,矛头转而指向军队统率崔莹和高丽隅王,解除了二人的王权和军权,控制了政局。李成桂拥立恭让王上台,在新兴士大夫的协助下,对全国进行了户籍和土地调查,1390年将现有的公私田契约全部焚毁,第二年颁布管理新土地法——《科田法》。通过土地改革,原来的庄园地主经济得到了彻底的破坏,李氏集团获得了大量再分配的土地,掌握了国家的经济命脉,进而奠定了朝鲜朝的经济基础。新兴士大夫的代表郑道传积极引进性理学说,着手制定了渗透着儒家治国理念的行政法大全,彻底批判佛教,将高丽朝的

---

① 郑道传:《三峰集》,《经济文鉴》别集中。

理念依托摧毁,树立了一种新的政治理念。

三峰对明朝的儒教文化极为崇拜,认为中朝是同一文化圈中的大小中华,双方只有大小强弱之差,按照礼仪秩序排列是君臣关系,由此主张"对明事大"、"事大之礼"、"事大以礼"、"事大之诚",对待明朝采取事大外交政策,他认为这是弱国、小国实行的外交手段和政策。朝鲜生活在大国周边,随时有被北方民族以武力灭掉的危险,或担心被中华文明所同化。在三峰的提倡下,为了保全民族的自主独立,"事大外交"成为朝鲜朝初期同中国维持友好关系的外交政策。李成桂继位之初,国号仍然叫做"高丽",所有法规完全按照高丽朝规范制度施行。新王朝欲从旧王朝的阴影中走出一条新路,需要得到明朝皇帝的正式册封,不然便处于名不正言不顺的尴尬处境。为了从明朝得到诸侯国的地位和名分,确立与明的君臣地位,以换取新王朝的称号。为了使朝鲜王朝的地位合法化,得到明朝皇帝的"承认状",能够使用明的年号、历法,定期开展朝贡交流,郑道传坚持事大外交路线。

1369年,明太祖遣使向高丽通告了明建国的消息,并册封高丽隅王封号,规定高丽三年一贡。李朝太祖想得到明朝对新王朝的承认,向明朝报呈了建国消息。明太祖口头上承认,但没有给朝鲜国王印信。朝鲜太祖为了王朝的安定,认为"以小逆大,不可",便采取了郑道传提出的亲明事大政策,反复向明太祖派遣奏请使。明帝借口奏章表里有无礼之辞,要求押解起草奏章的郑道传赴明论罪。这种纷争一直持续到朝鲜太宗(1401—1418年在位)继位,明朝才送来金印和委任书。朝鲜王朝在名义上终于得到了明的册封,太祖与明朝建立了"事大"朝贡关系。《朝鲜经国典》上曰:

> 海东之国,不一其号,为朝鲜者三。曰檀君、曰箕子、曰卫满。若朴氏、昔氏、金氏,相继称新罗,温祚称百济于前,甄萱称百济于后。又,高朱蒙称高句丽,弓裔称后高丽,王氏代弓裔,仍袭高丽之号,皆窃居一隅,不受中国之命,自立名号,互相侵夺,所有所称,何足取哉?惟箕子,受周武之命,封朝鲜侯。今天子命曰,惟朝鲜之称,美且其来远矣,可以本其名而祖之。体天牧民,永昌后嗣。盖以武王之命箕子者,命殿下,名既正矣,箕子陈

武王以洪范,推衍其意作八条之教,施之国中,政化盛行,风俗至美,朝鲜之名闻于天下。后世者如此,今既袭朝鲜之美号,则箕子之善政,亦在所当讲焉。呜呼,天子之德,无愧于周武,殿下之德,亦岂有愧于箕子哉? 将见洪范之学,八条之教,复行于今日也。孔子曰:吾其为东周乎? 岂欺我哉。①

郑道传的事大外交政策取得了成功。1393年3月15日,太祖2年开始使用"朝鲜"国号,承继了自箕子朝鲜以来的传统。此后,按照无学大师的意见,自开城向汉阳迁都。1393年,在汉阳(现在的首尔)动工修建新王宫,1396年9月,建成了王宫和四大门:肃清门(北门)、兴仁之门(东大门)、崇礼门(南大门)、敦义门(西大门)以及四小门(光熙门、昭德门、彰义门、弘化门),汉阳基本具备了王城首府的规模。

郑道传是李朝开国功臣之一,他推行儒教主义政治,其成就表现在学术和政绩两方面。然而,三峰既没有被后儒尊为理学之宗祖,更未能成为升庑诸贤儒之一。柳承国教授在《韩国儒学史》一书中认为,丽末鲜初的性理学,由于对丽末社会政治状况的判断不同,以及对儒学性理学历史观、价值观理解的不同,发生了分歧,形成了对后世性理学产生极大影响的两大主流学派。他说:

在此时代的儒学者中,可分为郑梦周、吉再等守节义,而不与新王朝合作的一派;及以郑道传、河仑、权近等为中心,以襄助李太祖,通过国典的制度与基本政策的决定,尽力于确立儒教思想成为朝鲜王朝建国理念的一派。②

前者通常被称为"节义派"、"义理派";后者则被称为"勋旧派"、"革新派"。这两大主流学派各有其特点。

圃隐郑梦周一系的学问,强调人间内在的本性,以开发万古不变的人间道德意识为主眼点;但是,三峰郑道传系列,与其说是对不变之人间性的开发,不如说更强调对应当时状况的创意

---

① 郑道传等:《朝鲜经国典》上。
② 柳承国:《韩国儒学史》。

的变革,不重观念的义理道德,而以人间意志之磨练、知识的开发、鼓吹文化意识等为首务。因之,郑梦周系列的学者在言其价值、足以法式的人间贤者像时,首推伯夷、叔齐;而郑道传、权阳村、郑麟趾系列则推举武王之革命。前者常有"扶植纲常"的用语,而后者则常强调"天命思想",提倡非"常",及重"变"的历史观与价值观。①

柳教授概括了丽末鲜初两大主流学派的差异与特点。他说这两大主流学派"如言朝鲜儒学思想史之正统,比起郑道传一派,郑梦周一系则更能继承传统学脉的渊源。此点可说是韩国朱子学的特色,对韩国精神史造成了极大影响,此种影响延及后世"。但李丙焘教授则认为这两大主流学派各自都有其历史上的地位和作用。他讲道:

> 勋旧派学者,概以文宗顾命,端宗辅弼,仕事(篡主)世祖,或为宠臣,或为御用学者。而他方有如死六臣、生六臣之大义一派。故自其节义观之,前者或可以为失节,或可以为失身。然以今观之,世祖——成宗朝治化之盛,果谁之功耶? 无此一派,则不知其果何如也。故余以为,六臣一派之标节义、扶伦纪,固可与日月争光,而勋旧派之开物成务,利用厚生之学,大有补于世者,亦不可忘却也。

郑道传生平履历

1342年,1岁。出生于安东奉化县丹阳三峰。号三峰,字宗之。父亲云敬为刑部尚书。
1357年,15岁。三峰的父亲与李穑的父亲李穀为知交,于是三峰就读于李穑门下。
1360年,18岁。高丽朝恭愍王9年,成均试中合格。
1361年,19岁。结婚生子。

---

① 柳承国:《韩国儒学史》。

1362年,20岁。进士试合格。
1363年,21岁。入仕途,为忠州司录,
1364年,22岁。从七品官,典校主薄。
1365年,23岁。正七品官,通礼门只侯。
1366年,24岁。1月,父亲去世。12月母亲去世,守丧3年。
1370年,28岁。任命成均馆博士,为正七品官。同李穑、郑梦周、朴尚衷、朴宜中、李崇仁、李存吾、金九容、金斋颜,尹绍宗等,在明伦堂讲论性理学。
1371年,29岁。任命为太常博士。
1375年,33岁。(禑王元年)受权臣诬告降职为正四品,任成均馆司艺、艺文、应教,知制诰等职。因为反对李仁任的亲元朝政策,主张亲明事大,被流放到全罗道罗州会津县居平曲部。12月,撰写《心问天答》。
1377年,35岁。移居故乡荣州三峰,转移到三角地、富平、金浦等地从事地方教育。在三角山下建三峰斋教书,被地方豪强拆毁。
1383年,41岁。被流放九年。秋天,在咸州幕与东北面都指挥使李成桂见面,决心赴金浦革命。
1384年,42岁。7月,任三品官,典教副令,作为书状官跟随圣节使郑梦周赴明京。
1385年,43岁。4月,从明京回国,任三品成均祭酒、知制教。
1387年,45岁。由李成桂推举,升任成均馆大司成,三品官。
1388年,46岁。昌王继位。6月,李成桂威化回军掌握了政权,立即任命郑道传威密直副教使,三品官。同赵浚、尹绍宗一起进行田制改革。10月,拜为知贡举、知申使,选拔进士李致等33人。作《诊脉图诀》。
1389年,47岁。11月,与李成桂、赵浚、沈德符、池涌奇、郑梦周、朴藏等商议,"废假立真"。废禑王,拥立恭让王为王。因此被封为佐命功臣、中典功臣。又升任三司左使,知经筵事。
1390年,48岁。6月升任政堂文学,从二品官,出使明朝,辩明尹黎

和李初对李成桂攻明的诬告事件。

1391年,49岁。 三军都总制府建立,李成桂为总制使;赵浚为左军总制使;三峰为右军总制使。9月,受到反对派的弹劾,流配到奉化,两个儿子被贬为庶民。

1392年,50岁。 结束流放,回到荣州。以李成桂落马事件为由,郑梦周、金震阳上书欲铲除郑道传,郑道传被关进浦州监狱。6月,被召回,奉为忠义君。7月7日,同赵浚等一起拥立李成桂为王,开创了朝鲜王朝。7月20日,掌管尚瑞司事务。7月28日,被任命为佐命功臣、门下侍郎赞成事、义兴亲军卫节制使,奉化君。8月20日,同裴克廉、赵浚等一同推举李芳硕为世子。9月16日,被奉为开国一等功臣、门下侍郎赞成事,分到200结功臣田和25名奴婢,以及其他赏赐。10月25日,作为计禀使和谢恩使赴明朝。

1393年,51岁。 3月20日由明朝返回。7月5日,被任命为东北安抚使。8月20日,撰《四时猎狩图》进献。9月13日被任命为判三司成,从一品。11月9日,选拔军事人才,进行阵图、鼓角、旗麾、进退等军事方法的训练。

1394年,53岁。 2月,上书兵制改革方案。3月,任命为庆尚、全罗、杨广三道的都总制使。向五军讲解阵地图,下令惩罚不参加训练、违抗命令者。编撰《朝鲜经国典》。4月,建议武将相每日早朝共议国家军事大事。6月,制《历代府兵侍卫之制》。作《心、理、气》三篇。

1395年,53岁。 同政堂文学共同撰写《高丽史》37卷。3月,作为世子的指导教师,讲授《孟子》。6月,编撰《经济文鉴》。给全罗道观察使李茂作《监司要约》。

1396年,54岁。 3月,作为科举考试官的"知贡举"初次使用"初场讲经之法"。6月11日,明帝命令郑道传入朝,说明表简文事件情况。7月27日,被封为奉化伯。

1397年,55岁。 4月17日,明朝礼部咨文中,指责郑道传为"祸源"。

6月14日,抓紧阵图训练,向王提出出兵辽东的请求,受到赵浚等人的反对。著述《经济文鉴别集》。1398年,56岁。4月20日,同权近一起为成均馆提调,对四品以下的儒士和三馆儒生讲授经史。夏天著述《佛氏杂辨》19篇。8月26日,发生恭昭之乱,又曰戊寅之乱,被李芳远军队斩首。儿子游也被芳远军队的士兵杀害,儿子湛在家中自杀。在王子之间争夺王位的斗争中受难。

鄭道傳思想史料閱讀

■《三峰集·心氣理篇》

於穆厥理,在天地先。氣由我生,心亦禀焉。

於,嘆美之辭;穆,清之至也。此理純粹至善,本無所雜,故其尊無對。……此言理爲心氣之本原。有理然后有氣,有是氣后。陽之輕清者,上而爲天。陰之重濁者,下而爲地。四時於是而流行,萬物於是而化生。人於其間,全得天地之理,亦全得天地之氣,以貴於萬物與天地參焉。

■《三峰集·佛氏雜辨》

道則理也……蓋道之大原出於天,而無物不有,無時之然……近而即於父子、夫婦、長幼、朋友,遠而即於天地萬物,莫不各有其道。

凡草本自根而干而枝而葉而華,實一氣通貫。當春夏時,其氣滋至而華葉暢茂。秋冬其氣收斂而華葉衰落。至明年春夏又復暢茂,非落之葉返本歸源而后生也。……形既生矣,神發知也。……所謂其衆理者,心中原有此理。心雖空而萬物咸備也。……

此言人之所以异於禽獸者,以其有義理也。人而無義理,則其所知覺者不過情欲利害之私而已矣。其所運動者,亦蠢然徒生而已矣。雖曰爲人,去禽獸何遠哉!此儒者所以存心養氣,心以義理爲之主也。……此之知,知萬物之理,具於吾心也。……故曰釋氏虛,吾儒實,釋氏二,吾儒一。釋氏間斷,吾儒連續。

人物之生生而無窮,乃天地之化。運行而不已者,原夫太極。有動靜而陰陽生，陰陽有變，合而五行具。於是無極太極之真，陰陽五行之精，妙合而凝，人物生生焉。其已生者，往而過；未生者，來而續，其間不容一息之停也。

蓋親與我，同氣者也。人與我，同類者也。物與我，同生者也。故仁心之所施，自親人而人而物。如水之流，盈於第一坎而后達於第二、第三之坎。其本深，故其及者遠。舉天下之物，無一不在吾仁愛之中。故曰：親親而仁民，仁民而愛物。

■《三峰集·理喻心氣》

有心無我，利害之軀。有氣無我，血肉之軀。蠢然以動，禽獸同歸，其與異者，嗚呼幾希。

■《龍飛御天歌》

不覺方面，聿陞官爵，維天之心，誰改誰易？未曉識文，聿改國號，維帝之衷，誰誘誰導？……海東六龍飛，莫非天所扶，古聖同符。

■《朝鮮經國典》"正寶位""賦典"

人君之位至尊，然若不得天下萬民之心，則大憂而生。……得民心者，民服從之。不得民心者，民棄之。

蓋君依於國，國依於民。民者國之本，而君之天。故周禮獻民數於王，王拜而受之，所以重其天也。爲人君知此意，則其所以愛民不可不至矣。

臣以爲禮之爲説雖多，其實不過曰序而已。

天地之於萬物一於生育而已。蓋其一原之氣周流無間，而萬物之生，皆是受氣以生，巨纖高下各形其形，各形其性。故曰：天地以生物爲心，所謂生物之心，即天地之大德也。……仁爲心德之全，愛乃仁之所發。……奉表天朝，以盡事大之誠敬。……事大以禮。

海東之國，不一其號，爲朝鮮者三。曰檀君，曰箕子，曰衛滿。若朴氏、昔氏、金氏，相繼稱新羅。温祚稱百濟於前，甄萱稱百濟於后。又，高朱蒙稱高句麗，弓裔稱后高麗，王氏代弓裔，仍襲高麗之號，皆竊居一隅，不受中國之命，自立名號，互相侵奪，所有所稱，何足取哉？惟箕子，受周武之命，封朝鮮侯。今天子命曰：惟朝鮮之稱，美且其來遠矣，可以 本其名而祖之。體天牧民，永昌后嗣。蓋以武王之命箕子者命殿下，名既正矣，箕子陳武王以洪範，推衍其意作八條之教，施之國中,政化盛行,風俗至美,朝鮮之名聞於天下。后世者如此,今既襲朝鮮之美號,則箕子之善政,亦在所當講焉。嗚呼,天子之德,無愧於周武,殿下之德,亦豈有愧於箕子哉?將見洪範之學,八條之教,復行於今日也。孔子曰,吾其爲東周乎?豈欺我哉?

■《三峰集》《經濟文鑒》

夫民者,國之本也……古者,方制四海而天子列爵頒祿,非爲臣下,皆以爲民也。故聖人一動作一施設一命令一法制必本於民。故擇其人以牧養之,重其任以付責之,假其權以安固之,厚其祿以寵利之。上之責吏一本於民,吏之報上一本於民,則民重矣。……吏愛民之乳牧。

外有女真、蒙古遺兵侵伐,無歲無之。當是時,國勢微微殆哉……狄兵至則堅壁國守,退則遣使通好。至遣世子,執摯親朝。故雖與強暴之國爲鄰而卒得其和好,以保民社。

■《三峰集》卷3,上"恭讓王疏"

臣愚以爲……政者正也,正其身也。

身修而家齊也,家齊而治國也,國治而天下平也。蓋自身心推而至於家國天下,內外交養,本末俱治。可見聖學之有本而聖治之有序矣。

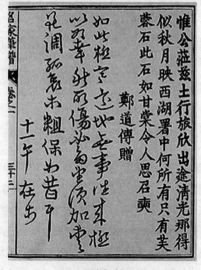

三峰親筆

第八章 静庵赵光祖的至治主义

名:赵光祖 조광조
号:静庵 정암

生:1482年
卒:1519年

思想简括:至治主义

著作举要:《静庵集》

语录:其道心之所以为一者,天本一理而已,故以其天下之道导与我一之人,以其天下之心感与我为一之心。感之而化其心,则天下之心化于吾心之正,莫不一于正;导之而导于吾道,则天下之人,善于吾道之大,莫敢不归于善。

一、思想传承

  静庵赵光祖诞生于朝鲜朝中期成宗(1470—1495在位,朝鲜朝第十代君主)13年,经历了燕山君(1495—1506年在位)的暴政时期和士祸期,于中宗14年(己卯年)37岁被害。赵光祖在世期间,政界与学界的较量斗争以士祸的形式表现出来。所谓士祸即是士大夫横遭劫难的灾祸,当权者为了排除异己,确保权位,将大批学者流放、判刑或者满门抄斩。自朝鲜朝第七代世祖(1455—1467年在位)开始,大小士祸接连不断,皆以学者的被害告终。大规模士祸就有四次,分别是1498年的戊午士祸,1504年的甲子士祸,1519年的己卯士祸,1545年的乙巳士祸。

在甲子士祸中,寒暄堂金宏弼(1431—1492)受到加害。赵光祖师从金宏弼,朝鲜朝大儒李退溪因此高度评价静庵先生说:

> 盖我东国先正之于道学,虽有不待文王而兴者,然其归,终在于节义章句文词之间,求其专事为己,真实践履为学者惟寒暄堂为然。先生乃能当乱世冒险难而师事之,虽其当日讲论授受之旨,有不可得而闻者,观先生后来向道之诚,志业之卓如彼,其发端是在于此矣。①

朝鲜朝初期,众学者多埋头于功名或词章训诂,对于道学还没有深入的理解和研究,因此退溪认为真正的道学家屈指可数,而寒暄堂金宏弼则是那个时代真正实践力行的道学家,赵光祖在其门下求学,经历了乱世的磨练。金宏弼以小学为本,学问纯一不二,静庵跟随导师,自小学到大学之明德新民成其学术规模,一生坚持至治主义路线,致力于实现儒家道学政治理想。

二、以道惟一

静庵思想一贯遵循着一个核心,即以道惟一。他说:"伏以道惟一,而德无不明;治惟纯,而国无不理。"他认为只要坚持"道"的原则,就能明德治国。不然,则会道德颓废,国家衰亡。他说:

> 不一乎道,不纯乎治,则二而暗,杂而乱。一纯二杂,罔不原乎是心,故正厥原,通微溥显,克一其居,而政化为纯,德著而国昌。迷厥原,炽枉沈,二三其守,而政化乃杂,德灭而国亡。②

静庵所讲的"道"指"道统"及"道学"。孔子曰:"先王之道斯为美。"③先王之道的传授系统为道统,先王之道传授"尧以是传之舜,

---

① 李退溪:"静庵先生行状"撰。
② 赵光祖:《静庵集》卷二,弘文馆请罢昭格署疏,戊寅七月。
③ 孔子:《论语·学而》。

舜以是传之禹,禹以是传之汤,汤以是传之文、武、周公,文武周公传之孔子,孔子传之孟轲……"尧舜、汤、文王、孔子为儒家理想的人格化身,汉代大儒董仲舒曰:"禹继舜,舜继尧,三圣相受而守道。"他认为先王之道代代相传,形成道统。而道学之称,是宋代性理学家周廉溪的"太极图说"后产生的概念。张载最早曰:"朝廷以道学政术为二事,此正自古之可忧者。"宋代程颐首倡道学,曰"自予兄弟倡明道学,世惊疑"。① 元代编写《宋史》,立《道学传》。

  道学之名,古无是也。三代盛世,天子以是道为政教,大臣百官有司以是道为职业。党庠术序师弟子,以是道为讲习。四方百姓,日用是道而不知,是故盈覆载之门,无一民一物,不被是道之泽,以遂其性,于斯时也,道学之名,何自而立哉! ……文王周公既没,孔子有德无位,既不能使是道之用,渐被斯世,退而兴其徒,定礼乐、明宪章、删诗、修春秋、赞易象、计论坟典,期使五三圣人之道,昭明于无穷。故曰夫子贤于尧舜矣。②

学者一般认为自尧舜禹汤周公孔孟之后,有韩愈、李翱将帝王系统同圣哲系统相结合,形成"道统"之说,具有儒家政治理想和思想统绪的特征。为了宋明儒学的复兴,宋代周、邵、张、程、朱及其门徒之学称"道学"。

  ……唐宋三教并行,儒者承袭大学中庸原始性命道德之说,以论心性大用,佛道则各本其旨以言自然,是故所谓儒学与道学,乃别为两途。……而道学之名,遂出于宋。……③

"道学"一改汉唐诸儒注重名物训诂、考证注疏之传统,不拘泥文字,重在义理,以儒家伦理思想为核心,吸收佛教和道教思想,构成形而上学的哲学思维体系。在内容上以"性"、"天道"为中心,探讨了理、气、性、命、心、情等问题。"穷理"、"尽性"是其精髓;"守敬"、"至诚"、"修身"是其存养功夫;"成圣"被视为道学的最终目的。道学之

---

① 程颐,程颢:《河南程氏文集》,《祭李端伯文》。
② 《宋史》卷 427,列传第 186,《道学》。
③ 黄公伟:《宋明清理学体系论史》。

道,一讲人间日用纲常之道;二讲天地自然之道;三讲儒家学术的道统之道。"道学"的兴起,使得儒学在宋代重新取得了独尊的地位,宋代以后的封建社会中一直被树立为官方哲学,进而渗透到了社会意识形态的各个领域。明清后"理学"的说法流行,实际二者通用。因此可言,道统由孔孟发端,韩愈首倡,二程发挥,朱子大成。"道统"的确立反映了儒家思想的渊流脉络,"道学"为道统之学说,一代代道学者们致力道学,将学术思想传播继承下来。

宋时烈评价赵光祖说:"余以为先生之生于我东者,实如濂溪于宋朝也。"周濂溪作太极图说开创道学,在宋朝被尊为理学鼻祖。赵光祖以道惟一,可见其在朝鲜道学中的崇高地位。栗谷曰:"夫道学者,格致以明乎善,诚正以修其身,蕴诸躬则为天德,施之政则为王道。"①

相对于道统和道学,韩国学者更强调性理学,因为朝鲜13世纪从宋朝引进了朱子理学,理学靠师承关系在朝鲜传承,形成朝鲜理学的学统,在传承道学的过程中又形成各个学派。朝鲜道学学派初期形成的主要学者如下:

晦轩 安珦(1234—1306)——白颐正(?)——益斋李齐贤(1287—1369)——牧隐李穑(1328—1369)——圃隐郑梦周(1337—1392)——阳村权近(1369—?)——冶隐吉再(1353—1419)——江湖金叔滋(1389—1456)——佔𤲞斋金宗直(1431—1492)——寒暄堂金宏弼(1431—1492)——静庵 赵光祖(1482—1519)……

赵光祖坚持的道学是孔子之道。他说:

> 夫子虽不得位于当世,而万世之所依式而为治者,实同尧舜之功业。后世而苟无夫子之教立于天下,则尧舜之道,不得永于后世,而尧舜之治,无由而复矣。②

赵光祖理解的以道惟一是由孔子传承下来道学,他说:

---

① 李珥:《栗谷全书》卷十五,杂著二,右论臣道。
② 赵光祖:《静庵集》卷二,谒圣对策。

孔圣只一天理,学者敬守此心,对越上帝,则可不背吾夫子矣。①

天与人本乎一,而天未尝无其理于人。君于民本乎一,而君未尝无其道于民。故古之圣人以天地之大兆民之众为一已,而观其理,而处其道。观之以理,故负天地之情。达神明之德,处之以道,故凝精粗之体,领黎伦之节。是以是是非非、善善恶恶,无所得逃于吾之心。而天下之事,皆得其理,天下之物,皆得其平。此万化之所以立,治道之所以成也。虽然道非心,无所依而立,心非诚,亦无所赖而行,为人主者,苟以观天理而处其道,由其诚而行其事,于为国乎何难?②

孔子传承下来的天理只有一个,这个天理是天人一致的道理。天人合一,天将其理赋予了人。君民惟一,君子施道于民。所以古圣人将天地之大和民众之广看作是一样的,观察其中的道理,施行其道理。世间的是非善恶,都依靠人心中的判断分辨。天下诸事都有其道理,天下万物都有其规律,按照其理治理天下,按照其规律参化万物。所以君子如不为天下立心,就不能为民行道。身为人君,必须以诚心理解天理,以诚意施行天道。如此,国家才会平安无难。他强调君子诚心守道,天下之道与天下之心,道心与人心相合,道心为一,便能够使得天下之心化为人心之正,引导人心归依道心。这样,天下人就会归于善。道心与人心是否能够相合,就在于人是否能够守诚持敬。由孔夫子传承下来的道即是天地之道,心即是天地之心。天地的大规律中包含着人间的变化。他说:

……所谓心、所谓道者,未尝不一于其间。而千万人事之虽殊,而其道心之所以惟一者,天本一理而已。故以其天下之道导与我惟一之人,以其天下之心感与我唯一之心。感之而化其心,则天下之心化于吾心之正,莫不一于正。导之而导于吾道,则天下之人,善于吾道之大,莫敢不归于善。故吾之道与心,诚不诚

---

① 赵光祖:《静庵集》卷二,附录,语录。
② 赵光祖:《静庵集》卷二,对策,谒圣试策,乙亥。

如何,而治乱分矣。夫子之道,天地之道也。夫子之心,天地之心也。天地之道,万物之多,莫不从此道而遂,天地之心,阴阳之感,亦莫不由此而和。①

人主以唐虞三代为期,未必即致唐虞三代之治。然立志如此,而用功于格致诚正,则渐至于圣贤之域,尧舜之治矣。②

赵光祖的政治理想是实现三代之治。他认为君主须立大志实现尧舜之治,治国理家须遵循道统,须知帝王将相贯彻古今的治国大要。若君主诚心循道,国必治;离经叛道,国必乱。治国者,循道而已。道统者,率性之谓也。性无不有,道无不在,大而礼乐刑政,小而制度人文,不假人力之为,各有当然之理,了然于心目之间,不敢有须臾之不明。静庵在政治实践中推行至治主义,其道学政治思想的特征是以道惟一的一贯性。

三、格致诚正

在道学的理论与实践中,赵光祖恪守诚意正心,格物致知,为学笃实,居家律己,坚持至诚的修养方法,他说:

> 古云:至诚感神。又曰:不诚无物。君之遇臣,臣之事君,皆以诚实,则治化可期其成也。我国地方褊小,人君发一言,则八道之人,一朝皆得闻之。惟当于大臣则敬之,于群臣则体之,百工则来之,庶民则子之。患吾之所以遇臣爱民又未诚,而不患其难化也。后世治道渐下,不能复古,盖以后世之君,无有真如古昔帝王故也。……惟愿自上日加慎独诚实功夫,终始不渝,则治化可臻矣。……自上先养己德,推之行事,则人皆诚服,不期而自化矣。③

学者以圣贤为期,未必即至圣贤之域。人主以唐虞三代为期,未必即致唐虞三代之治。然立志如此,而用功于格致诚正,

---

① 赵光祖:《静庵集》卷二,对策,谒圣试策,乙亥。
② 赵光祖:《静庵集》卷二,《侍读官时启六》。
③ 赵光祖:《静庵集》卷三,《参赞官副提学时启一》。

则渐至于圣贤之域,尧舜之治矣。①

静庵认为道体的根本就是格致诚正,即格物、致知、诚意、正心。这种慎独诚实功夫须自上做起,君臣先修养道德,并落实于行动,坚持不懈;百姓必然会诚服,整个社会就能够实现德治,具有至诚感神的意义。针对当时舞文弄墨、文辞章句的学风,静庵特别强调笃实诚意。他说:

> 学之名,非徒章句文辞而已,学知事物之理,处得其宜之谓。故在朝而格君,处藩而宣化,无往而不以为学。②

> 只学文字,而不识其理,故学不如古,而治道亦卑,可胜叹哉!我国自古及今,为性学者间有之,而患无渊源,故无至于至极之地者矣。③

朝鲜道学者屈指可数,加之性理之学源自中国;故能够达到极至水准的朝鲜理学家更是稀有。在静庵的学问与实践中,特别注重追求道学的至极之境地。他独契道妙,上求小学大学与孟子中庸之旨,下求笃实功夫,粹然圣贤之道,素有洛阳夫子之美称。

> 竹亭尝从静庵先生游龙门寺,讲孟子养气章,叹曰是气也,难言而先生言之,其学力之深造,见得之高明,真可谓洛阳夫子矣。④

对于道体宇宙论的认识,静庵钻研理气,概括天地万物,认为只是理与气而已。人之气有善恶,因此人需要有主一无适的修养功夫,不能松懈昏惰,一言一行,接人待物,都要出于礼仪,不能行非礼之事。他主张性善论,说:

> 性无不善,而气禀不齐。人之性不善,气之使然也。⑤
> 敬之一字,难以形言也。然心常惺惺,无昏惰解弛之时,则

---

① 赵光祖:《静庵集》,《参赞官时启四》。
② 赵光祖:《静庵集》卷一,《送叔父赴庆源镇序文》。
③ 《中宗实录》中宗11年,丙午。
④ 赵光祖:《静庵集》附录卷三,《补遗》。
⑤ 赵光祖:《静庵集》卷五,《筵中记事》。

主一无适,而正衣冠,尊瞻视,乃是不昏惰工夫也。①

吾之气整肃,则自然主一无适。事物之来,应接精当,而一言一动,皆中于礼矣。常人则气浊而不淑,故不能也。②

理学,乃为己之学,而非为人之学也……今之学者,皆为人之学,而不知为己之学。若自上崇尚,示其所好,则下之人,自乐为之,岂无为理学者乎?③

人格致诚正,主一无适,敦厚其德,提高个人修养,赵光祖以为这才是学问功夫。归根结底理学是为己之学,而许多学者做学问好像是在做给别人看,这种不正之学风须要纠正。学者须明确为己之学的目的是要践行笃实,实现社会之治。即:

三代之治,今可以复致者,虽不可易言,岂全无致知之道乎?自上先养已德,推之行事,则人皆诚服,不期化而化矣。若吾德不修,而修饰于事为之间,则亦何益乎?须敦厚其德,使万化自明德中流出,则下民自然观瞻欣感,有不能已者矣。④

要达到古圣贤的三代之治,须要实施仁政,而仁政首先要求政治家自身的德性与修养。从修身到齐治,是静庵的一贯实践行为。"夫以格致诚正之功,推而致于齐家,致于治平矣。"⑤

以至诚之功而修养身心,目的是为齐家治国平天下。所有学问的目的不过如此。道学者要行道,达到治平的目的,自己本身必须做到一心光明,才能不被障蔽所蒙蔽。道学者诚意正心的功夫不到,"人心一有所之,则离道矣。……若意诚心正之功到十分尽处,则可保无虞矣"。⑥ 静庵的人生观表现在"人生六幸"中:

人生有体,得为男子,立于天地间,一幸也;不渝滞隶围,没走粪土,拔身为士,二幸也;服业文字,粗知义方,不迷所向,三幸

---

① ② 《中宗实录》中宗13年9月。
③ 《中宗实录》中宗11年,丙午。
④ 赵光祖:《静庵集》卷三,《参赞官副提学时启一》。
⑤ 赵光祖:《静庵集》卷三,《复拜副提学时启一》。
⑥ 赵光祖:《静庵集》卷三,《复拜副提学时启十四》。

也；居不于危乱，而于治平，沐浴休泽，四幸也；遭遇圣明，登身近列，出入周卫之中，五幸也；精交意会，脗然相得，沥竭肺肝，蒙人主首肯，六幸也。①

朝鲜朝著名学者奇大升(1527—1572)在其著述中言及东方道学时说：

> 我国学问，箕子时事，则无书籍难考。三国时，天性虽有粹美，而惟有学问之功。高丽时，虽为学问，只主词学。至丽末禹倬郑梦周后，始知有性理之学，及至我世宗朝，礼乐文物焕然一新。以东方学问相传至次言之，则以梦周为东方理学之祖，吉再学于梦周，金淑滋学于吉再，金宗直学于淑滋，金宏弼学于宗直，赵光祖学于宏弼，自有源流也。但静庵年止三十八，而一时仕宦于朝廷，未暇著书传后，故不知学问深浅，而其所为之事，则人皆钦仰。②

赵光祖所留下的遗著不多，但是他的道学实践活动，在朝鲜儒学道统之中，其地位极为重要。朝鲜朝名儒李栗谷曰：

> 我国理学无传，前朝自郑梦周，始发其端，规矩不精，我朝金宏弼接其绪，而犹未大著。及赵光祖倡道，学者翕然推尊之。今之有性理之学者，光祖之力也。③

可见赵光祖在朝鲜儒学史上地位举足轻重。后人对其一生学问品质有如下评论：

> 赵光祖，受纯刚正真之气，资禀既异，穷圣贤义理之学，充养有素，寻师于险难之际，唯道是资，潜心于精一之中。以敬为主，敛饬夙夜，发挥经典，研磨益精，践履弥笃，言行中礼，孝友出天，本之于心，而推之于家国。当求道之日，罄匪躬之忱，慕古扬今，殉国忘家。以程朱学责其身，以唐虞之治望其君。经席论列，尽

---

① 赵光祖：《静庵集》卷三，附录，伸救疏。
② 奇大升：《奇大升高峰论思录》。
③ 李珥：《栗谷集》卷之一，事实。李珥经筵日记。

是嘉言善政。当时荐扬,罔非正人吉士。闻风者诚服,观德者心醉。文明之化将兴,礼让之俗可臻。其忠正素节,不渝于金石,纯粹大德,可质于神明矣。①

四、至治主义

赵光祖以至诚求至治,立政于纯,倡导至治主义。他认为"王道不可不一,而王政亦当惟纯一而正"。推行纯一而正的至治主义路线。其至治主义的举措是崇道学,罢昭格,兴至治,法圣贤,正士风,开言路,整纪纲。

(一)崇道学

静庵的至治主义以仁为核心,涵盖四德仁义礼智。他说:

> 仁者,天地生物之理,而生生不穷,最为亲切。人主君天下,理一国而体仁于身,使万物各得其性,然后可与天地参矣。仁包四德,故能尽仁道,则礼义智三者,皆在其中矣。②

> 能尽仁道,则事无不当矣。非谓人君但务于行,而不为他也。至公至正,正大光明,无一毫私意,则不待用力,而事事皆合于理矣。夫天,春以生之,夏以长之,秋以收之,冬以成之。天理节文,仁与礼也。裁制计较,义与智也。而至于极处,则不可以言语形之矣。③

> 夫子之道,天地之道也。夫子之心,天地之心也。阴阳之感,万物之多,莫不从此道而遂。天地之心,阴阳之感,亦莫不由此心而和阴阳,和万物……道外无物,心外无事。存其心,出其道,则为仁而致于天之春,而仁育万物。为义而致于天之秋,而义正万民。礼智亦莫不极乎天,而仁义理智之道立乎天下,则为国之规模设施,何有加于此耶?④

---

① 赵光祖:《静庵集》卷四,附录,谥议。
②③ 《中宗实录》中宗13年9月戊寅。
④ 赵光祖:《静庵集》卷二,对策,谒圣试策,乙亥。

仁义理智正是孔夫子所教导的天地之道,亦是天地之心,天地之根本。疏通天下仁义理智之道,国家将井然有序。1519年,赵光祖请求朝鲜中宗颁布他编撰的《吕氏乡约》,改良地方民风,教化百姓。赵光祖力行古道,践行道学,以民为心,治道有成。

(二)罢昭格

昭格署是高丽时期设立的醮祭天地星辰的王室道场。朝鲜朝太祖的时候,废除了高丽的福源宫、神格殿、九曜堂、烧钱色、大清观、清溪拜星所等道观,只留下昭格殿一处,为朝鲜道教本山,是正五品以上使用的王室祈祭道场。中宗13年(1518)静庵上疏坚持"以道为一",指出"昭格署之设,载敷道教,训民于邪",认为昭格署的道教活动容易在王室贵族和士大夫中引发混乱,建议君王分清邪正纯杂,阻止道教害民,废除昭格署。他的上书最初没有得到君王的准许,他又一次上疏曰:

> 呜呼,王道不可不一,而王政亦当惟纯一。而正民志,纯而简,民易从天地之道,亦本乎纯一。而运四时,亨万化,无非一气,是以圣王钦则天道,道积于一,立政于纯,应接施为,统贯一理,乃克建皇极。①

静庵主张天道与王道一致,君与民一致,信奉儒学,排除异教。在静庵等的一致呼吁之下,昭格署终于被废除。他坚持斥邪说,避异端,罢免昭格署,保障了朝鲜朝初期的儒教政治一元化。

(三)法圣贤

朝鲜朝太祖7年,始行经筵讲经制度,由德高望众的学者为君主讲读儒家经典,并结合实际议论国事。静庵受到君王的重视,在经筵上常常引喻义理,纵横出入,言无停赘,有记载曰:

> 经席之上,每以崇道学,正人心,法圣贤,兴至治之说,反覆启达。……至治之机会,正在今日,今若不力,后岂可必?愿于机会,极力为之。②

---

① 赵光祖:《静庵集》卷四,疏,弘文馆请罢昭格署疏,戊寅七月。
② 赵光祖:《静庵集》附录卷一。

在经筵上讲演,静庵主要讲授三代圣贤之样板,主张贤君政治和文治主义。栗谷因此而称赞静庵说:

> 惟我静庵先生,发端于寒暄文敬公,而笃行益力,自得有余尤深,持身必欲作圣,立朝必欲行道。其所眷眷者,以格君心、陈王政、辟义路利源为先务①。

(四) 正士风

朝鲜朝的道学家是士林阶层,在野的士林学者与在朝任职的两班官吏一起担负着治理国家的重任。因此,赵光祖认为仅正君心还不够,还要正士风。国君不能一人独揽治国救民的大业,须要全体士大夫的拥戴和扶持。他说:

> 君未尝独治,而必任大臣,而后治道立焉。君者如天,而臣者如四时也。……天而自行,君而自任,则大失为君之道。②

致治改革不但要格君心,还要正士风。朝鲜朝两班官僚又称士大夫。两班指文班与武班的文武官,总九品官职中,四品以上文官称大夫,五品以下称士,两班官僚又称士大夫。朝鲜朝初期,一批中下层官僚进行改革,拥立李成桂建立了朝鲜王朝,但是这批建国功臣们一旦掌握了政权,成为集权者之后,就容易政治腐败,陷入争权夺利的党争中去,所谓小人得势。静庵提倡士风士气,善养士习的整顿,清理两班官僚。1519年,中宗14年11月,静庵上疏请求消除靖国功臣中的76人,徒有虚名者。因此引起了勋旧派两班的不满,新进士大夫与勋旧派别之间矛盾重重。他说:

> 士生于世,业为学问者,冀得展其怀抱,有补于生民耳。③

> 今若不正士风,不革旧习,则人心何时而可变,至治何时而得见乎?④

> 当此时机,不正士习,不厚民生,不立万世不拔之基,则圣子

---

① 李珥:《栗谷全书》卷十三,《道峰书院记》。
② 赵光祖:《静庵集》卷二,对策,谒圣试策,乙亥。
③ 赵光祖:《静庵集》卷二,《因不从改正功臣事辞职启三》。
④ 赵光祖:《《静庵集》卷三,《侍读官时启二》。

神孙,将何所取乎?①

　　士习之于国家所关重矣。士习之不正,而国家之治乱于士焉。……呜呼!光祖之追奖,固无益于九泉之朽骨,而臣等之所以眷眷于此者,正以光祖实乃吾儒之宗匠也。自光祖之死,士习之淆薄甚矣。②

静庵提出表彰先哲,要求将郑梦周和金宏弼于文庙从祭,同时清理两班官僚中无功受禄靖国功臣中76名。此举虽然引起了勋旧派的极大不满。但新进士林少壮派学者的登场,使王朝士林政治蔚然成风。

（五）荐贤良

朝鲜朝的官僚通过科举制或者荫续制被选拔上来。中宗13年(1518),静庵提出了"贤良科"的方法,建议皇上亲自选拔德才兼备的人才,直接授予官级。这种贤良选拔制度,在1519年开始实施,广泛汇集了人才。他上书曰:

　　光祖曰:我国壤地褊小,人物本少,而又分庶孽私贱而不用。中原则不计贵贱,而犹虑其不周,况小邦乎?③

　　祖宗旧章,虽不可猝改,若有不合于今者,则大可变而通之。④

（六）通言路

朝鲜朝几大士祸之后,朝野一片寂静,无人问津国事。此时,静庵上书,论述了广开言路对于治理国家的重要性。他说:

　　言路之通塞,最关于国家。通则治安,塞则乱亡,故人君务广言路,上自公卿百执事,下至闾巷市井之民俾皆得言。然无言责则不得自尽,故爰设谏官以主之,其所言虽或过当,而皆虚怀优容者,恐言路之或塞也。近者朴祥、金净等,当求言而进言,其

---

① 赵光祖:《静庵集》卷三,《侍读官时启一》。
② 赵光祖:《静庵集》卷三,附录,"康惟善伸冤疏"。
③④ 《中宗实录》中宗13年9月戊寅。

言虽若过当,不用而已,何复罪之?……请罢两司,复开言路。①

> 大臣与小臣再上前,小臣言之而非者,大臣可以折之。退而在外,言之而非者,大臣亦可以开谕也。大臣但无私心而已。苟能持公论,以正人之失,则台谏亦有所畏矣。今者臣反畏台谏,欲言不言而私自立异,如此而可能治乎?大小之臣,相和如一家,则天地交泰而万物生遂矣。②

君主应让公卿百姓畅所欲言,即便言有过失,也不必问罪。言者无罪,允许言有过失,造成一种人人坚持公论的局面,使得上下关系融洽无有隔阂,形成和谐气氛。

(七)立纲纪

朝鲜朝初期,郑道传主张法制主义。朝鲜朝中期,赵光祖则主张至治主义。至治主义改革的主力军是以赵光祖为首的新进少壮派士林阶层。他强调说:

> 夫子之所以为邦,不过曰明道而已;所以为学,不过曰谨独而已……殿下诚以明道谨独为治心之要,而立其道于朝廷之上,则纪纲不难立而立,法度不难定而定矣。③

> 圣策曰:予以寡德止,岂不难哉?天下之事,未尝无本,而亦未尝无末。正其本者,虽若迂缓而实易为力;求其末者,虽若切之,而实难为功。是以善论治者,必先明本末之所在;而先正其本,本正则末之不治非所忧矣。恭惟主上殿下,以至诚之心,夙夜不息,唐虞之治,可立而兴也……今十年于兹矣,纪纲有所未立,法度有所未定,岂圣上求治之心未尽诚而然也?必也未得其本者……夫道也者,本乎天,而依之于人,行之于事为之间,以为治国之方也。故为国而得道焉。纪纲未为力立,而立于人所不见之间,法度未为力定,而定于人所不闻之地。……故古之明王以知千变万化之无一不本于人主之心者,莫不正其心而出其道也……伏愿殿下不以政事文具之末为纪纲法度,而以一心之妙

---

① 赵光祖:《静庵集》卷二,对策,疏启辞,《司谏院请罢两司启一》。
② 赵光祖:《静庵集》卷三,《参赞官副提学时启二》。
③ 赵光祖:《静庵集》卷二,对策,谒圣试策。

为纪纲法度之本,使此心之体光明正大,周流通达,与天地同其体而大其用,则日用政事之际,皆为道之用,而纪纲法度不足立而立矣。①

呜呼!世有盛衰之殊,而道无古今之异。当周之末,纪纲法度,虽已颓圮,而使天之意未厌乎周德,而爱夫子之道,而行之于邦,礼以导其民志,乐以和其民气,政以一其行,则政化大举,而天地将昭焉,而诉合阴阳,煦草木茂矣。②

在朝鲜朝初的异姓革命中,郑道传的维新改革使性理学一跃为国教,并与两班官僚制度相结合,树立了以"孝"为中心的儒家礼教体系,建立了朝鲜王朝的礼制社会秩序。朝鲜朝中期,掌握了国家政权的勋旧派走向政治腐败,因此受到士林派的猛烈抨击,当权者内部的斗争使士祸迭起。新进少壮士林学派锐意奋发,进行了教化立国的政治改革尝试。赵光祖至治主义路线正是这一次改革的纲领,旨在改革政治时弊,守成更张。但是道学理论一旦与政治相结合,在政教合一的过程中,就容易渐渐系统化、绝对化、永恒化、政治化、专制化。理想主义的纯粹与政治现实主义的繁杂形成了难以调和的矛盾。各种政治改革方案在现实中触及到了一批当权者的利益,加之光祖年轻气盛、操之过急,因此改革受挫。赵光祖至死坚持至治主义,"欲新国脉于无穷而已"。赵光祖在士祸期殉难,献出了37岁的年轻生命。他死前在狱中的供辞上写到:"爱君如爱父,忧国若忧家,白日临下土,昭昭照丹心。"众人为赵光祖的殉难曰:

呜呼,先生之被祸,其先生之不幸欤?其一国一世之不幸欤?非先生之不幸,乃一国一世之不幸!非一国一世之不幸,乃我东千万世无穷之不幸耶!③

赵光祖一生崇尚尧舜唐虞,推行儒家理念,致力实现至治的理想社会。他是道学的实践者,其至治主义精神成为朝鲜士林精神的旗

---

① 赵光祖:《静庵文集》卷二,对策,谒圣试策。
② 赵光祖:《静庵集》卷二,对策,谒圣试策。
③ 赵光祖:《静庵集》续编,附录,卷四,《记重修竹树书院记》。

帜。他死后同金宏弼、郑汝昌、李彦迪四位学者并称"东方四贤"。

在中国历经三四百年形成的理学传至朝鲜半岛,朝鲜学者将其理论与实践结合运用,形成朝鲜道学。其特点是依靠师承关系传承;在理论上排斥佛老,维护儒家的纯粹性,所谓一色理学;将原始儒学的主要内容定义为"春秋大义";认为理学是"春秋大义"的义理精神的传承;义理被理解为儒学实践精神的节义之"义"和义理之"理"。如郑梦周在松京善竹桥殉难,其忠臣不事二君的大义名分的节义精神成为历代学者实践躬行的楷模。其次,朝鲜道学特别强调实践躬行。朝鲜最初接受理学的目的是引进一种先进的思想用于实践,而非理论创作。所以高丽大学的尹思淳教授说:

> 在朝鲜要求知行兼全,力图实现儒学的政治思想,呈现"至治"的大义精神。道学对于最终使士大夫采取"大义"而"杀身成仁"的殉教者的姿态,发挥了重要作用。①

丽末郑梦周的忠烈节义精神,经由吉再(1353—1419)、金淑滋(1389—1456)、金宗植(1431—1492),到金宏弼(1454—1504)传承到赵光祖,形成了朝鲜节义派的士林学统之风。继郑梦周之后,赵光祖成为又一位士林道学家典范。

赵光祖生平履历

1482年,1岁。8月10日,出生于汉城。
1478年,16岁。师从寒暄堂金宏弼,精读《小学》、《近思录》等儒学经典。当时,金宏弼受士祸之灾,正在流放之中。
1499年,17岁。成婚。
1510年,28岁。春,科举状元及第。夏,游览天马山、圣居山。于栖山寺逗留一个月,精读《孟子·浩然章》。
1511年,29岁。父母离世。
1515年,33岁。由判书安塘的推荐,进入仕途,初任造纸署司纸。

---

① 尹思淳:《韩国儒学研究》,陈文寿、潘畅和译,新华出版社,1998年。

秋,文科科举别试及第。
1516年,34岁。春,任户曹佐郎,礼曹佐郎,又任弘文馆副修撰兼经筵检讨官等。
1517年,35岁。升任五品经筵侍读官兼任春秋记注官。又任正四品应教兼经筵侍讲官、春秋馆编修官、承文院校勘。
1518年,36岁。拜正三品官,任通政大夫,弘文馆副制学兼经筵参赞官,春秋官。
1519年,37岁。在思政殿给成均馆儒生讲授《小学》。11月,由于南衮、洪景舟等人密告入狱,被流放。洪景舟拿庭园树叶上被昆虫咬过的叶子,制造了"走肖为王"四字痕迹,向王诬告赵光祖的反叛罪。12月,赐死,赵光祖服毒酒自杀。

趙光祖思想史料閱讀

■李退溪靜庵先生行狀撰

蓋我東國先正之於道學,雖有不待文王而興者,然其歸,終在於節義章句文詞之間求其專事爲己,真實踐履爲學者,惟寒暄堂爲然。先生乃能當亂世冒險難而師事之,雖其當日講論授受之旨,有不可得而聞者,觀先生後來嚮道之誠,志業之卓如彼,其發端是在於此矣。

■《栗穀全書》,道峰書院記

惟我靜庵先生,發端於寒暄文敬公,而篤行益力,自得尤深,持身必欲作聖,立朝必欲行道。其所眷眷者,以格君心、陳王政、辟義路、塞利源爲先務。

我國理學無傳,前朝自鄭夢周始發其端,規矩不精。我朝金宏弼接其緒,而猶未大著。及趙光祖倡道,學者翕然推尊之。今之有性理之學者,光祖之力也。

夫道學者,格致以明乎善,誠正以修其身,蘊諸躬則爲天德,施之政則爲王道。

■《靜庵集》弘文館請罷昭格署疏,謁聖對策,侍讀官時啟六

不一乎道,不純乎治,則二而暗,雜而亂。一純二雜,罔不原乎是心,故正厥原,通微溥顯,克一其居,而政化爲純,德著而國昌。迷厥原,熾枉沈,二三其守,而政化乃雜,德滅而國亡。

夫子雖不得位於當世,而萬世之所依式而爲治者,實同堯舜之功業。後世而苟無夫子之教立於天下,則堯舜之道,不得永於後世,而堯舜之治,無由而復矣。

孔聖只一天理,學者敬守此心,對越上帝,則可不背吾夫子矣。

天與人本乎一,而天未嘗無其理於人。君於民本乎一,而君未嘗無其道於民。故古之聖人以天地之大兆民之眾爲一己,而觀其理,而處其道。觀之以理,故負天地之情,達神明之德。處之以道,故凝精粗之體,領黎倫之節。是以是是非非,善善惡惡,無所得逃於吾心。而天下之事,皆得其理,天下之物,皆得其平。此萬化之所以立,治道之所以成也。雖然道非心,無所依而立;心非誠,亦無所賴而行。爲人主者,苟以觀天理而處其道,由其誠而行其事,於爲國乎何難?

……所謂心、所謂道者,未嘗不一於其間。而千萬人事之雖殊,而其道心之所以爲一者,天本一理而已。故以其天下之道導與我爲一之人,以其天下之心感與我爲一之心。感之而化其心,則天下之心化於吾心之正,莫不一於正。導之而導於吾道,則天下之人,善於吾道之大,莫敢不歸於善。故吾之道與心,誠不誠如何,而治亂分矣。夫子之道,天地之道也。夫子之心,天地之心也。天地之道,萬物之多,莫不從此道而遂,天地之心,陰陽之感亦莫不由此而和。

人主以唐虞三代爲期,未必即致唐虞三代之治。然立志如此,而用功於格致誠正,則漸至於聖賢至域,堯舜之治矣。

古云:至誠感神。又曰:不誠無物。君之遇臣,臣之事君,皆以誠實,則治化可期其成也。我國地方褊小,人君發一言,則八道之人,一朝皆得聞之。惟當於大臣則敬之,於群臣則體之,百工則來之,庶民則子之。患吾之所以遇臣愛民又未誠,而不患其難化也。後世治道漸下,不能復古。蓋以後世之君,無有真如古昔帝王故也。……惟願自上日加慎獨誠實功夫,終始不渝,則治化可臻矣。……自上先養己

德,推之行事,則人皆誠服,不期而自化矣。

■《靜庵集》,參贊官時啟四,送叔父赴慶源鎮序文

學者以聖賢爲期,未必即至聖賢之域。人主以唐虞三代爲期,未必即致唐虞三代之治。然立志如此,而用功於格致誠正,則漸至於聖賢之域、堯舜之治矣。

學之名,非徒章句文辭而已,學知事物之理,處得其宜之謂。故在朝而格君,處藩而宣化,無往而不以爲學。

■《靜庵集》筵中記事,附錄 卷三,補遺。

性無不善,而氣稟不齊。人之性不善,氣之使然也。

敬之一字,難以形言也。然心常惺惺,無昏惰懈弛之時,則主一無適。而正衣冠,尊瞻視,乃是不昏惰工夫也。

16、吾之氣整肅,則自然主一無適。事物之來,應接精當,而一言一動,皆中於禮矣。常人則氣濁而不淑,故不能也。

理學,乃爲己之學,而非爲人之學也……今之學者,皆爲人之學,而不知爲己之學。若自上崇尚,示其所好,則下之人,自樂爲之,豈無爲理學者乎?

■《靜庵集》參贊官副提學時啓一。

三代之治,今可以復致者,雖不可易言,豈全無致知之道乎?自上先養己德,推之行事,則人皆誠服,不期化而化矣。若吾德不修,而修飾於事爲之間,則亦何益乎?須敦厚其德,使萬化自明德中流出,則下民自然觀瞻欣感,有不能已者矣。

■《中宗實錄》中宗11年,丙午,13年9月戊寅。

13、只學文字,而不識其理,故學不如古,而治道亦卑,可勝嘆哉!我國自古及今,爲性學者間有之,而患無淵源,故無至於至極之地者矣。

仁者,天地生物之理,而生生不窮,最爲親切。人主君天下,理一國而體仁於身,使萬物各得其性,然後可與天地參矣。仁包四德,故能盡仁道,則禮義智三者,皆在其中矣。

能盡仁道,則事無不當矣。非謂人君但務於行,而不爲他也。至公至正,正大光明,無一毫私意,則不待用力,而事事皆合於理矣。夫天,春以生之,夏以長之,秋以收之,冬以成之。天理節文,仁與禮也。

裁製計較,義與智也。而至於極處,則不可以言語形之矣。

光祖曰:我國壤地褊小,人物本少,而又分庶孽私賤而不用。中原則不計貴賤,而猶慮其不周,況小邦乎?

■《靜庵集》對策,謁聖試策,乙亥,弘文館請罷昭格署疏,戊寅。

夫子之道,天地之道也。夫子之心,天地之心也。陰陽之感,萬物之多,莫不從此道而遂。天地之心,陰陽之感,亦莫不由此心而和陰陽、和萬物……道外無物,心外無事。存其心出其道,則爲仁而致於天之春,而仁育萬物;爲義而致於天之秋,而義正萬民。禮智亦莫不極乎天,而仁義理智之道立乎天下,則爲國之規模設施,何有加於此耶?

嗚呼!王道不可不一,而王政亦當惟純一,而正民志,純而簡,民易從。天地之道,亦本乎純一。而運四時,亨萬化,無非一氣。是以聖王欽則天道,道積於一,立政於純,應接施爲,統貫一理,乃克建皇極。

■《靜庵集》辭職啟三,侍讀官時啟,附錄,康惟善伸冤疏。

經席之上,每以崇道學,正人心,法聖賢,興至治之說,反覆啓達。……至治之機會,正在今日,今若不力,後豈可必?願於機會,極力爲之。

士生於世,業爲學問者,冀得展其懷抱,有補於生民耳。

今若不正士風,不革舊習,則人心何時而可變,至治何時而得見乎?

當此時機,不正士習,不厚民生,不立萬世不拔之基,則聖子神孫,將何所取乎?

士習之於國家所關重矣。士習之正不正,而國家之治亂系於是焉。……嗚呼,光祖之追獎,固無益於九泉之朽骨,而臣等之所以眷眷於此者,正以光祖實乃吾儒之宗匠也。自光祖之死,士氣之不振久矣,士習之淆薄甚矣。

■《靜庵集》對策,疏啟辭,司諫院請罷兩司啓,謁聖試策

言路之通塞,最關於國家。通則治安,塞則亂亡。故人君務廣言路,上自公卿百執事,下至閭巷市井之民俾皆得言。然無言責則不得自盡,故爰設諫官以主之。其所言雖或過當,而皆虛懷優容者,恐言

路之或塞也。近者朴祥、金淨等,當求言而進言,其言雖若過當,不用而已,何複罪之?……請罷兩司,複開言路。

祖宗舊章,雖不可猝改,若有不合於今者,則大可變而通之。

大臣與小臣再上前,小臣言之而非者,大臣可以折之。退而在外,言之而非者,大臣亦可以開諭也。大臣但無私心而已。苟能持公論,以正人之失,則臺諫亦有所畏矣。今者臣反畏臺諫,欲言不言而私自立異,如此而可能治乎?大小之臣,相和如一家,則天地交泰而萬物生遂矣。

夫子之所以爲邦,不過曰明道而已,所以爲學,不過曰謹獨而已……殿下誠以明道謹獨爲治心之要,而立其道於朝廷之上,則紀綱不難立而立,法度不難定而定矣。

聖策曰:予以寡德止豈不難哉? 天下之事,未嘗無本,而亦未嘗無末。正其本者,雖若迂緩而實易爲力;求其末者,雖若切之,而實難爲功。是以善論治者,必先明本末之所在,而先正其本;本正,則末之不洽非所憂矣。恭惟主上殿下,以至誠之心,夙夜不息……今十年於茲矣,紀綱有所未立,法度有所未定,豈聖上求治之心未盡誠而然也?必也未得其本者……夫道也者,本乎天,而依之於人,行之於事爲之間,以爲治國之方也。故爲國而得道焉。紀綱未爲力立,而立於人所不見之間。法度未爲力定,而定於人所不聞之地。……故古之明王以知千變萬化之無一不本於人主之心者,莫不正其心而出其道也……伏願殿下不以政事文具之末爲紀綱法度,而以一心之妙爲紀綱法度之本,使此心之體光明正大,周流通達,與天地同其體而大其用,則日用政事之際,皆爲道之用,而紀綱法度不足立而立矣。

嗚呼! 世有盛衰之殊,而道古無今之異。當周之末,紀綱法度,雖已頹圮,而使天之意未厭乎周德,而爰夫子之道,而行之於邦,禮以導其民志,樂以和其民氣,政以一其行,則政化大舉,而天地將昭焉,而訴合陰陽,煦草木茂矣。

第八章　静庵赵光祖的至治主义

静庵亲笔

第九章 花潭徐敬德的气一元论

名:徐敬德 서경덕 So Kyongdok
号:花潭 화담 Hwadam

生:1489年
卒:1546年

思想简括:气一元论

著作举要:《太虚说》、《理气说》、《原理气》、《鬼神生死论》、《复其见天地之心说》。

语录:太虚湛然无形,号之曰先天。其大无外,其先无始,其来不可究。其湛然虚静,气之原也。弥漫无外之远,逼塞充实,无有空阙,无一毫可容间也。然挹之则虚,执之则无,然而却实,不得谓之无也。到此田地,无声可耳,无臭可接。千圣不下语,周张引不发,邵翁不得下一字处也。

一、思想传承

徐敬德系朝鲜开城人士,字可久,号复斋。一生隐居于开城东门外花潭边的草屋治学修道,故人称花潭先生。

朝鲜朝前期,政治制度健全,社会稳定,文化高度发展。到了朝鲜朝第十一代暴君燕山君当政的时候,统治阶级内部的瓜葛纠纷伴随社会矛盾一起爆发,大小士祸接连不断,大批儒学者横遭劫难。以赵光祖为首的少壮派进行至治主义政治改革遭到失败,掌权的勋旧派清洗异己,政界刮起的一场血腥的暴风骤雨,使学界陷入一片沉寂之中。士祸之后,学者们多远离政治,退隐山林,教育子弟,专事学问。在野的士林派同在朝的勋旧派之间矛盾仍然不可调和,各学派的论辩表现出多种分歧。学者们实践儒家德治仁政理想国家的路线受挫,充满政治热情的经世学风转向静思勾潜,静观世界的现实反思中去。朝鲜学者们表面上进入一种消极观望的状态,实际上是改换了一种方式进行思考。其结果,形成了朝鲜性理学理论体系。13世纪由宋朝传来的性理学说,经历了学习、传播、模仿的过程之后,终于在16世纪走向形而上学理论的思辨方向。如韩国学者裴宗镐所言:

> 新王朝儒学文化的最初成果是历经数百年之后,在高丽古都生长的徐花潭的学问。①

花潭先生遗作有诗赋77首,杂著24篇,全部收录在《花潭集》中,共有三卷。花潭去世以后,其著作不仅流传到了中国,而且还传到了日本。被后学评价为"日本精神元祖"的藤原惺窝(1561—1619)和林罗山(1583—1657)都受到朝鲜理学家的深刻影响。林罗山22岁所读书目《既见目录》中记有《徐花潭文集》。日本东京大学阿部吉雄元教授在其著作《日本朱子学与朝鲜》中说:"罗山所阅读的朝鲜学者的著述有阳村《入学图说》……《花潭文集》一卷,徐敬德的遗稿中有《原理气》、《理气说》、《太虚说》、《鬼神生死论》、《复其见天地之心》等外,还有若干篇诗文。其书是乾隆皇帝的《四库全书》所收录的朝鲜儒学者的唯一著作。"②

1772年中国清朝编纂《四库全书》,《花潭集》二卷被收录到《四库全书》总目提要卷78别类存目五之中。这是中国史料中收录的唯一的朝鲜哲学家的论述。可见花潭徐敬德不仅在韩国历史上,而且在东方思想史上都占有重要的地位。

---

① 申一澈等:《韩国思想家12人》,玄岩社,1973年。
② 阿部吉雄:《日本朱子学与朝鲜》,东京大学出版会,1966年,第156页。

花潭徐敬德是朝鲜气一元论思想的代表学者,是开创朝鲜气哲学体系的第一人。其气论思想体系由五部分组成:虚即气,机自尔,理之时,复之机,知之止。

二、虚即气

花潭哲学思想的核心是"气"。所谓"清虚淡泊之气"无声无味无形、触摸不到,但是切切实实地存在着,一切看得到和看不到的现象皆为气。气是宇宙质料的根本之源,一切自然现象都是作为宇宙质料的根源的气的运动过程。花潭气论的第一个命题是"虚即气"。他在《原理气》一文中首先指出了太虚的概念范畴,曰:

> 太虚湛然无形,号之曰先天。其大无外,其先无始,其来不可究。其湛然虚静,气之原也。①

湛然虚静的"太虚"无形体、无边际、无起始、无声息、无来处,这是气的原始状态。虽然太虚看不见、摸不着,但却是实实在在的存在。花潭从太虚入手钻研,穷究其气,认清太虚非虚无,其本质是一种称为气的物质。宇宙间多变的现象无非是气的不同形态,皆统一于气的实在性和物质性。所以说:"太虚虚而不虚,虚即气。"②太虚的"太"字为形容词,表示最大、最初;"虚"字为名词,意为空间。宇宙的空间世界不是虚无世界,而是一个充满气的物质性世界。他还说:"无外曰太虚,无始曰气,虚即气也。"③"虚无穷无外,气亦无穷无外"。④"无外"为空间概念,"无始"为时间概念。太虚名曰虚,实则虚而不虚,因为它具有时间性和空间性。"无外"指气的场所地点,说明太虚的无限大;"无始"为气的时间概念,说明太虚的永恒性存在。花潭提出诘问:"既曰虚安得谓之气?"⑤既然叫做虚,为什么还称"气"呢?花坛自问自答说:"虚者气之渊也。""……曰虚静即气之体,聚散其用也。"虚为气的存在形态和原始状态。

---

① 徐敬德:《花潭集》卷三,杂著《原理气》,高丽大学民族文化研究所,1971年。
②④⑤ 徐敬德:《花潭集》卷二,《太虚说》。
③ 同上书,《理气说》。

宋朝的周濂溪被称为"宋理学之宗祖",试图解汉唐儒家"有用无体"、"体用殊绝"和佛道"有体无用,不涉正事"的大弊,将道家的"太极图"与《周易》理论的生成说相结合,做《太极图说》,接续了儒家道统。其"无极而太极"的理论最高范畴出于《老子》、《华严经》、《原人论》。花潭认为周濂溪只是引出了一个头绪,还未能将问题说透。他说:

>……语其湛然之体曰一气,语其混然之用曰太一,濂溪于此不奈何,只消下语曰无极而太极。①

花潭以太虚、太一、气的概念揭示了太极的本质以及太极与无极的关系。花潭强调"万物皆如寄浮沉一气中",认为人对"虚"的感知是"无",而气不依赖人的感觉感知而存在。气之所以"挹之则虚,执之则无,然而却实",绝非是佛家所说的真空,也非道家所提倡的全无。气总是带着自身物质性存在在那里"寂然不动",任何时候都保持着"诚者自诚"的特性。花潭力求以时间和空间为存在形式,来探索世界的本来面貌。其哲学范畴体系以气的物质性为开端,认定宇宙间多变的现象和复杂的事物都有一个共同的本质和本源,并且都是气的不同形态,统一于气的实在性。

三、机自尔

气的特性使气永远处在运动状态之中,气如何会具有这种特性,气运动的动力何在?花潭分析到:"太虚为一,其中含二。既二也,斯不能无阖辟、无动静、无生克也。原其所以能阖辟能动静能生克者,而名之曰太极。"②"一者何谓也?阴阳之始,坎离之体,湛然为一者也。……二者何谓也?阴阳也,动静也,亦曰坎离也。"③太虚即气,一气之分谓阴阳。太虚之一气与阴阳之二气,非指数字之一二。一指气的本然状态,阴阳未分之时。二指气内所包含的阴阳动静坎离。

---

① 徐敬德:《花潭集》卷二,《原理气》。
②③ 徐敬德:《花潭集·新注道德经》卷二,《理气说》。

它们既相互区别对待,又同处一体;既相互排斥,又相互依存,不能独立存在。花潭曰:"二故化,一故妙,非化之外别有所谓妙者。二气之所以能生生化化而不已者,即其太极之妙。若外化而语妙,非知易者也。"因为有阴阳二气,所以可以相互变化,又因为太虚一气,所以其生生化化神妙无比。并不是一气变化之外有什么妙处,而是太极变易之妙在其内部发挥着作用。由此,花潭提出了"机自尔"的独到见解。他说:

> 《易》所谓感而遂通,《庸》所谓道自道,周所谓太极动而生阴阳者也。不能无动静无阖辟,其何故哉? 机自尔也。①

气运动是客观现实。气在自然界中生生化化、持续不断。《易经》将这种极有规律、极有秩序的自然变化叫做"通";《中庸》称之为"道";周濂溪说那是太极的动静变化;花潭一语道出所有这些必然表现的原因是"机自尔"。

充满太一之气,在动与静之中千变万化。日月流逝,天气阴晴,植物生长,动物生存等一切自然现象源自气的运动、生息、变化。这种运动性、矛盾性、变化性显示了气自身所具有的机妙之处,即"一不得不生二,二自能相克"的神奇特征。为何气不能无动静、无阖辟呢? 这种"易"之奥妙在哪里呢? 花潭指出:气的聚散动静是气运动的自律性所决定的,"非孰使之,自能尔也"。花潭用"机自尔"一语说明了气运动的契机、动机、活机全部出自气运动的内在原因和气自体变化的必然属性。这一思想的合理处在于表示出事物变化的内因论。花潭认识到任何事物内部都包含着矛盾的两个方面,"一而二,二而一"的认识方法论体现了花潭辨证的逻辑思维,他从事物自身的矛盾发展推演出气运动的一系列范畴体系,解释说明气的运动发展。

宇宙物质运动的根本原因不在外部,在于自身内部矛盾的对立统一变化。世界物质运动是永恒存在的,它不被谁创造,不为谁所主宰,也不会被谁消灭。它只会永无止境地运动下去。其运动依靠自身内部的矛盾契机,不需要外部动力推动自身发展。它自己决定自

---

① 徐敬德:《花潭集·新注道德经》卷二,《理气说》。

己,自己规定自己,自己运动自己。物质运动的根本原因不在外部,而在于自身内部的变化。对立统一规律揭示了事物互相联系发展的最深刻的本质,即事物运动的自律性。自然变化和事物运动具有一种不以人的意志为转移的客观规律,难以看到,不知其驱使者,因此花潭吟诵曰:

> 太一乾动静,万化随璇玑。
> 吹嘘阴阳橐,阖辟乾坤扉。
> 日月互来往,风雨交阴晖。
> 刚柔蔚相荡,游气吹纷霏。
> 品物各流形,散布盈范围。
> 花卉自青紫,毛羽自走飞。
> 不知谁所使,玄宰难见几。①

四、理之时

花潭很少言及"理",在他的主要哲学论文中,只有八次提到过"理"的概念。其中提到"理之时"的命题,可以从理与气、理与时的关系中去理解这一命题。花潭说:

> 是则先天,不其奇乎,奇乎奇。不其妙乎,妙乎妙。倐尔跃,忽尔辟,孰使之乎? 自能尔也,亦自不得不尔,是谓理之时也。②
>
> 气外无理,理者气之宰也。所谓宰,非自外来而宰之,指其气之用事,能不失所以然之正者而谓之宰。③

花潭认为理是气的主宰。但是所谓主宰,并不是在气外,而是在气内,理没有从外向内限制气,而是气内部产生变化的正常规律性。理的主宰力不是支配力,是气本身所具有的自我主宰、自我变化的能动力。气化的合理性叫做理之时。他强调理一定是在气之中,不与气并立,更不可能先于气而存在。

---

① ③ 徐敬德:《花潭集》卷二,《理气说》。
② 同上书,《原理气》。

> 理不先于气。气无始,理固无始。若曰理先于气,则是气有始也。①

因为理是气自体变化所遵循的合理轨道或曰法则,所以理同气一样具有无始无终的永恒性特征。理存在于气中,作用于气。万物万象皆为气化的结果,气化固有的秩序和规律概括为理,理只能在气化的结构中体现出来,不能单独表现,不能像气那样具有独立生存的活力,只能依托气的变动而变动。理是怎样依托气的变动而变动呢? 花潭在气化的过程中说明这一点。他先将气二分。他说:

> 一气之分为阴阳。②
> 天则主阳,地则主阴,火热而水凉其性也。③

一气中含有不同性的阴阳两个方面,花潭发现任何事物的不同性质的两个方面都不是独立存在的,比如火主阳,水主阴,火本应该是热的,水本应该是凉的,但是在温泉中却发现温水现象。

> 火则未闻有寒者,而泉或有温者,何也?④

温泉中的温水如何用"一气之分为阴阳"的道理来解释呢? 花潭从邵子的话中受到启发。

> 邵子曰一气分而为阴阳,阴阳半而形质具焉,阴阳偏而性情分焉。……知此则泉之温无足怪也。天未始无阴,地未始无阳,水火互藏其宅。⑤

所有具体的事物成分由阴阳二气相互作用转化生成,其过程是复杂多样的。阴阳混合,相互交流,渗透转化,导致世界万物变化万千。天与地在形成之前,也曾是一个阴阳相间,"互藏其宅",浑然为一的状态。气的阴阳互换之理不仅在温泉之中表现,"凡物之气"都有这种特性,"无物无阳也",或说无物无阴也。阳中有阴,阴中有阳,一气的两

---

① 徐敬德:《花潭集》卷二,《理气说》。
② 徐敬德:《花潭集》卷二,《原理气》。
③④⑤ 徐敬德:《花潭集》卷二,《温泉辩》。

个方面既相互对立,又相互渗透,进而相互转化,互为因果,相辅相成。在气的阴阳变化的大小多少快慢中,可以发现气之理的规律。

> 气之湛一清虚者弥漫无外之虚,聚之大者为天地,聚之小者为万物,聚散之势有微著久速耳。大小聚散于太虚,以大小有殊,虽一草一木之微者,其气终亦不散,况人之精神知觉聚之大且久者哉!①

淡然清虚之气充满弥漫于无边无际的太虚之中。气不断聚散生克,其势头有显有微,有快有慢。气大量聚集产生天地,气小量聚集产生万物,树木花草,乃至人的知觉无不是气的聚散而形成维持的。万物的多样化和差别化是依据气在太虚中聚散大小多少的量而定的。

> 同一气也,其知觉之聚散只有久速耳。虽散之最速有日月期者,乃物之微者尔,其气终亦不散。②

气聚散的速度有快慢不同,一物必须经过一定的时间方能够转化为新的一物。花潭说:

> 一不得不生二,二自能生克。生则克,克则生。气之自微以至鼓荡,气生克使之也。阳极其鼓而为天,阴极其聚而为地。阳鼓之极结其精者为日,阴聚之极结其精者为月,馀精之散为星辰。
>
> 气之湛一清虚,原于太虚之动而生阳、静而生阴,之始聚之有渐,以至博厚为天地为吾人。③

气运动的过程是一个生克交替的变化过程,生克之间由"微"至"鼓"而"荡",到了一定程度的时候发生"变",由量变到质变,如阴极变为地,阳极变为天。把握气运动中变化度的称为"理之时"。时是表示时间的概念,此外还有时中的意义。《中庸》曰:"君子之中庸也,君子而时中。"理之时也可以解说为"理之时中"或者"理之中"。这样,就比"理"的意义更深入了一层。在"机自尔"的气变内因论基础上,对气运动的变化规律更精确地做了提示,提示出气由量变到质变

---

① ② ③ 徐敬德:《花潭集》卷二,《鬼神生死论》。

的根本性变化契机"理之时"。气的阴阳变易,除了自身矛盾运动不得不变的特质之外,数量的增减,时间空间的移动变更等条件,都会使气具有发生、发展、衰亡、更新的变化。不同时间场合产生的气的不同变化,各有其理的规则,谓之"理之时"。

五、复之机

徐敬德的号"复斋",由其哲学构思引发而来。他说:"反本复静坤之时,阳气发动复之机也。"①

"复之机"的"复"指《易经》64卦的第24卦复卦。"复:亨。出入无咎;反复其道,七日来复。利有攸往。"《象传》曰:"复见其天地之心乎?"②天地万物之根本,由一阳复出处可见端倪。对于天地之心的解释,从来莫衷一是。花潭讲:

> 先儒皆以静见天地之心,程子独谓动之端乃为天地之心,邵子则以动静之间言之。程邵立言有异。初无二见,皆就一动静兼阴阳之上而语之,似邵指太极之体,程谓太极之用也。③

朱子曰:康节言一动一静者天地之心也,一动一静之间者天地之至妙也。盖天只是动,地只是静,到得人便兼动静,是妙于天地处。故曰人者天地之心。先儒一般认为天地之心为静,程颐认为天地之心为动,邵雍认为天地之心于一动一静之间,朱子则认为天地之心见之于人心。花潭从"至日之理"中推论出"复之机",认为阳气发动的复之机为天地之心。

花潭十五岁读《尚书》,读到"朞三百"一词,不解其意,便请教先生,先生只回答说"此举世鲜晓者"④,不肯讲解。花潭埋头钻研十五日后豁然。他说:

> 古之圣贤于至皆常致,尧陈朞闰之数,孔论天地之心,程邵

---

① ③ 徐敬德:《花潭集》卷二,《复其见天地之心说》。
② 徐敬德:《周易本义》卷一,《上经》。
④ 徐敬德:《花潭集》卷三,《年谱》。

亦皆有说。后之学者须大段著力于至日上做工夫,所得甚广,非如格物致一知之比也。若于一物上十分格得破,则亦见得至理,则所该广大耳。①

花潭从蓍三百的道理中得知天体旋转一圈为一周天365度,若精确计算的话,每一周天需要加上四分之一度。一年365天加上四分之一天才合于"符契,未尝盈缩一毫"。"万古常常如此,可见其心之无改移也。"②

> 方天地净洒洒,玄酒味淡。大音之声稀,漠然虚静。若无所事,一阳之复,倏而跃,其不自容己之妙,是可见天地之心也。③

天清清,地幽幽,酒淡淡,声稀稀,天地似乎处在一个静态之中,若无其事,好像没有发生任何变化。突然,"倏而跃",阳气复出,一个新事物生成并开始发展起来。这是天地自然而然发生的变化,从中可以窥探到天地之心。花潭"复之机"意义就是指"一阳初动处,万物始生成",特别强调了复卦阳爻的新生意义。花潭所作的诗《有物吟》中可以理解其意义。

> 有物来来不尽来,来才尽处又从来。
> 来来本自来无始,为问君初何所来?
> 物物归归不尽归,归才尽处未曾归。
> 归归到底归无了,为问君从何所归?

> 物自何来亦何去,阴阳合散理机玄。
> 有无悟了云生灭,消息看来月望弦。
> 原始反终知鼓缶,释形离魄等忘筌。
> 堪嗟弱丧人多少,为指还家是先天。

> 万物皆如寄,浮沈一气中。
> 云生看有跡,冰解觅无踪。

---

① ② ③ 徐敬德:《花潭集》卷二,《复其见天地之心说》。

> 昼夜明还暗,元贞始复终。
> 苟明于此理,鼓缶送吾公。①

花潭用普遍联系的整体观点观察世界,看到了万事万物总是在始终中来往复归,相互交替变化,反复循环以至无穷,回归不灭,代表万物的气运动在相互联系之中沿着循环方向发展。这种循环并不是单纯机械的重复,而是依据"复之机"不断产生新生事物。

> 三百六旬之运,二十四气分,无非至日之流行者,所谓时中也。然不比至日,则天地更始,阴阳之际,动静之交,辰宿之躔,陆野之分,皆得复其本位,十分齐整者也。万物之所自,万殊之所本、此阴阳大头胪处,可以一贯之者也。②

宇宙间形形色色的事物千差万别,千变万化,但是万变不离其宗,即世界统一于物质,天地人、自然事物都是物质性的存在,并在一个大的系统中互相联系、合作、发展。从这一点看,是十分整齐者,是可以一贯延续下去的。

韩国现代哲学思想家柳承国教授说:"比退溪更先进的有徐花潭。徐花潭思想属于气学派。他认为宇宙不是虚空而是充满了气息。用今天的话来说就是'能量守恒'。宇宙充满虚气,虚气凝聚在一起形成有形的物体。如果气散开就变成了清虚的清洁气息的话,物的生成就源于气。而宇宙作为一个整体是无所谓增加或者减少的。"③也就是说花潭的"气论"与西方的"原子不灭论"有类似之处,尽管他用"气"——某种设想的细微物质来解释世界,不可避免会带有抽象的推测性,但是"气"朴素的唯物思想为当时人们从宏观上认识把握世界提供了方法论依据。

徐敬德生平履历

1489年2月17日,1岁。朝鲜朝成宗康靖王20年,出生于松京禾

---

① 徐敬德:《花潭集》卷一,诗《有物吟》。
② 徐敬德:《花潭集》卷二,《复其见天地之心说》。
③ 柳承国:《韩国性理学的隆盛及其特征》。

井里。
1494年,7岁。朝鲜朝燕山君元年,花潭儿时聪明正直。
1501年,14岁。在私塾读《尚书》,独自钻研"菁三百"。
1505年,18岁。读《大学》。
1506年,19岁。与泰安李氏成婚。
1507年,20岁。游览岭南、湖南地方的名山。
1517年,30岁。被荐举科(贤良科,赵光祖所设立,从中央或地方直接选拔人才参加科举考试的新制度)所选拔,未应试。
1520年,33岁。游览"俗离"、"智异"等名山,写诗赋数篇。
1531年,42岁。无意入仕途,因不愿违背母亲的愿望,参加科举生员会试合格。
1544年,55岁。被任命为厚陵参奉。做文《原理气》《理气说》《太虚说》《鬼神死生论》。
1547年,57岁。7月7日,病患在床,弟子背着去溪边洗浴,略进食后,去世。8月,被葬于花潭后山,墓碑上刻有"生员徐敬德之墓"。

徐敬德思想史料閱讀

■《花潭集》,雜著《原理氣》

太虛湛然無形,號之曰先天。其大無外,其先無始,其來不可究。其湛然虛靜,氣之原也。彌漫無外之遠,逼塞充實,無有空闕,無一毫可容間也。然挹之則虛,執之則無,然而却實,不得謂之無也。到此田地,無聲可耳,無臭可接。千聖不下語,周張引不發,邵翁不得下一字處也。

虛者氣之淵也。

■《花潭集》卷三,碑銘。

聖賢之言,已經先儒注釋者,不必更爲叠床之說。其未說破者欲爲之著書。

■《花潭集》卷一,《謝金相國惠扇二首》

問扇揮則風生,風從何出？若道出於扇,扇裏何嘗有風在？若道不出於扇,畢竟風從何出？謂出於扇,既道不得；謂不出於扇,且道不得。若道出於虛,却離那扇,且虛安得自生風？

扇所以能鼓風,而非扇能生風也。當風息,太虛靜泠泠地,不見野馬塵埃之起。然扇纔揮,風便鼓。風者氣也,氣之撲塞兩間,如水彌漫溪谷,無有空闕。到那風靜澹然之頃,特未見其聚散之形爾。氣何嘗離空得……纔被他扇之揮動、驅軋將去,則氣便盪湧爲風。

■《花潭集》卷二,《太虛說》

知虛之不爲虛,則不得謂之無。老氏曰有生於無,不知虛即氣也。又曰虛能生氣,非也。若曰虛生氣,則方其未生,是無有氣而虛爲死也。既無有氣,又何自而生氣？無始也,無生也。既無始何所終？既無生何所滅？老氏言虛無,佛氏言寂滅,是不識理氣之原,又烏得知道？

太虛,虛而不虛,虛即氣。虛無窮無外,氣亦無窮無外。既曰虛,安得謂之氣？曰虛靜即氣之體,聚散其用也。知虛之不爲虛,則不得謂之無。

■《花潭集》卷二,《鬼神死生論》

氣之湛一清虛者,彌漫無外之虛。聚之大者爲天地,聚之小者爲萬物,聚散之勢,有著微久速耳。大小聚散於太虛,以大小有殊,雖一草一木之微者,其氣終亦不散,況人之精神知覺聚之大且久者哉？

■《花潭集·新注道德經》卷二,雜著《理氣說》,《原理氣》

易所謂感而遂通,庸所謂道自道,周所謂太極動而生陽者也。不能無動静、無闔闢,其何故哉？機自爾也。

總以無不具曰太極,動靜不能不相禪,而用事之機自爾,所謂一陰一陽之謂道是也。

無足怪也,凡草木之先出,地各有分。今見此樹木培土太過,以朝暮掃庭而填之也。土崇而氣不達,故生意不得發達也。撥而疏之,使通陽氣,所以復生。此理之常,但人未之知也。太一乾動静,萬化隨璇璣。

既曰一氣,一自含二。既曰太一,一便涵二。一不得不生二,二自能生克。

一者何謂也？陰陽之始、坎離之體、湛然爲一者也。

氣之淵，其初一也。

一非數也，數之體也。

太虛爲一，其中涵二。既二也，斯不能無闔闢，無動靜，無生克也。原其所以能闔闢、能動靜、能生克者而名之曰太極。

……又曰：易者，陰陽之變。陰陽，二氣也。一陰一陽，太一也。

太一乾動靜，萬化隨璇璣。吹噓陰陽橐，闔闢乾坤扉。日月互來往，風雨交陰暉。

剛柔蔚相盪，遊氣吹紛霏。品物各流形，散布盈範圍。花卉自青紫，毛羽自走飛。不知誰所使，玄宰難見機。

■《花潭集》卷二，《理氣說》,《原理氣》

是則先天，不其奇乎？奇乎奇，不其妙乎？妙乎妙，倏爾躍，忽爾闢，孰使之乎？自能爾也。亦自不得不爾，是謂理之時也。

氣外無理，理者氣之宰也。所謂宰，非自外來而宰之，指其氣之用事，能不失所以然之正者而謂之宰。

理不先於氣。氣無始，理固無始。若曰理先於氣，則是氣有始也。

一氣之分爲陰陽。

天則主陽，地則主陰。火熱而水涼，其性也。

■《花潭集》卷二，《溫泉辯》

火則未聞有寒者，而泉或有溫者，何也？邵子曰一氣分而爲陰陽，陰陽半而形質具焉，陰陽偏而性情分焉。……知此則泉之溫無足怪也。天未始無陰，地未始無陽，水火互藏其宅。不獨泉爲然，凡物之氣，散則涼，聚則熱。故草積則生熱，糞積則自焚，氣鬱不舒而然也。無物無陽也。

■《花潭集》卷二，《鬼神死生論》

氣之湛一清虛者，彌漫無外之虛。聚之大者爲天地，聚之小者爲萬物，聚散之勢有微著久速耳。大小聚散於太虛，以大小有殊。雖一草一木之微者，其氣終亦不散，況人之精神知覺，聚之大且久者哉！

氣之湛一清虛，原於太虛之動而生陽，靜而生陰，之始聚之有漸，以至博厚爲天地,爲吾人。

語其所以曰理,語其所以妙曰神,語其自然真實者曰誠,語其能躍以流行曰道。

■《花潭集》卷二,《原理氣》

同一氣也,其知覺之聚散只有久速耳。雖散之最速有日月期者,乃物之微者爾,其氣終亦不散。

陽極其鼓而爲天,陰極其聚而爲地。陽鼓之極結其精者爲日,陰聚之極結其精者爲月,餘精之散爲星辰。

■《花潭集》卷二,《復其見天地之心說》

反本復靜坤之時,陽氣發動復之機也。

先儒皆以靜見天地之心,程子獨謂動之端乃爲天地之心,邵子則以動靜之間言之。程邵立言有异。初無二見,皆就一動靜兼陰陽之上而語之,似邵指太極之體,程謂太極之用也。

天地之心蓋於動靜之間,有以見之,聖人之心即天地之心也,亦於此而見之。退藏於密,則以此洗心焉。

古之聖賢於至皆常致,堯陳碁閏之數,孔論天地之心,程邵亦皆有說。後之學者須大段著力於至日上做工夫,所得甚廣,非如格物致一知之比也。若於一物上十分格得破,則亦見得至理,則所該廣大耳。

至日乃天地始回旋,陰陽初變化之日也。故曰復其見天地之心乎。

方天地淨灑灑、玄酒味淡。大音之聲稀,漠然虛靜。若無所事,一陽之復,倏而躍,其不自容已之妙,是可見天地之心也。

周天三百六十五度四分之一,朞歲三百六十五日四分之一……萬古常如此,可見其心之無改移也。……天地之中庸,至善至信之德,於此而識之。神易之無方體,於此而見之。

三百六旬之運,二十四氣分,無非至日之流行者,所謂時中也。然不比至日,則天地更始,陰陽之際,動靜之交,辰宿之躔,陸野之分,皆得復其本位,十分齊整者也。萬物之所自,萬殊之所本,此陰陽大頭臚處,可以一貫之者也。

■《花潭集》卷一,《冬至吟》

陽吹九地一聲雷,氣應黃宮已動灰。

泉味井中猶淡泊,木根土底始胚胎。
人能知復道非遠,世或改圖治可回。
廣大工夫要在做,君看馴致至朋來。
■《花潭集》卷一,《有物》
有物來來不盡來,來纔盡處又從來。
來來本自來無始,爲問君初何所來?
有物歸歸不盡歸,歸纔盡處未曾歸。
歸歸到底歸無了,爲問君從何所歸?
■《花潭集》卷一,《挽人》
萬物皆如寄,浮沈一氣中。雲生看有跡,氷解覓無蹤。
晝夜明還暗,元貞始復終。苟明於此理,鼓缶送吾公。
■《朝鮮松都邑志》
　黃真伊,名妓也,有姿色,能歌詩。世稱花潭之道學,樸淵之名瀑,黃真之美色,爲松都三絕云。

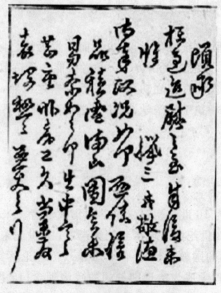

花潭親筆

第十章 退溪李滉的圣学十图

名:李滉 이황 Lee Hwang
号:退溪 퇴계 Toegye

生:1501 年
卒:1570 年

思想简括:理发理到说

著作举要:《圣学十图》、《朱子节要》。

语录: 要之,兼理气、统性情者,心也。而性发为情之际,乃一心之几微,万化之枢要,善恶之所由分也。学者诚能一于持敬,不昧理欲,而大致谨于此,未发而存养之功深,已发而省察之习熟,真积力久而不已焉,则所谓精一执中之圣学,存体用之心法,皆可不待外求而得之于此矣。

一、思想传承

退溪李滉为 16 世纪朝鲜朱子学的集大成者。朱子学又曰性理学,性理学自 13 世纪由安珦传到朝鲜半岛;14 世纪末期郑道传批佛扬儒,确立儒学的国教地位,将儒学王道政治理论落实到了《经国大典》之中,使性理学成为治理朝鲜朝的政治理念;15 世纪权近的"入学图说"以图像提示出性理学说理论,并著《五经浅见录》使经学和礼学体系化;16 世纪赵光祖尝试实践至治主义政治路线;16 世纪中叶,徐花潭建构了气论自然哲学;李退溪对王阳明《传习录》的心学和罗钦顺的《困知己》的理气一物说展开批判,排除朱子学异端,维护朱子学的正统性,接续权近《入学图说》,编撰了《圣学十图》,将繁复的性理学说图示化,成为朱子学的有力传播者,使朝鲜道学得以传承。退溪享年69岁。他6岁习《千字文》;12岁读《论语》;19岁作七律诗;20岁钻研《周易》;21岁入太学;27岁乡试合格;33岁在乡举中名列榜首,任官职"承文院副正字";54岁潜心圣学;57岁与奇高峰书函往返,辩论四端七情;68岁作《圣学十图》。按照首尔大学教授琴章泰的分析,退溪一生可分为三个阶段:33岁之前为修学期;49岁之前为仕途期;50岁以后为著书立传期。退溪被评价为韩国学界泰斗,被称誉为"海东朱子"。

二、修养论

"图说"或"图解"是朝鲜朝学者学习探讨性理学的方法之一。朝鲜学者以图和图说来诠释性理学的基本概念,并且以四端七情为导线,围绕着心性论和修养论,深入探讨了性理学的理气、心性、人心道心等问题。众多图说中,退溪的《圣学十图》熔铸了宋明理学之精髓,融集朱子思想之精粹,最全面地概括了性理学的基本理论。退溪倾后半生精力编纂的《圣学十图》于1568年完成,献给26岁的朝鲜王宣祖。其序曰:

> 判中枢府事臣李滉,谨再拜上言:臣窃伏以道无形象,天无言语。自河洛图书之出,圣人因作卦爻,而道始见于天下矣。然而道之浩浩,何处下手,古训千万,何所从入?
>
> 圣学有大端,心法有至要。揭之以为图,指之以为说,以示人入道之门、积德之基。①

所谓《圣学十图》的圣学指成为圣人的学问。儒学中的圣人指的是具有完善人格的最高境界的人,修己治人达到圣人境界的功夫。能否成为圣人与人的心性修养有关。退溪上面讲的"心法至要"即指

---

① 李滉:《退溪全书》,《圣学十图》序。

与心性精神修养相关的方法要义。禅宗言"大道无门",而退溪探讨的是"入道之门"。"入道之门"的道指宇宙自然和人类存在的原理,以及为了维持这种存在所应该遵守的规则。道与太极概念一致,可以揭示为具有超越性的内在永恒的理。这种理在事物中内化为"性",体现在人则称为人性。认识和实践这一理,还原人性,是退溪修养论的核心。真理存在于人的内心,形成先天向善的本性,即是人们通往真理的大门。完善的人格可称"德",德的实践不是一次性完成的,需要不断实践"道",积累德行,坚持不懈。

浩瀚无边的真理从何着手,成千上万的古训从何学起?退溪选出"圣学巨著"、"心法要诀",作《圣学十图》。这十幅图的作者不同,创作年代各异。每图自成一体,十图又构成了一套完整的理论体系。每张图中都包含理论和实践的内容方法,前后图之间又有关联意义。退溪以十张图的形式,向人们解说圣学内容,将性理学的精华熔铸于其中,使深奥难懂的理学思想变成一个立体的入门教科书,给后学以简明易懂的启示。《圣学十图》的排列次序如下:

1. 第一　太极图
2. 第二　西铭图(上图、下图)
3. 第三　小学图
4. 第四　大学图
5. 第五　白鹿洞规图
6. 第六　心统性情图(上图、中图、下图)
7. 第七　仁说图
8. 第八　心学图
9. 第九　敬斋箴图
10. 第十　夙兴夜寐箴图

十图中的第一、二、四、六、七、八、十为前人所作,第六图的中、下图和第三、五、九图为退溪所作。每一图后面都附有前人的注解和退溪的解说词。按照首尔大学琴章泰教授的分析,十图内容有哲学范畴,也有教育范畴。[①] 哲学范畴将圣学的存在论和心性论作为中心

---

① 琴章泰:《圣学十图注释及朝鲜后期退溪学的展开》,《退溪学报》第48集。

进行阐述,是十图的理论结构层面;教育范畴以《小学图》和《大学图》为中心进行阐述,涵盖了儒学教育内容。

第一图"太极图"和《太极图说》为北宋周敦颐(濂溪,1017—1073)所撰,《太极图说》共250余字,讲述了宇宙的根源、自然万物由无极而太极而生的生成原理,提出了"无极而太极"的宇宙本体论。太极动静形成阴阳两仪,阴变阳合而产生水火木金土五行。"二气交感,化生万物","万物生生而变化无穷焉,唯人也得其秀而最灵"。宋周敦颐以儒家经典《易经》解说道教《太极图》的义蕴,为宋代新儒学提供了本体论的依据,奠定了程朱理学的理论基础。朱熹)(晦庵,1130—1200年)曾为此作过《太极图说解》。

第二图"西铭图"为北宋张载(横渠,1020—10770)所作,"东铭"与"西铭"合称"二铭"。张载的代表作《正蒙·乾坤篇》中首尾两段文字被单独录出,书于学堂东西两窗,原名《砭愚》,《订顽》,后程颐(伊川,1033—1107)将其名改为《东铭》、《西铭》。《西铭》曰"乾称父,坤称母,予自兹藐焉,乃混然中处",进而提出"民吾同胞,物吾与也"的理论。指出万事万物因天地父母而生,互为同胞兄弟,视民为兄弟,视物为同类,尊老慈幼,同情残疾孤寡。《西铭》从天人合一思想出发,论证了人在自然界的地位。人禀受天地之性,与天地合德,将人的境界提升到从未有的高度,成为此后儒学者追寻的最高人生理想境界。

第三图"小学图"是退溪作的图。宋代之后,《小学》一直是儿童教育的主要课本,小学以道德教育为主,全书六卷,分为内外篇。退溪按照朱熹的《小学题辞》表示了小学教育的提纲"立教、明伦、敬身"。朱子说:"学之大小,固有不同。然其为道则一而已。""方其幼也,不习之于小学,则无以收其放心,养其德性,而为大学之基本。及其长也,不进之于大学,则无以察夫义理,措诸事业,而收小学之成功。"

第四图是"大学图"。《大学》原是中国古代儒家经典《礼记》中的一篇。传为孔子的弟子曾参(前505—前434)所作。南宋前从未单独刊印。自唐代韩愈(退之,768—824)、李翱(习之,772—836)维护道统而推崇《大学》与《中庸》,到南宋朱熹把《大学》从《礼记》中抽出,与《论语》、《孟子》、《中庸》并列,到朱熹撰《四书章句集注》时,便成了

《四书》之一,并被列为"四书"之首。《大学》阐述了个人道德修养与维持社会秩序的关系,将"明明德、亲民、止于至善"作为修养目标,提出治理天下的八个步骤"格物、致知、诚意、正心、修身、齐家、治国、平天下",阐明了圣学尊德行和道问学的内涵,提出以明德为根本,进而实现修齐治平的经世目标。

第五图"白鹿洞规图"由退溪所作。白鹿洞规是朱熹所作,书院是儒家学者集士子讲学之地,独立于官办系统之外特有的教育组织。始于唐朝,盛于宋朝,清末改为学堂。白鹿洞书院是南唐建立的最有名的书院之一,位于中国江西庐山之南的五老峰下,号为国庠,朱子在此聚徒设规,倡导道学,盛于天下。朱熹作的《白鹿洞书院揭示》,是白鹿洞书院培养人才的教育方针和学生守则。

第六图"心统性情图"的上图为宋代程林隐所作,中图和下图为退溪所作。讲述了心性情及其关系。强调心统率性情,未发之时为"性",已发之后为"情"。心为人身之主宰,人可持敬"立心",通过"存养、省察"修养功夫,内求于心的"精一执中之圣学,存体应用之心法"。中图和下图中表明了退溪"理发而气随之,气发而理乘之"的理气观。

第七图"仁说图"为朱熹所作。《说文解字》曰:"仁,亲也。"《礼记》云:"上下相亲谓之仁。""温良者,仁之本也。""仁者可以观其爱焉。"《春秋·元命苞》曰:"仁者,情志好生爱人,故立字二人为仁。"仁是对有仁德者之称。孔子首先提倡"仁、义、礼",孟子延伸为"仁、义、礼、智",董仲舒扩充为"仁、义、礼、智、信",后称"五常",成为贯穿东亚传统伦理价值体系中的核心因素。《大学》曰:"为人君止于仁"。在仁说图中,朱熹由"心"谈"理",从"理"论"心",阐述了"传心体仁"之妙,对仁的价值意义做了深入的阐发。

第八图"心学图",讲述了多种"心"的概念和心学修行方法,归纳为人心生于形气,道心源于性命。心学修养方法分为"遏人欲"和"存天理"两条,前者要求"不动心",后者要求"正心""从心",二者亦可统一为"敬",体现了性理学的修养功夫。

第九图"敬斋箴图"是退溪根据朱熹的《敬斋箴》所作的图。讲解持敬主一的具体修身方法和修养步骤。

第十图"夙兴夜寐箴图"详细讲解一日修行的顺序过程。强调以"敬"为本,持敬修身,坚持不懈。静时"瞰如出日,严肃整齐,虚明静一";动时"事至斯应,则验于为,明命赫然,常目在之";动静循环,以心为鉴。

总之,第一至五图"本于天道,而功在明人伦,懋德业"。① 从天道讲起,至于人道,人道就在于人的伦理道德的修行。"懋德"指通过道德修行达到至善的境界,体悟道,提高人格修养,致力于"业",以道为本,开拓至善境地。第六至十图,讲述了"原于心性,而要在勉日用,崇敬畏",阐明人心的"理"包含了仁义理智的价值观和认知原理,人只要持敬修身,主一无适,便可以实现"诚敬"、"明人伦"。从整体来看,圣学十图既是一套构造完整的修养体系,又是一个相互关联密切的理论系统。立体明晰地为各个层次的人们指出一条通往圣学之路。退溪上书强调"敦圣学以立治本",精选历代圣贤所作的理学精品和图表,作为"入道之门"和"立德之基"的学说和实践方法,将繁复的朱子学理论体系简化为图和图说,对于性理学的普及传播,起到了巨大作用。《圣学十图》后来传播到日本,日本朱子学者皆以退溪李滉为师。因此,《圣学十图》不仅在韩国,而且在东亚思想史上也具有重要意义。

三、四七论

在朝鲜儒学史上,"四端七情论辩"无人不知,论争的主角是朝鲜朝文臣李退溪和奇高峰。高峰奇明彦(1527—1572)30岁考中文科状元,入仕为官,官位权知承文院副正字,后官至右副承旨、经筵参赞官。奇高峰与好友秋峦郑之云(1509—1561)经常切磋学问。郑之云曾作《天命图说》,请李退溪作序。退溪将其中"四端发于理,七情发于气"的解说改为"四端理之发,七情气之发"。郑之云不甚理解,就退溪修改的部分求教于奇高峰。奇高峰认为退溪的更正有误,去函质疑退溪。于是,退高二人书函往返,讨论四端七情与理发气发的心

---

① 李滉:《增补退溪全书》第一册。

性问题,二人的论争自1559年至1566年,持续8年之久。

退溪与高峰经过书函交流之后,退溪根据高峰的意见,先后几次修改自己的理论"发说",由两发说改为兼发说,又由兼发说改为互发说。《圣学十图》的第六《心统性情图》的中图和下图所记"理发而气随之""气发而理乘之",可以说是退溪的最终定论。退溪"发说"的先后变化顺序如下:

1. 四端理之发,七情气之发。(两发说)
2. 四端之发纯理,故无不善;七情之发兼气,故有善恶。(兼发说)
3. 四端理发而气随之,七情气发而理乘之。(互发说)

《退溪集》卷四十一中的"天命旧图"有"四端发于理,七情发于气"的解说,而在后面的《天命新图》中便已改为"四端理之发,七情气之发"了。退溪将郑之云《天命图说》中的"四端发于理,七情发于气"改为"四端理之发,七情气之发",奇高峰认为这种更动有误。退溪致高峰的信中说:

> 性情之辩先儒发明详矣。惟四端七情之云,但俱谓之情,而未见有以理气分说者焉。往年,郑生之作图也,有四端发于理、七情发于气之说。愚意亦恐其分别太甚,或致争端,故改下纯善兼气等语。①

退溪认为先圣论性情,已经讲得很详尽了,唯有四七理气分说这一段,还没有讲清楚。因此,退溪早年见到郑之云的《天命图说》中有"四端发于理,七情发于气"之说,感到其言有疵,担心分别太甚,故加以修改。退溪认为没有无理之气,亦无无气之理,理气是"相须以为体,相待以为用",互相依存配合、相互对待的关系,表现为本体与作用、本质与现象的关系。但理气是绝对有分别而不相杂的。表现在性上,《中庸》有"天命之谓性"的天命之性,《孟子》有性善说的性善之性,其所指纯善无恶,皆在理不在气,说明了理气绝不能相杂。如果在这里强调理气不相离的话,无以见性之本善和本然之性。天命之

---

① 李滉:《退溪集》卷十六,《答奇明彦论四端七情第二书》。

性、性善之性是子思、孟子洞见道体而立之言,后世诸子所说"气质之性"是不得已而言之,讲的是禀生之后,后发之事。退溪为了突出理的纯善和本然之性的一面,站在理气不相杂的角度建构主理的理论体系。奇高峰认为人之情只有一个,兼理气有善恶。七情四端都是人之情,七情以外不能再复加上一个四端,如果一定要将四七分别说成"四端发于理,无不善,七情发于气,兼有善恶",理气就被判为二物,人之情便被二分了。这便忽视了理气为一、妙合之中的理气浑沦特性。高峰说:

> 盖人之情一也,而所以为情者,固兼理气有善恶也。……所谓七情者虽涉乎气者,而理亦自在其中。其发而中节者,乃天命之性,本然之体,而与孟子所谓四端者同实而异名者也。至于发不中节,则气禀物欲之所为,而非复性之本也。

> 子思、孟子所就以言之者不同,故有四端七情之别耳。非七情之外复有四端也。今若以为四端发于理而无不善、七情发于气而有善恶,则是理与气判而为二物也。是七情不出于性,而四端不乘于气也。此语意之不能无病,而后学之不能无疑也。①

> 盖以四端七情对举互言,而揭之于图,或谓之无不善,或谓之有善恶,则人之见之也,疑若有两情。且虽不疑于两情,而亦疑其情中有二善,一发于理,一发于气者,为未当也。②

高峰主张"共发",但认为若泛论四端发于理,七情发于气,也未尝不可,只是退溪"今乃著之于图,而以四端置理圈中,而谓之发于理;以七情置气圈中,而谓之发于气,虽写成图本,势不得不然,而位置之际似不免离析太甚"。高峰特别指出退溪的《天命图》将理气四七分开来说,容易使人发生"两情""二善"的误解。于是,退溪将《天命旧图》中的理气分别置于圈外的形式,在《天命新图》中改为将四端与七情置于理圈和气圈之内,又将《圣学十图》中的第六图《心统性情图》中的四端与七情分别从理圈和气圈中移出,置于圈外的两边。高峰认为四端为七情之发的中节者,四端与七情不能分属,四端属于七

---

①② 奇明彦:《高峰集》,《高峰答退溪论四端七情书》。

情范畴之内,情兼理气有善恶。若将四端分属于理,七情分属于气的话,则成为善的部分出于理,而有善恶的部分出于气,理气有二分之疑。奇高峰不仅对退溪的互发说有疑,对于朱子"四端是理之发,七情是气之发"之语,也觉有未合处。因为:

> 七情虽属于气,而理固自在其中。其发而中节者,乃天命之性、本然之体,则岂可谓是气之发而异于四端耶?①

高峰认为情指"性之欲",七情与《中庸》所言喜、怒、哀、乐是同一情。心感于物而动生情,《中庸》喜怒哀乐发而中节谓之和,发而不中节谓之不和。情发而中节者为善,可说是发于理而无不善,与四端无异。发而不中节者偏于一边为恶。情有善恶,情兼有理气。高峰说:

> 四端七情,无非出于心者。而心乃理气之合,则情固兼理气也。非别有一情,但出于理而不兼于气也,此处正要人分别得真与妄尔。②

高峰主张"理气浑沦说",认为心为理气之融合,而心统性情。情既然出于心,便兼有理气,没有一情出于理而不兼气的。退溪不能同意高峰的"共发说",坚持"理发气发说"。其理论依据是朱子的理气"不相杂"说。朱子曾曰:

> 所谓理与气,此决是二物。但在物上看,则浑沦不可分开各自一处,然不害二物之各为一物也。……虽其方在气中,然气自气、性自性,亦自不相夹杂。③

> 天地之间,有理有气。理也者,形而上之道也,生物之本也。气也者,形而下之器也,生物之具也。是以人物之生,必禀此理,然后有性,必禀此气,然后有形。其性其形,虽不外乎一身,然其道器之间,分际甚明,不可乱也。④

退溪深信朱子,坚持朱子立场,道器分明。退溪说:"今按若理气

---

① ② 奇明彦:《高峰集》,《高峰答退溪论四端七情书》。
③ ④ 朱熹:《朱子大全》,四十六卷。

果是一物,孔子何必以形而上下分道器。"①退溪在承认理气相和一面的同时,强调理气不相杂的一面。他说:

> 分而为二,而不害其未尝离;合而为一,而实归于不相杂,乃为周悉而无备。②

退溪的理气观理论主要论证了理气不相杂的道理。"理发"是退溪理论所强调的重点。退溪之所以强调"理发",是因为从伦理价值观上看:理有善无恶,气有善有恶。退溪说:

> 性即理,固有善无恶。心合理气,似未免有恶。然极其处而论之,心亦有善无恶。何者?心之未发,气未用事,惟理而已,安有恶乎?惟于发处,理蔽于气,方趋于恶。此所谓几分善恶,而先儒力辩其非有两物相对而生者。③

根据理气善恶的性质,退溪认为理贵气贱,理尊气卑。理发,发于四端,流为道心;气发,发于七情,流为人心。退溪说:

> 理贵气贱,然理无为、气有欲,故主于践理者,养气在其中,圣贤是也。偏于养气者,必至于贱性,老庄是也。④

基于修身养性成仁的需要,理必须主宰气,命令气。理命物而不命于物的这种特权是由理的极尊地位所决定的。人必须维持本然之性善,才能做到物我一理,天下为仁,所以退溪强调说:

> 理本极尊无对,命物而不命于物,非气所当胜也。⑤
>
> 仁者虽与天地万物为一体,然必先要从自己为原本为主宰。⑥

对于高峰反对四七分别立说的意见,退溪不以为然。退溪认为,既然性有"本性"和"气禀"之异,如何情就不能有"四端"和"七情"之分呢?四端发于仁义礼智之性,七情发于触外物而动之中。四端皆善,七情善恶未定,四与七"其所以来"的所主和所重不同,谓之理、谓

---

① ② ③ ④ ⑤ 李滉:《退溪全书》上,卷四十一,杂著。
⑥ 李滉:《退溪全书》上,卷七,《西铭考证讲义》。

之气。讲理发,非理中无气;讲气发,非气中无理。理发气发的讲法只是就理而言或就气言耳,非是专指一,不必有意将一样东西截作两段。他说:

> 盖人之一身,理与气合而生,故二者互有发用,而其发又相须也。互发则各有所主可知;相须则互在其中可知。互在其中,故浑沦言之者固有之;各有所主,故分别言之而无不可。……天地间无有此理,古之人无有此说,今必欲执一而废一,无乃偏乎?……若以七情对四端而各以其分言之,七情之于气犹四端之于理也。其发各有血脉,其名皆有所指,故可随其所主而分属之耳。①

这场论辩的结果不了了之,退溪没有接受高峰的意见更改"理发气发"的"互发说"。退溪坚持说:

> 自承示喻,即欲献愚而犹不敢自以为其所见为必是无疑,故久而未发。近因看《朱子语类》论孟子四端处末一条,正论此事,其说云:"四端是理之发,七情是气之发。"古人不云乎,不敢自信而信其师。朱子,吾所师也,亦天下古今之所宗师也。②

退溪认定:"四,则理发而气随之;七,则气发而理乘之。两句亦甚精密。"③退溪所作《圣学十图》的第六图《心统性情图》中的四七理气"互发说",成为退溪、高峰四七论辩的最终定论。

朱子的确有"四端理之发,七情气之发"④的说法。然而奇高峰认为,朱子的"发说"并不是"对说",而是"因说"。"对说"是左右并列关系,"因说"是上下因缘关系。所以理气关系不应该是左右分立,而是上下浑沦。高峰的见解非常敏锐,正是在对"理"的理解上,退溪与朱子有不同的地方。退溪说:

> 本然之体,能发能生至妙之用。……理自有用,故自然而阳生阴也。⑤

---

① ② ③ 李滉:《退溪集》卷十六,《答奇明彦论四端七情第二书》。
④ 朱熹:《朱子语类》卷五十二。
⑤ 李滉:《退溪全书》上,卷三十九。

其用虽不外乎人心,而其所以为用之妙,实是理之发见者,随人心所至而无所不到,无所不尽。但恐吾之格物有未至,不患理不能自到也。①

退溪理学中最独特的命题是"理能自到说",这种理论所依据的是理有体用。退溪说:

无情意造作者,此理本然之体也,其随寓发见而无不到者,此理至神之用也。但有见于本体之无为,而不知妙用之能显行。殆若认理为死物,其去道不亦远乎?

退溪认为理有体用,理之体无为,而理之用则有情意、有造作,无不到。在这里,退溪之理的"有情意有造作"与朱子之理的"无情意无造作"出现差异。退高四七论辩是在性理学范畴内讨论理气论和人性论问题,涉及心性论、本体论诸问题。在四七论辩中,退溪从"理发气发说"的三期定论"互发说、互发说、对发说",逐步形成了"格物理到"的理气观,标志着退溪理学由"理发"到"理到"的理一元论体系的最终完成。

四、理发说

退溪以朱子学提倡的太极一理的天理作为最高准则,将内圣作为主导的价值目标。这种内圣压倒外王的价值定式在朝鲜朝的形成,既表现出朝鲜性理学的固有特征,又反映着一种历史的折射。在高丽末和朝鲜初的朝代交替时期,学者面临着两种选择,要么坚持君君臣臣父父子子的传统儒学义理道德观念,维护君臣的纲常伦理,效忠高丽王朝;要么注重"天行健","日新之谓盛德,生生之谓易"②的易变精神,顺乎时代发展的大势,以积极的进取精神图强维新,扶持新政权。结果形成了以郑梦周为代表的"义理派"和以郑道传为代表的"革新派"。郑道传一派以儒学的外王路线为重,积极进出社会,为

---

① 李滉:《退溪全书》上,卷十八,《答奇明彦》。
② 《易·系辞上》。

新生的封建王朝的巩固发展作出了贡献。作为建国功臣,郑道传一派也得到了相应的封赏,后来逐渐发展成为享有特权的"旧勋派"。士一旦转化为官,即容易蜕变。许多通过科举而上升为统治阶层的两班士大夫官僚,以追逐名利为生,放弃了对真理的追求,进而,君子蜕变为伪君子。在朝为官的"旧勋派"士大夫日益腐败,招来在野"士林派"学者们的抨击。"旧勋派"为了保护乌纱帽,利用权力挑起了一系列"士祸",扼杀同类学者,使大批学者遭难,学者们不得不放弃儒学的经世路线而隐退山林。此后,朝鲜学界学风一转,学者们从积极参与社会政治现实的活动转而进入了一个纯思辨的静观世界。其结果,出现了主理和主气两种思维倾向。一种是以徐敬德为代表的、主张气一元论的自然哲学思想路径,旨在明自然之理;另一种是以李退溪为代表的主张理一元论的内圣之学,重在义理的阐发。这两种思维体系奠定了朝鲜性理学理论的基础,也成为后来形成的主气和主理两大派的理论依据。

到了朝鲜中期,以李退溪为首的主理学派发展成为朝鲜性理学的正统。这种选择是因为突出强调"理"的价值和理的本位作用,是由四次震惊朝野的士祸事端带来的刺激所引起朝鲜学者深刻反思而产生的必然结果。面对学者之间的残杀,面对人心之惟危,义理派或士林派学者更加深切地认识到人的心性修养的重要。于是,四端七情、人性善恶、理发气发、人心道心的论辩以此为契机热烈展开。学者们认为,由士到官而发展的蜕化现象说明,官吏的功利引诱会引发道德约束的松弛。因此,强化社会道德的凝聚力,让世人都认识到德性涵养的重要意义,是一个亟待解决的社会问题。历史事件的因素和退溪理学自身体系偏重价值理性的致思特点交互作用,导致朝鲜朝中期的理学从内在精神到外在行为工夫,皆由进出天地的儒学外王路线退出,向着以精神修养的内在收敛为主的内圣路线倾斜。内圣的规定一重再重,到退溪的《圣学十图》达到了顶峰。出于对功利的恐惧和对义理的期盼,退溪坚持不让的理发气发观念为众学者所认可,成为四七论辩的最终定论。成圣的涵养与方式经过不断的精雕细刻之后与天理相联系,获得了形而上的依据,被提升为一种普遍法则。从此,作为朝鲜理学正统的主理派的内敛静坐的修养,压倒了主气派奋争进取的经世精神。

正统学派的代表李退溪不折不扣地继承了朱子学。朱熹学说中有一个令后学争论不休的观点,就是他在强调理气"不相杂"的同时,强调理气"不相离"的一面。从逻辑上分析,这似乎是一个相互矛盾的概念。但是退溪不仅完整地接受了这一概念,而且,还在"理是理"、"气是气"的不相杂理论上,有了进一步的发挥创造,从"理发""理动"到"理到"说便是。知朱子者,退溪也。退溪深深理解朱熹的苦衷。儒学原本是一种践履的哲学,对于践履可以有两种理解:一种是精神方面心性修养的道德践履,另一种是现实方面经世济民的实践践履。前者的方式是内在性的向内穷理,后者是外在性的向外穷理。朱熹在强调理气"不相杂",而向内求理时,担心内在超越的静化会使"理"虚化;而在强调理气"不相离",而向外求理时,又担心外在事功的动荡会使"理"异化。的确,经世之路必须与实践相连,实践的起点又与经世相连,而任何现实的实践投入,都具有有限性的限制,以及种种挑战和竞争危机。能够暂时克服这种有限性与危机的路径,是退溪的心性修养学。退溪在有限世界中另外构造了一个从"理发"经"理动"到"理到"说的精神本体世界。在那里,理有能动性,有造作。那非是一般的世俗境域,是一个具有无限性的精神世界,是一条通向心灵净化的神圣殿堂。这个无限性的精神世界可以保证理的绝对至高、至上、至尊、至贵,可以使人性维持"性即理"的准则,而永不失其性。

本质与现象是西方的哲学概念;道与器、形而上与形而下是东方的哲学概念。东西方一致认为存在具有两面性,即由外到内,或由内至外。对世界的看法有两种不同的方法论,或者从世界外部现象来理解存在,或者从人内部精神境界来理解世界。大部分关于存在的理论都不满足于只从外形上来理解存在。存在并不简单表现为线或面的状态,而是由三元甚至四元的多维形式构成的。将存在客体化,从外在表现观察并将其理论化,这是西方的一般方法论,而东方的方法不把存在客体化,他们认为主体和客体是有机结合的自然整体,须要从内在的主体来理解存在,由内到外,直观地、综合统一地理解存在。退溪重视向内修炼的功夫,其世界观特别体现了由内至外的方法论。他的理论中心在于"理",这种理在事物中内化而称之为"性",理体现在人身则称为人的本性,故理学又被称为性理学。退溪哲学是通过认识和实践"理"而实现人之本性。无论是他的四七论的性理学说,还是他构筑的圣学十图的修养论,都是在突出理的重要性和实在性。退溪说:

> 问理字之说,先生曰:知之似难而实易,若从先儒造舟行水,造车行陆之说,仔细思量,则余皆可推也。夫舟当行水,车当行陆,此理也。舟而行陆,车而行水,则非其理也。君当仁,臣当敬,父当慈,子当孝,此理也。君而不仁,臣而不敬,父而不慈,子而不孝,则非其理也。凡天下所当行者理也,所不当行者,非理也,以此而推之,则理之实处,可知也。①

在朝鲜朝历史上,对于退溪多次辞官引退一事,曾令许多朝鲜士林学者大惑不解,好像直至今日,仍然是一个不解之谜。李退溪一生的政治生涯七进七退。最后一次坚辞退居是在他68岁时(1567)。当时朝鲜明宗晏驾,宣祖即位,朝廷士野皆寄希望于李退溪以士林领袖出仕,一振士风,复苏朝政。但是退溪终未复出,因此招致朝野上下一片怨言。退溪激流勇退,必然会有其缘由。笔者体会退溪在寻觅朝鲜儒学的另一条出路。当时,退溪以学者的敏感,已经感到了朝鲜儒学所面临的双向危机,即来自内外两个方面的挑战。朝鲜儒学者"至治主义"的改革宏愿,常常会被政治当权者所利用而归于失败。比如朝鲜朝中期发生的连续不断的大小士祸,表现出政界与学界的殊死较量,而儒者屡战屡败。与此同时,儒学学者内部,也出现了许多"小人儒"或"儒者之贼"。他们盗儒学之名,而行私利之实,后来演变为党争流弊。儒家内圣外王路线,在实践中导致的结果常常是政教合一现象的发生。"道统"一旦与"政统"结合为一,便无法分离,而政治权利必然会腐化变质,参与其中的儒者也随之走向反动。旧勋派和许多儒者由士到官的质变现象佐证了这一点。退溪毅然退出政界的原因,是否与他已经深切感到了儒学理论本身的这一难点有关

---

① 李滉:《退溪全书》四,《退溪先生言行录》。

呢？从儒学的经世意义上考虑，退溪"退于溪上为学"欲尝试教育救国。他移居退溪"静习堂"，"身退安愚分，学退忧暮境。溪上始定居，临流日有省"。在反省中耗尽余生精力，熔铸《圣学十图》，为国人指出了一条充满义理的康庄大道，曰："吾之报国，止此而已。"从捍卫儒学学术的纯洁性上考虑，退溪从事于理学理论体系的建构，欲探求一条出路，即通过持敬主一的心性修养工夫，使人达到一个无限净化的"理发理动理到"的圣人圣善道德境界，为伦理主体牢牢地缀上道德实践的理论依据。

儒家天人合一的超越意识可以使人相信凭借人格的道德转化，树立一个独立于天子和社会秩序之外的内在权威，与外在权威相抗衡，形成权威二元化的批判意识。①此种见解与退溪理学的构思颇为接近。退溪的理学构思无疑强化了道德主体的生命力，但是在实践方面有其局限性。退溪对性理学理论的探讨主要表现在"内在超越"意义之上。在纯粹理念的层次上，儒家"内在超越"的观点讲人与天道合融，人可契悟天道。而天道自有其超越的一面，既非人所创造，也不是人可完全掌控的。而"内在超越"的观念有特别强调一切来自"内在"的倾向。这种倾向直接将道德当作人间秩序的泉源，以致遇到了困难的社会与政治问题时便显资源不足。退溪晚年退居溪里，深层次考虑的恐怕是理学理论资源的完善。

李滉生平履历

1501年，1岁。朝鲜朝燕山7年。11月25日出生于安东府礼安县温溪里。

1502年，2岁。6月，父亲赞成公去世。

1505年，5岁。开始学习写字。

1518年，13岁。作诗："露草夭夭绕水涯，小塘清活净无沙。云飞鸟过原相关，只怕时时燕蹴波。"

1519年，14岁。作诗："独爱林虚万卷书，一般心事十年余。通来仰

---

① 龚鹏程：《儒学反思录》。

	与源头会,都把吾心首太处。"
1521年,21岁。	同徐氏夫人结婚。
1527年,27岁。	参加乡试、进士试合格。徐氏夫人去世。
1528年,28岁。	在进士会试中合格。
1530年,30岁。	与权氏夫人结婚。
1532年,32岁。	文科初试合格。
1534年,34岁。	4月,晋升承文院权知副正字。又拜艺文馆检阅,兼任春秋馆记事官。
1536年,36岁。	3月,任宣务官;6月,任成均馆典籍兼中学教授;9月,再任户曹佐郎。
1537年,37岁。	连续任宣教郎、承训郎、承议郎。11月,母亲去世。
1539年,39岁。	拜成均馆副修撰、修撰知制诰,兼任经筵检讨官。
1541年,41岁。	3月,于经筵陈述牛疫情况。任弘文馆修撰、世子侍讲院文学、司宪府持平。12月因病辞职。年末任刑曹正郎。
1542年,42岁。	任弘文馆副校理,又拜司宪府掌令。
1543年,43岁。	2月,患病辞职。后任宗亲府典籍掌令、典设、司守、朝奉大夫、成均馆四艺、兼承文院校勘侍讲院弼善。10月拜成均馆司成。11月为礼宾寺副正。12月拜奉列大夫。
1544年,44岁。	拜弘文馆教理、世子侍讲院左弼善、成均馆直讲、成均馆校应兼任春秋馆编修官、承文院校勘。
1545年,45岁。	拜远接使官、奉正大夫、军资监验正、中训大夫、弘文馆应教典翰、中直大夫。
1546年,46岁。	夫人权氏去世。被任命为校书馆教理兼承文院教理。在东岩(东边的岩石)养真庵前面,一条叫做"兔溪"的溪流流过,退溪将"兔溪"的"兔"字改为"退",称"退溪"。这是先生雅号的来源。
1547年,47岁。	被任命为安东府使,未赴任。
1548年,48岁。	拜丹阳郡守。作诗曰:"青松白鹤虽无分,碧水丹山信有缘。"

1549年,49岁。游览小白山,上书要求给周世鹏建的白云洞书院挂匾,购置增添书籍。
1550年,50岁。由于擅自离开任职地方,被告发"告身二等"。移居退溪西边居住。盖寒栖庵,初时叫"静习堂"。作诗曰:"身退安愚分,学退忧暮境。溪上始定居,临流日有省。"在家不仕一年。
1552年,52岁。任弘文馆校理知制诰兼经筵侍读官,司宪府执议,成均馆大司成,上护军。
1553年,53岁。为亲试对读官。修改郑之云的《天命图说》。
1554年,54岁。拜刑曹参议,检知中枢府事。
1556年,56岁。拜弘文馆副提学。草拟《礼安乡约》。
1557年,57岁。得陶山南面的书堂地址。
1558年,58岁。拜工曹参判。
1559年,59岁。撰写《伊山书院记》。
1560年,60岁。与奇高峰书辩,答"四端七情"质疑。
1561,61岁。 作《陶山记》。
1564年,64岁。撰写《赵静庵》行状。
1565年,65岁。画《庆斋箴(箴言真言)图》和《白云洞规图》。拜为同知中枢府事。
1566年,66岁。拜工曹判书兼弘文馆大提学。撰写《昧斋先生行状》、《心经后论》。
1567年,67岁。拜知经筵春秋馆事。
1568年,68岁。拜崇政大夫,议政府左赞成。上书陈文条。编撰《圣学十图》。
1569年,69岁。三次借病推辞吏曹判书职位。并辞议政府左赞成职位。
1570年,70岁。12月8日,坐而入寂。被追赠为大匡辅国崇禄大夫议政府、领议政。

李滉思想史料閱讀

■ 退溪李滉進聖學十圖箚

判中樞府事臣李滉,謹再拜,上言:臣竊伏以道無形象,天無言語。自河洛圖書之出,聖人因作卦爻,而道始見於天下矣。然而道之浩浩,何處下手,古訓千萬,何所從入?

聖學有大端,心法有至要。揭之以爲圖,指之以爲說,以示人入道之門,積德之基,斯亦後賢之所不得已而作也。而況人主一心,萬幾所由,百責所萃,眾欲互攻,群邪迭鑽,一有怠忽而放縱繼之,則如山之崩,如海之蕩,誰得而禦之?古之聖帝明王有憂於此,是以兢兢業業,小心畏慎,日復一日,猶以爲未也。

立師傅之官,列諫諍之職,前有疑,後有丞,左有輔,右有弼。在輿有旅賁之規,位寧有官師之典。倚幾有訓誦之諫,居寢有瞽禦之箴,臨事有瞽史之導,宴居有工師之誦。以至盤盂幾杖刀劍戶牖,凡目之所寓,身之所處,無不有銘有戒。其所以維持此心,防範此身者,若是其至矣。故德日新而業日廣,無纖過而有鴻號矣。

後世人主,受天命而履天位,其職責之至重至大,爲如何而所以自治之具,一無如此之嚴也。則其憪然自聖,傲然自肆於王公之上,億兆之戴,終歸於懷亂殄滅,亦何足怪哉!故於斯之時,爲人臣而欲引君當道者,固無所不用其心焉。若張九齡之進《金鑑錄》,宋璟之陳《無逸圖》,李德裕之獻《丹扆六箴》,真德秀之上《豳風七月圖》之類,其愛君憂國拳拳之深衷,陳善納誨懇懇之至意,人君可不深念而敬服也哉!

臣以至愚極陋,辜恩累朝,病廢田里,期與草木同腐。不意虛名誤達,召置講筵之重,震越惶恐,辭避無路。既不免爲此叨冒,則是勸導聖學,輔養宸德,以期致於堯舜之隆,雖欲辭之以不敢,何可得也?顧臣學術荒疎,辭辯拙訥,加以賤疾連仍,入侍稀罕。冬寒以來,乃至全廢,臣罪當萬死,憂慄罔措。

臣竊伏惟念,當初上章論學之言,既不足以感發天意,及後登對屢進之說,又不能以沃贊睿猷,微臣悃愊,不知所出。惟有昔之賢人君子,明聖學而得心法,有圖有說,以示人入道之門,積德之基者,見行於世,昭如日月。兹敢欲乞以是進陳於左右,以代古昔帝王工誦器銘之遺意。庶幾借重於既往,而有益於將來。於是,謹就其中,揀取其尤著者,得七焉。其心統性情,則因程圖,而附以臣作二小圖。其三者,圖雖臣作,而其文其旨,條目規畫,一述於前賢,而非臣創造,合之爲聖學十圖。每圖下輒亦僭附謬說,謹以繕寫投進焉。

第緣臣劫寒纏疾之中,自力爲此,眼昏手顫,書未端楷,排行均字,並無準式。如蒙勿却,乞以此本,下諸經筵官,詳加訂論,改補差舛。更令善寫者精寫正本,付之該司,作爲禦屏一坐,展之清燕之所,或別作小樣一件,粧貼爲帖,常置几案上,冀得於俯仰顧眄之頃,皆有所觀省警戒焉。則區區願忠之志,幸莫大焉。而其義意有所未盡者,臣請得而申言之。

竊嘗聞之,孟子之言曰:"心之官則思,思則得之,不思則不得也。"箕子之爲武王陳《洪範》也,又曰:"思則睿,睿作聖。"夫心具於方寸,而至虛至靈。理著於圖書,而至顯至實。以至虛至靈之心,求至顯至實之理,宜無有不得者。則思而得之,睿而作聖,豈不足以有徵於今日乎!然而心之虛靈,若無以主宰,則事當前而不思,理之顯實,若無以照管,則目常接而不見。此又因圖致思之不可忽焉者然也。

抑又聞之,孔子曰:"學而不思則罔,思而不學則殆。"學也者,習其事而真踐履之謂也。蓋聖門之學,不求諸心,則昏而無得,故必思以通其微。不習其事,則危而不安,故必學以踐其實。思與學,交相發而互相益也。

伏願聖明深燭此理,先須立志,以爲"舜何人也,予何人也,有爲者亦若是。"奮然用力於兩者之功,而持敬者,又所以兼思學,貫動靜,合內外,一顯微之道也。其爲之之法,必也存此心於齋莊靜一之中,窮此理於學問思辨之際。不睹不聞之前,所以戒懼者,愈嚴愈敬。隱微幽獨之處,所以省察者,愈精愈密。就一圖而思,則當專一於此圖,而如不知有他圖。就一事而習,則當專一於此事,而如不知有他事。朝焉夕焉而有常,今日明日而相續。或抽繹玩味於夜氣清明之時,或體驗栽培於日用酬酢之際。其初猶未免或有掣肘矛盾之患,亦時有極辛苦不快活之病。此乃古人所謂將大進之幾,亦爲好消息之端。

切毋因此而自沮，尤當自信而益勵。至於積真之多，用力之久，自然心與理相涵，而不覺其融會貫通；習與事相熟，而漸見其坦泰安履。始者各專其一，今乃克協於一。此實孟子所論"深造自得"之境，"生則烏可已"之驗。又從而俛焉孳孳，既竭吾才，則顏子之心不違仁，而爲邦之業在其中。曾子之忠恕一貫，而傳道之責在其身。畏敬不離乎日用，而中和位育之功可致。德行不外乎彝倫，而天人合一之妙斯得矣。

是其爲圖爲說，僅取敘陳於幅紙上。思之習之，只做工程於平日燕處，而凝道作聖之要，端本出治之源，悉具於是。惟在天鑑留神加意，反復終始。勿以輕微而忽之，厭煩而置之，則宗社幸甚，臣民幸甚。臣不勝野人芹曝之誠，冒瀆宸嚴，輒以爲獻，惶懼屛息，取進止。

■《聖學十圖》《第一太極圖》

1. **太極圖說**

無極而太極，太極動而生陽。動極而靜，靜而生陰。靜極復動。一動一靜，互爲其根。分陰分陽，兩儀立焉。陽變陰合，而生水火木金土，五氣順布，四時行焉。五行一陰陽也，陰陽一太極也，太極本無極也。五行之生也，各一其性。無極之真，二五之精，妙和而凝，乾道成男，坤道成女。二氣交感，化生萬物。萬物生生而變化無窮焉，惟人也得其秀而最靈。形既生矣，神發知矣。五性感動，而善惡分，萬事出矣。聖人定之以中正仁義而主靜，立人極焉。故聖人與天地合其德，日月合其明，四時合其序，鬼神合其吉凶。君子修之吉，小人悖之凶。故曰立天之道，曰陰與陽，立地之道，曰柔與剛，立人之道，曰仁與義。又曰原始反終，故知生死之說。大哉易也，斯其至矣。

2. **朱子說**

朱子曰："圖說首言陰陽變化之原，其後卽以人所稟受明之。自惟人也得其秀而最靈，純粹至善之性也，是所謂太極也。形生神發，則陽動陰靜之爲也。五性感動，則陽變陰合，而生水火木金土之性也。善惡分，則成男成女之象也。萬物出，則萬物化生之象也。至聖人定之以中正仁義而主靜，立人極焉，則又有得乎太極之全體，而與天地混合無間矣。故下文又言天地日月四時鬼神，四者無不合也。"

又曰："聖人不假修爲，而自然也。未至此而修之，君子之所以吉也。不知此而悖之,小人之所以凶也。修之悖之,亦在乎敬肆之間而已矣。敬則欲寡而理明,寡之又寡,以至於無,則靜虛動直,而聖可學矣。"

3. 退溪解説

右濂溪周子自作圖并說。平嚴葉氏謂:"此圖即《繫辭》'易有太極,是生兩儀,兩儀生四象'之義,而推明之。但易以卦爻言,圖以造化言。"朱子謂此是"道理大頭腦處",又以爲"百世道術淵源"。今茲首揭此圖,亦猶《近思錄》以此說爲首之意。蓋學聖人者,求端自此,而用力於小大學之類,及其收功之日,而溯極一源,則所謂"窮理盡性,而至於命。"所謂"窮神知化,德之盛者也"。

■《聖學十圖》《第二西銘圖》

1. 西銘

乾稱父,坤稱母,予自茲藐焉,乃混然中處。故天地之塞,吾其體,天地之帥,吾其性。民吾同胞,物吾與也。大君者,吾父母宗子,其大臣,宗子之家相也。尊高年,所以長其長,慈孤弱,所以幼其幼。聖其合德,賢其秀也。凡天下疲癃殘疾惸獨鰥寡,皆吾兄弟之顛連而無告者也。於時保之,子之翼也。樂且不憂,純乎孝者也。違曰悖德,害人曰賊。濟惡者不才,其踐形惟肖者也。知化則善述其事,窮神則善繼其志。不愧屋漏爲無忝,存心養性爲匪懈。惡旨酒,崇伯子之顧養,育英才,穎封人之錫類。不馳勞而底豫,舜其功也,無所逃而待烹,申生其恭也。體其受而歸全者,參乎?勇於從而順令者,伯奇也。富貴福澤,將厚吾之生也,貧賤憂戚,庸玉女於成也。存吾順事,沒吾寧也。

2. 宋儒説

朱子曰:"西銘,程子以爲'明理一而分殊'。蓋以乾爲父,坤爲母,有生之類無物不然,所謂理一也。而人物之生,血脉之屬,各親其親,各子其子,則其分亦安得而不殊哉?一統而萬殊,則雖天下一家,中國一人,而不流於兼愛之蔽。萬殊而一貫,則雖親疏異情,貴賤異等,而不梏於爲我之私。此西銘之大旨也。觀其推親親之厚,以大無我之公;因事親之誠,以明事天之道。蓋無適而非所謂分立,而推理一也。"又曰:"銘前一段如棋盤,後一段如人下棋。"

龜山楊氏曰:"西銘,理一而分殊。知其理一,所以爲仁。知其分殊,所以爲義。猶孟子言,親親而仁民,仁民而愛物。其分不同,故所施不能無差等耳。"

雙峯饒氏曰:"西銘前一節,明人爲天地之子。後一節,言人事天地,當如子之事父母也。"

3. 退溪解説

右銘,横渠張子所作。初名訂頑,程子改之爲西銘,林隱程氏作此圖。蓋聖學在於求仁。須深體此意,方見得與天地萬物爲一體,真實如此處,爲仁人之功,始親切有味,免於莽蕩無交涉之患。又無認物爲己之病,而心德全矣。故程子曰:"西銘意極完備,乃仁之體也。"又曰:"充得盡時聖人也。"

■《聖學十圖》《第三小學圖》

1. 小學題辭

元亨利貞,天道之常。仁義禮智,人性之綱。凡此厥初,無有不善,藹然四端,隨感而見。愛親敬兄,忠君弟長。是曰秉彝,有順無疆。惟聖性者,浩浩其天。不加毫末,萬善足焉。衆人蚩蚩,物欲交蔽,乃頹其綱,安此暴棄。惟聖斯惻,建學立師,以培其根,以達其支。小學之方,灑掃應對,入孝出恭,動罔或悖。行有餘力,誦詩讀書,詠歌舞蹈,思罔或逾。窮理修身,斯學之大。明命赫然,罔有内外。德崇業廣,乃復其初。昔非不足,今豈有餘。世遠人亡,經殘教弛,蒙養弗端,長益浮靡。鄉無善俗,世乏良材,利欲紛拏,異言喧豗。幸兹秉彝,極天罔墜,爰輯舊聞,庶覺來裔。嗟嗟小子,敬受此書。匪我言耄,惟聖之謨。

2. 大學或問

或問:"子方將語人以大學之道,而又欲其考乎小學之書,何也?"朱子曰:"學之大小,固有不同。然其爲道則一而已。是以方其幼也,不習之於小學,則無以收其放心,養其德性,而爲大學之基本。及其長也,不進之於大學,則無以察夫義理,措諸事業,而收小學之成功。今使幼學之士,必先有以自盡乎灑掃應對進退之間,禮樂射御書數之習,俟其既長,而後進乎明德新民,以止於至善。是乃次第之當然,又何爲不可哉!"曰:"若其年之既長,而不及乎此者,則如之何?"曰:"是其歲月之已逝,固不可追。其功夫之次第條目,其遂不可得而復補耶?吾聞敬之一字,聖學之所以成始而成終者也。爲小學者不由乎此,固無以涵養本源,而謹夫灑掃應對進退之節,與夫六藝之教,爲大學者不由乎此,亦無以開發聰明,進德修業,而致夫明德新民之功也。不幸過時而後學者,誠能用力於此,以進乎大,而不害兼補乎其小,則其所以進者,將不患其無本而不能以自達矣。"

3. 退溪解說

右小學,古無圖,臣謹以本書目錄爲此圖,以對大學之圖。又引朱子大學或問通論大小之說,以見二者用功之梗概。蓋小學大學相待而成,所以一而二、二而一者也。故或問得以通論,而於此兩圖,可以兼收相備云。

■《聖學十圖》《第四大學圖》

1. 大學經

大學之道,在明明德,在新民,在止於至善。知止而后有定,定而后能靜,靜而后能安,安而后能慮,慮而后能得。物有本末,事有終始,知所先後,則近道矣。古之欲明明德於天下者,先治其國。欲治其國者,先齊其家。欲齊其家者,先修其身。欲修其身者,先正其心。欲正其心者,先誠其意。欲誠其意者,先致其知,致知在格物。物格而后知至。知至而后意誠。意誠而后心正。心正而后身修。身修而后家齊。家齊而后國治。國治而后天下平。自天子以至於庶人,壹是皆以修身爲本。其本亂而末治者否矣。其所厚者薄,而其所薄者厚,未之有也。

2. 大學或問

或曰:"敬若何以用力耶?"朱子曰:"程子嘗以'主一無適'言之,嘗以'整齊嚴肅'言之。門人謝氏之說,則有所謂'常惺惺法'者焉。尹氏之說,則有'其心收斂,不容一物'者焉云云。敬者,一心之主宰,而萬事之本根也。知其所以用力之方,則知小學之不能無賴於此以爲始。知小學之賴此以始,則夫大學之不能無賴於此以爲終者,可以一以貫之,而無疑矣。蓋此心既立,由是格物致知,以盡事物之理,則所謂尊德性而道問學。由是誠意正心,以修其身,則所謂先立其大者,而小者不能奪。由是齊家治國,以及乎天下,則所謂修己以安百姓,篤恭而天下平,是皆未始一日而離乎敬也。然則敬之一字,豈非聖學始終之要也哉?」

3. 退溪解說

右孔氏遺書之首章。國初,權近作此圖。章下所引或問,通論大小學之義,說見小學圖下。然非但二說當通看,幷與上下八圖,皆當通此二圖而看。蓋上二圖,是求端擴充、體天盡道極致之處,爲小學大學之標準本原。下六圖,是明善誠身崇德廣業用力之處,爲小學大學之田地。事功而敬者,又徹上徹下,著工收效,皆當從事而勿失者也。故朱子之說如彼,而今茲十圖,皆以敬爲主焉。(太極圖說言靜不言敬,朱子註中言敬以補之。)

■《聖學十圖》《第五白鹿洞規圖》

1. 洞規後敘

熹窃觀古昔聖賢所以教人爲學之意,莫非講明義理,以修其身,然後推以及人。非徒欲其務記覽爲詞章,以釣聲名取利祿而已。今之爲學者,旣反是矣。然聖賢所以教人之法,俱存於經,有志之士,固當熟讀深思而問辯之。苟知理之當然,而責其身以必然,則夫規矩禁防之具,豈待他人設之,而後有所持循哉?近世於學有規,其待學者爲已淺矣,而其爲法,又未必古人之意也。故今不復施於此堂,而特取凡聖賢所以教人爲學之大端,條例如右,而揭之楣間。諸君相與講明遵守,而責之於身焉,則夫思慮云爲之際,其所以戒謹恐懼者,必有嚴於彼者矣。其有不然,而或出於禁防之外,則彼所謂規者,必將取之,固不得而略也,諸君其念之哉。

2. 退溪解說

右規,朱子所作,以揭示白鹿洞書院學者。洞在南康軍北匡廬山之南。有唐李渤隱於此,養白鹿以自隨,因名其洞。南唐建書院,號爲國庠,學徒常數百人。宋太宗頒書籍,官洞主以寵勸之。中間蕪廢。朱子知南康軍,請於朝重建,聚徒設規,倡明道學,書院之教,遂盛於天下。臣今謹依規文本目,作此圖以便觀省。蓋唐虞之教在五品,三代之學,皆所以明人倫,故規之窮理力行,皆本於五倫。且帝王之學,其規矩禁防之具,雖與凡學者有不能盡同者。然本之彝倫,而窮理力行,以求得夫心法切要處,未嘗不同也。故拜獻是圖,以備朝夕執御之箴。

以上五圖,本於天道,而功在明人倫懋德業。

■《聖學十圖》《第六心統性情圖》

1．心統性情圖說

林隱程氏曰:"所謂心統性情者,言人稟五行之秀以生,於其秀而五性具焉,於其動而七情出焉。凡所以統會其性情者,則心也。故其心寂然不動爲性,心之體也。感而遂通爲情,心之用也。"

張子曰:"'心統性情'斯言當矣。心統性,故仁義禮智爲性,而又有言仁義之心者。心統情,故惻隱羞惡辭讓是非爲情,而又有言惻隱之心,羞惡辭讓是非之心者。心不統性,則無以致其未發之中,而性易鑿。心不統情,則無以致其中節之和,而情易蕩。學者知此,必先正其心,以養其性,而約其情,則學之爲道得矣。"

2．退溪解說

臣謹按:程子好學論,約其情在正心養性之前。此反居後者,此以心統性情言故也。然究其理而言之,當以程論爲順。

圖有未穩處,稍有更定。

右三圖,上一圖,林隱程氏作,自有其說矣。其中下二圖,臣妄竊推原聖賢立言垂教之意而作。其中圖者,就氣稟中,指出本然之性不雜乎氣稟而爲言。子思所謂天命之性,孟子所謂性善之性,程子所謂即理之性,張子所謂天地之性,是也。其言性既如此,故其發而爲情,亦皆指其善者而言。如子思所謂中節之情,孟子所謂四端之情,程子所謂何得以不善名之之情,朱子所謂從性中流出,元無不善之情,是也。其下圖者,以理與氣和而言之。孔子所謂相近之性,程子所謂性即氣、氣即性之性,張子所謂氣質之性,朱子所謂雖在氣中,氣自氣、性自性、不相夾雜之性,是也。其言性既如此,故其發而爲情,亦以理氣之相須,或相害處言。如四端之情,理發而氣隨之,自純善無惡。必理發未遂,而揜於氣,然後流爲不善。七者之情,氣發而理乘之,亦無有不善。若氣發不中,而滅其理,則放而爲惡也。夫如是,故程夫子之言曰:論性不論氣不備也,論氣不論性不明也,二之則不是。然則孟子子思所以只指理言者,非不備也。以其並氣而言,則無以見性之本善故爾。此中圖之意也。要之,兼理氣統性情者,心也。而性發爲情之際,乃一心之幾微,萬化之樞要,善惡之所由分也。學者誠能一於持敬,不昧理欲,而尤致謹於此,未發而存養之功深,已發而省察之習熟。真積力久而不已焉,則所謂精一執中之聖學,存體應用之心法,皆可不待外求,而得之於此矣。

■《聖學十圖》《第七仁說圖》
1. 仁說

朱子曰:"仁者,天地生物之心,而人之所以得以爲心。未發之前,四德具焉,而惟仁則包乎四者。是以,涵育渾全,無所不統。所謂生之性,愛之理,仁之體也。已發之際,四端著焉,而惟惻隱則貫乎四端。是以,周流貫徹,無所不通,所謂性之情,愛之發,仁之用也。專言則未發是體,已發是用。偏言則仁是體,惻隱是用。公者,所以體仁,猶言克己復禮爲仁也。蓋公則仁,仁則愛,孝悌其用也.而恕,其施也,知覺乃知之事。"

又曰:"天地之心,其德有四,曰元亨利貞,而元無不通。其運行焉,則爲春夏秋冬之序,而春生之氣,無所不通。故人之爲心,其德亦有四,曰仁義禮智,而仁無不包。其發用焉,則爲愛恭宜別之情,而惻隱之心,無所不貫。蓋仁之爲道,乃天地生物之心,即物而在。情未發,而此體已具,情之既發,而其用不窮。誠能體而存之,則眾善之源,百行之本,莫不在是。此孔門之教,所以必使學者,汲汲於求仁也。其言有曰:'克己復禮爲仁',言能克去己私,復乎天理,則此心之體,無不在,而此心之用,無不行也。又曰:'居處恭,執事敬,與人忠。'則此亦所以存此心也。又曰:'事親孝,事兄悌,及物恕。'則亦所以行此心也。此心,何心也?在天地則塊然生物之心,在人則溫然愛人利物之心,包四德而貫四端者也。或曰:"若子之言,程子所謂'愛情仁性,不可以愛名仁者'非歟?"曰:'不然。程子之所謂以愛之發,而名仁者也。吾之所論,以愛之理而名仁者也。蓋所謂情性者,雖其分域之不同,然其脈絡之通,各有攸屬者。則曷嘗離絕而不相管哉?吾方病夫學者,誦程子之言,而不求其意,遂至於判然離愛而言仁。故特論發此,以發明其遺意。子以爲異乎程子之說,不亦誤哉!'曰:'程氏之徒,有以萬物與我爲一爲仁之體者,亦有以心有知覺釋仁之名者,皆非歟?'曰:'謂物我爲一者,可以見仁之無所不愛,而非仁之所以爲體之眞也。謂心有知覺者,可以見仁之包乎智矣,而非仁之所以得名之實也。觀孔子答子貢博施濟眾之問,與程子所謂覺不可以訓仁,則可見矣。子安得以此而論仁哉!'"

2. 退溪解説

右仁說,朱子所述,並自作圖,發明仁道,無復餘蘊。大學傳曰:"爲人君,止於仁"。今欲求古昔帝王傳心體仁之妙,蓋於此盡意焉!

■《聖學十圖》《第八心學圖》

1. 心學圖說

林隱程氏《復心》曰:"赤子心,是人欲未汨之良心,人心即覺於欲者。大人心,是義理具足之本心,道心即覺於義理者。此非有兩樣心。實以生於形氣,則皆不能無人心,原於性命,則所以爲道心。自精一擇執以下,無非所以遏人欲而存天理之工夫也。慎獨以下,是遏人欲處工夫,必至於不動心,則'富貴不能淫,貧賤不能移,威武不能屈',可以見其道明德立矣。戒懼以下是存天理處工夫。必至於從心,則心即體,欲即用,體即道,用即義。聲爲律而身爲度,可以見'不思而得,不勉而中'矣。要之,用工之要,俱不離乎一敬。蓋心者,一身之主宰,而敬又一心之主宰也。學者熟究於'主一無適'之說,'整齊嚴肅'之說,與夫'其心收斂常惺惺'之說,則其爲工夫也盡,而優入於聖域,亦不難矣。"

2. 退溪解説

右,林隱程氏,掇取聖賢論心學名言爲是圖。分類對置,多而不厭,以見聖學心法,亦非一端,皆不可不用功力云爾。其從上排下,只以淺深生熟之大概言之,有如此者。非謂其工程節次,如致知、誠意、正心、修身之有先後也。或疑,既云以大概敍之,求放心是用工初頭事,不當在放心之後。臣竊以爲,求放心,淺言之,則固爲第一下手著脚處,就其深而極言之,瞬息之頃、一念少差亦是放,顏子猶不能無違於三月之後,只不能無違,斯涉於放。惟是顏子纔差失,便能知之,纔知之,便不復萌作,亦爲求放心之類也。故程圖之敍如此。程氏字子見,新安人,隱居不仕,行義甚備,白首窮經,深有所得,著四書章句圖三卷。元仁宗朝以薦召至將用之,子見不願,即以爲鄉郡博士致仕而歸。其爲人如此,豈無所見而妄作耶?

■《聖學十圖》《第九敬齊箴圖》

1. 敬齊箴

正其衣冠,尊其瞻視。潛心以居,對越上帝。足容必重,手容必恭。擇地而蹈,折旋蟻封。出門如賓,承事如祭。戰戰兢兢,罔敢或易。守口如瓶,防意如城,洞洞屬屬,罔敢或輕。不東以西,不南以北。當事而存,靡他其適。弗貳以二,弗叁以三,惟心惟一,萬變是監。從事於斯,是曰持敬。動靜弗違,表裏交正。須臾有間,私欲萬端,不火而熱,不冰而寒。毫釐有差,天壤易處。三綱既淪,九法亦斁。於乎小子,念哉敬哉!墨卿司戒,敢告靈臺。

2. 朱子説

朱子曰:"周旋中規,其回轉處,欲其圓如中規也。折旋中矩,其橫轉處,欲其方如中矩也。蟻封,蟻垤也。古語云:'乘馬折旋於蟻封之間',言蟻封之間,巷路屈曲狹小,而能乘馬折旋其間,不失其馳驟之節,所以爲難也。守口如瓶,不妄出也。防意如城,閉邪之入也。"又云:"敬須主一。初來有個事,又添一個,便是來貳,他成兩個。元有一個,又添兩個,便是參,他成三個。須臾之間以時言,毫釐之間以事言。"

3. 臨川吳氏説

臨川吳氏曰:"箴凡十章,章四句。一言靜無違,二言動無違,三言表之正,四言裏之正,五言心之正而達於事,六言事之主一而本於心,七總前六章,八言心不能無適之病,九言事不能主一之病,十總結一篇。"

4. 西山真氏説

西山真氏曰:"敬之爲義,至是無復餘蘊,有志於聖學者,宜熟復之。"

5. 退溪解説

右箴題下,朱子自敍曰:"讀張敬夫主一箴,掇其遺意作敬齊箴,書其壁以自警云。"又曰:"此是敬之目說,有許多地頭去處。"臣竊謂地頭之說,於做工好有據依。而金華王魯齊柏排列地頭作此圖,明白整齊,皆有下落。又如此常宜體玩警省於日用之際,心目之間,而有得焉.則敬爲聖學之始終,豈不信哉!

■《聖學十圖》《第十夙興夜寐箴圖》
1. 夙興夜寐箴

雞鳴而寤,思慮漸馳,盍於其間,澹以整之。或省舊愆,或紬新得。次第條理,瞭然默識。本既立矣,昧爽乃興。盥櫛衣冠,端坐斂形。提掇此心,皦如出日,嚴肅整齊,虛明靜一。乃啓方冊,對越聖賢。夫子在坐,顏曾後先。聖師所言,親切敬聽,弟子問辨,反復參訂。事至斯應,則驗於爲。明命赫然,常目在之。事應既已,我則如故。方寸湛然,凝神息慮。動靜循環,惟心是監。靜存動察,勿貳勿參。讀書之餘,間以游泳。發舒精神,休養情性。日暮人倦,昏氣易乘。敬莊整齊,振拔精明。夜久斯寢,齊手斂足。不作思惟,心神歸宿。養以夜氣,貞則復元。念茲在茲,日夕乾乾。

2. 退溪解説

右箴,南塘陳茂卿柏所作以自警者。金華王魯齊,嘗主教臺州上蔡書院,專以是箴爲教,使學者人人誦習服行。臣今謹仿魯齊敬齊箴圖,作此圖,以與彼圖相對。蓋敬齊箴有許多用工地頭,故隨其地頭,而排列爲圖。此箴有許多用工時分,故隨其時分,而排列爲圖。夫道之流行於日用之間,無所適而不在,故無一席無理之地,何地而可輟工夫?無頃刻之或停,故無一息無理之時,何時而不用工夫?故子思子曰:"道也者,不可須臾離也。可離,非道也。是故,君子戒慎乎其所不睹,恐懼乎其所不聞。"又曰:"莫見乎隱,莫顯乎微,故君子慎其獨也。"此一靜一動,隨處隨時,存養省察交致,其功之法也。果能如是,則不遺地頭,而無毫釐之差,不失時分,而無須臾之間。二者並進,作聖之要,其在斯乎?

以上五圖,原於心性,而要在勉日用,崇敬畏。

退溪書院

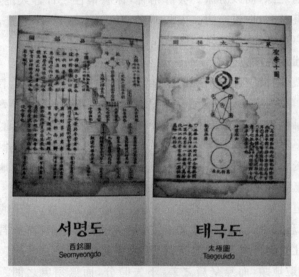

聖學十圖

第十一章 栗谷李珥的理通气局

名：李珥 이이 Lee yi
号：栗谷 율곡 Yulgok

生：1536 年
卒：1584 年

思想简括：理通气局

著作举要：《圣学辑要》、《击蒙要诀》、《东湖问答》、《四书谚解》。

语录：夫所谓真儒者，进则行道于一时，使斯民有熙皓之乐，退则垂教于万世，使学者得大寐之醒。

一、思想传承

栗谷李珥为朝鲜16世纪一代哲人，与退溪并称朝鲜性理学的双峰双璧，被后人誉为"东国大儒"、"东方夫子"、朝鲜中世的思想巨星。

儒学的本质特点是经世之学问。其经世学的内涵有内圣与外王双重路线，涵盖着内在的个人修养与外在的社会实践两个方面。作为对儒学的继承和发展，朝鲜性理学集大成者、朝鲜正统性理学的代表学者李退溪的思想，突出地反映了向内圣路线倾斜的特征，因而导致朝鲜性理学也具有同样的发展趋势。然而16世纪以后，伴随着哲人对理学理论与社会现实问题的思索与反思，经世思潮复兴，朝鲜性理学的价值取向由内圣至外王,开始进入了一个微妙的转型阶段。此时,继李退溪以后登上朝鲜学术舞台的代表学者李栗谷立足现实社会,开拓儒学外王路线,成为朝鲜理学的后殿和朝鲜实学的先驱。栗谷李珥既是一位哲学家,又是一位政治思想家。韩国高丽大学尹丝淳教授评价栗谷说:①

……不是单纯地停留在理论层面的探讨上,而是一位具有旺盛参与意识和改革现状的实践精神的性理学者。②

栗谷曾经担任朝鲜朝的户曹判书、吏曹判书、兵曹判书等朝廷要职。作为一个思想家,栗谷笃信、博学、慎思、务实;作为一个参政者,他致力于内圣外王之学,重在开拓外王之道。他的学问不仅停留在观念化的知性上,而是关注现实,重在实践。栗谷曰:

形而上者谓之道,形而下者谓之器,化而裁之谓之变,推而形之谓之通,举而措之天下之民谓之事业。③

栗谷将学问与社会现实紧密相连接,以易变之理推行更张改革之举措。他认为,朝鲜朝的历史可以分为创业、守成与更张三个阶段。他说:

至于我朝,太祖启运,世宗守成。④

时务不一,各有攸宜,撮其大要,则创业守成与夫更张三者而已。⑤

所谓更张者,盛极中微,法久弊生,狃安因陋,百度懈弛,日谬月误,将无以为国,则必有明君哲辅,慨然兴作,扶举纲维,唤醒昏惰,洗涤旧习,矫革宿弊,善继先王之遗志,焕新一代之规模,然后功光前烈,业垂后裔矣。⑥

自 1392 年朝鲜王朝创立,到 1910 年王朝灭亡,朝鲜王朝维持了

---

① 李珥:《圣学辑要》,《国译·栗谷全书》卷二十。
② 尹丝淳:《韩国儒学研究》。
③④⑤ 李珥:《栗谷全书》卷五,《万言封事》。
⑥ 李珥:《国译·栗谷全书》卷二十五,《圣学辑要》。

518年。这是韩国历史上维持得最为长久的一个王朝。太祖李成桂创立朝鲜朝基业于14世纪末叶,而后朝鲜朝的定宗、太宗、世宗、端宗、世祖大王守成于15世纪,朝鲜社会的经济政治文化发展达到了鼎盛时期。盛衰兴亡是任何一个历史朝代都必然经历的,朝鲜王朝也不例外。16世纪以降,朝鲜王朝在成熟之后由盛转衰,开始走向了一个转折时期。栗谷认为,此时正是需要更张之时,法久弊生,只有适应时宜,更张改革,矫革宿弊,洗涤旧习,扶举纲常,才能够功光先辈,业垂后裔。栗谷在其代表作《圣学辑要》中论述了"创业之道"、"守成之道"和"更张之道"的辩证关系。其《万言封事》、《经筵日记》、《陈时弊疏》、《六条启》、《文武策》等约74件上疏文中,都贯穿着栗谷追求勿虚务实、改革发展的经世思想。栗谷在与牛溪的人心道心论辩中,完成了独具特色的理气论和心性论,将朝鲜朝的性理学思维推向高峰。

二、理通气局

继李退溪与奇高峰的四七论辩之后,栗谷李珥和牛溪成浑之间又展开了人心道心论辩。其论题与论点是四七论辩的继续和延长。在理气观上,四位见解各不相同。李退溪主张理气互发说,奇高峰坚持理气共发说,牛溪提出理气一发说,栗谷认定气发理乘一途说。

牛溪成浑(1533—1598)比栗谷李珥大一岁,牛溪不反对奇高峰的理气共发说,但又认为退溪互发说的理论根据更接近于朱子学原论,特别是朱子《中庸章句序文》中的人心道心之说,与退溪的理气互发说很接近。为了弄清退溪与朱子理论的同异,以及退溪与高峰争论分歧的原因所在,牛溪在38岁时给栗谷写信请教。继而,二人往返书信九封,相互交流了对理气、心性、人心道心等问题的见解。现今保留下来的有栗谷致牛溪问答九篇,而牛溪致栗谷的书函第二、七、八、九篇已佚,只留有第一、三、四、五、六五篇。牛溪主张理气一发说,他认为理气相需,浑一不离,才发之际主理主气,理气之发为所主而发,未发时理和气都没有起作用,但"一发时",就取决于理和气的比重,取较重的一方。"才发之际,则主理主气一发说"。理气未发之时,理气呈浑一状态。在才发之际,因意欲之动的偏重不同、所主不同,而产生主理主气之一发,并不是理发或气发,而是在发出过程中,或偏重于理,或偏重于气,针对偏重某一方面而言理发气发。牛溪赞同栗谷气函理、七包四的见解。牛溪所说的理,就是气函理之理。牛溪的"主理主气一发说"中的主理主气,与退溪"理气互发说"中的主理主气是有差别的。牛溪之所以说自己的"一发说"既与退溪的"理气互发说"意合,又与栗谷的"人信马足,马随人意"相符;是因为他知道,退溪从理上强调理的主观能动性,栗谷则在气上强调事物的客观现实性。牛溪力求从栗谷的理气之妙合的现实出发,达到退溪的超现实的主观理想境界。

栗谷曾对退溪《圣学十图》中的《心统性情图》提出疑义。栗谷特别提醒牛溪注意,朱子的"或生或原"说,是从"心之虚灵知觉一"开始讲起的。栗谷认为"心即气",朱子讲的或生或原,无非都是心之发。或原者,指心之未发为性;或生者,指心之已发为情。或生或原都是由心气所派生,性情的发源处只是一个心气而已,一心之中函存着性情与理气。形气以性命为根源根柢,天地之心与吾人之心同为一源。或生者,重于气的形气之私;或原者,重于理的性命之正。这并不是说原来理气就分有两条脉络,所以栗谷认为两发或互发说不能立论。牛溪立即反问栗谷,既然明白"理之所重而言""气之所重而言",为什么就不能取其重而立说呢?

牛溪认为退溪主理主气说符合朱子"或生或原论"原意,以此为由与栗谷展开讨论。为了说服牛溪,栗谷在给牛溪的信中,用大段篇幅评论退溪的"理气互发说"。如此,客观上形成了栗、退理论的交锋。虽然那时退溪已经去世,但是退溪思想作为具有正统性和权威性的朝鲜性理学思想依然存在,在学界坚如磐石,退溪的互发说已经成为当时朝鲜理学的定论。但栗谷还是对退溪的互发说提出了一系列质疑:

> 今若曰四端理发而气随之,七情气发而理乘之,则是理气二物,或先或后,相对为两歧,各自出来矣。……人心岂非二本乎?①

---

① 李珥:《栗谷全书》卷九,《答成浩原》书一。

> 天地之化无非气化而理乘之也,是故阴阳动静,而太极乘之。此则非有先后之可言也。若理发气随之说,则分明有先后矣。此岂非害理乎?①

退溪与高峰的四七论辩,达到了朝鲜性理学理气心性论的成熟阶段。六年以后,牛溪与栗谷的人心道心论辩将四七论继续延伸,对人物性情论进行了更深入的探讨。退溪的"理气互发说"、高峰的"共发说"引出了牛溪的"主理主气一发说"的理论,继而栗谷"气发理乘人心道心一途说"理论成立。在"四七观"的"气含理、七包四"上,高、栗、牛取得了共识;在理气观上,栗谷对退溪思想做了修整,保留了退溪的"气发理乘之",并从中进一步推论出了"理通气局"说,使朝鲜性理学更具特色。

栗谷自谓"理通气局"这四个字是自己的所见所得:

> 理通气局四字,自谓见得,而又恐珥读书不多,先有此等言而未之见也。②

"理通气局说"是栗谷认识和开发理气理论的出发点与核心点,栗谷曰:

> 理无形也,气有形也。理无为也,气有为也。无形无为而为有形有为之主者,理也。有形有为而为无形无为之器者,气也。理无形而气有形,故理通气局。理无为而气有为,故气发而理乘。③

栗谷关注理与气之间的交融关系,强调"理气浑融"的原则。他先将理气分开来看,发现二者具有截然不同的特点。理无形无为,无本末,无先后,是可思不可感的形上世界;气有形有为,有本末,有先后,是可感不可思的形下世界。由于理气功能上的不同,所以二者可以互补互助,结合为一,其结合的形式是"气发理乘"。既互相区别又互相对应的理与气在一个共同体内运作,会产生不同的作用,这就是

---

① 李珥:《栗谷全书》卷九,《答成浩原》书一。
②③ 李珥:《栗谷全书》卷十,《答成浩原》书二。

"理通"与"气局"的作用,以及"理通气局"共同作用的结果而产生的理气一系列变化。在探讨理气关系中,栗谷以为理气相和的"理气之妙"难说亦难见,于是他在理气妙和的推论中将性理学理一分殊的理论发挥到了极致。围绕着"理通"与"气局",栗谷的理气论层层展开。理气混融,浑然一体,皆本有,元不相离,这是栗谷理气观最基本的意义。在理气不即不离问题上,历来学者都有争议和分歧。朱子虽然承认理气共存于天地之间,但是从理是形上之道体,气为形下之物来看,理气之间的差别是极为分明的。天下万物无不禀有此理,无不具有此气。从现象上看,理气并立为一体;从逻辑上分,理气一性一形。性形是两种属性,故朱子说理气"绝是二物"。朱子将张载的"性即气"改为"性即理",这就说明了朱子理论体系的核心是理,而不是气,也不是理气。因为理无形,要说明其存在价值,必须要找到一个载体,于是气便作为理的依着和挂搭出场了。朱子说理气"绝是二物",并不是指理气分别是两个物件,而是说明了理气的轻重贵贱差别。四七理气论辩中,李退溪因坚持"四端理之发,七情气之发"的理气两发观点,而受到奇高峰的诘问。退溪坚持两发说的理由是朱子语类中有"四端是理之发,七情是气之发"的说法。而奇高峰则认为朱子的两发说不是"对说",而是"因说"。栗谷接续了奇高峰的观点,他说:

> 圣贤之说,或横或竖,各有所指。欲以竖准横,以横合竖,则或失其旨矣。[①]

栗谷认为阴阳本有,亦有动静,循环不已,无所终始。阴阳变易之中有太极,太极为阴阳变易之理,贯穿于阴阳动静的始终,为阴阳万物之枢纽和根柢。太极与阴阳为一,故太极与阴阳不可分立。动者静者气也,动之者静之者理也。气为阴阳动静的所当然,而理是阴阳动静的所以然。栗谷沿着花潭的"机自尔"的思路,以强调气的活动性和能动性为由,否定了理的活动性和能动性,说明了所当然之气和所以然之理的不同,指出了在气一元论之上,还有花潭未能看到的

---

① 李珥:《栗谷全书》卷九,《答成浩原》书一。

一层。栗谷说:

> ……以为湛一清虚之气无物不在,自以为得千圣不尽传之妙,而殊不知向上更有理通气局一节。继善成性之理,则无物不在,而湛一清虚之气,则多有不在者也。理无变而气有变,元气生生不息,往者过,来者续,而已往之气已无所在。而花潭则以为一气长存,往者不过,来者不续,此花潭所以有认气为理之病也。①

在湛一清虚的一本之气之上,还有一层理气分殊现象,花潭没有看到。虽然花潭以"机自尔"说明了一本之气的变化原因,但是气变不失气之湛一清虚者有之,气变为偏气、浊气、糟粕之气者亦有之。这种现象怎么解释?这种现象用"机自尔"解释不了。花潭的气一元说明了气化流行的原因,而无法说明气化生生不息、动静不止而参差不齐的多变性原因。栗谷则比花潭进一步,以"理通气局"来解释一气的同一性和多样性的难题。栗谷曰:

> 理通者,天地万物同一理也。气局者,天地万物各一气也。②

可以说栗谷从花潭的气一元论中受到启发,在花潭的"机自尔"理论之上推出了"理通气局",从而弥补了花潭只见气不见理、论理不足的弱点。理通气局说立论的基础理论是阴阳本有、非有始生、太极未有独立之时,阴阳动静者气也,动之静之者理也,理气浑融,元不相离,理气一也,理气浑融无间,在一个共同体内运作变化,各自发挥着不同的作用,互为表里,搭配默契。在强调了理气不可分离的关系之后,栗谷指出理气搭配的结构形式是"气发理乘"。栗谷曰:

> ……气发而理乘(注:阴阳动静而太极乘之。发者气也,乘其机者理也,故人心有觉,道体无为。)③
>
> 见孺子入井然后乃发恻隐之心,见之而恻隐者气也,此所谓

---

① 李珥:《栗谷全书》卷十,《答成浩原》书二。
②③ 李珥:《国译·栗谷全书》卷二十,《圣学辑要》。

气发也。恻隐之体则仁也,此所谓理乘之也。①

由于理气具有截然不同的特征,所以二者既相互区别,又相互对应。气为事物之所当然,理为气之所以然。在任何时候,理都以气为媒介体或载体来体现其法则性和规律性。"理无为而气有为,故气发而理乘",表现为理气所乘关系的"气发理乘说",直接承继了朱子的"所乘之机"和"人跨马"说。栗谷曰:

> 气发而理乘者何谓也?阴静阳动机自尔也,非有使之者也。阳之动则理乘于动,非理动也;阴之静则理乘于静,非理静也。故朱子曰太极者,本然之妙也,动静者所乘之机也。气发理乘一途坦然,而或原或生,人信马足,马顺人意之说,亦得旁通而各极其趣。……气发理乘一途之说与或原或生、人信马足、马从人意之说皆可通贯。……盖气发理乘一途之说,推本之论也。②

朱子认为动静者是阴阳二气所为,非是太极自身的动静。动静者是太极的"所乘之机"。能动的阴阳二气和不能动的太极的关系,是"理搭在阴阳上,如人跨马相似"。③ 栗谷曰:

> 阴静阳动其机自尔,而其所以阴静阳动者理也。故周子曰:太极动而生阳,静而生阴。夫所谓动而生阳静而生阴者,原其未然而言也。动静所乘之机者,见其已然而言也。动静无端,阴阳无始,则理气之流行,皆已然而已,安有未然之时乎?④

栗谷特别关注理的已然状态,及在现象世界中,理与气的搭配关系。徐花潭和李退溪的思想体系分别代表了朝鲜性理学主气和主理两派的学问特点,二者都是栗谷极为尊敬的前辈学者。论及二学者的学问特点时,栗谷认为花潭思想出自张载,退溪思想依据朱熹;花潭学问多"自得之味";退溪学问多"依样之味"。在对理气的理解上,花潭"认理不足";退溪有"知见之累"。栗谷说:

---

① 李珥:《栗谷全书》卷十,《答成浩原》书二。
② 李珥:《韩国性理学精选》,《答成浩原》。
③ 朱熹:《朱子语类》卷第九十四。
④ 李珥:《栗谷全书》卷二十,《圣学辑要》。

第十一章 栗谷李珥的理通气局

退溪之精详谨密,近代所无。而理发而气随之说,亦微有理气先后病。老先生未捐馆舍时,珥闻此言,心知其非,第以年少学浅,未敢问难归一。每念及此,未尝不痛恨也。退溪之病,专在于互发二字。惜哉!以老先生之精密,于大本上犹有一重膜子也。①

退溪强调理的极尊至贵,认"理"为"命物而不命于物",理对于物具有主宰性。因此,理具有能动能静、有情意、有造作之功能,并能从本然之体发生至妙之作用,格物便理能自到。退溪在四七理气论辩中主张"四端理发而气随之,七情气发而理乘之"的"理气互发说"。栗谷尊敬李退溪,一向以退溪为师,唯与退溪"理发而气随之"的理气观不愿苟同,认为此语有"微差"。栗谷说:

退溪则深信朱子……其于朱子之意不可谓不契,其于全体不可谓无见。而若豁然贯通处,则犹有所未至,故见有未莹,言或微差。理气互发,理发气随之说,反为知见之累耳。②

栗谷否定了退溪"四端理发而气随之,七情气发而理乘之"的前半句,而提取了后半句"气发而理乘之",作为自己理气观里的一个重要命题,并对内涵做了调整说明。退溪从心性上讲,有"四端,理发,七情,气发……",将性善恶两分,追其根源。理发有善无恶的一端,气发为有善有恶的一端。栗谷则认为无论是天地之化的天道流行,还是吾心之发的人道流行,理气都不能分离,而是以气发理乘的形式运行,并且是一种自然而然的流行。栗谷曰:

夫形而上者,自然之理也,形而下者,自然之气也。……阴阳既分,二仪肇辟。二仪既辟,万化乃生。其然者气也,其所以然者理也。愚未知孰主张是,不过曰:自然而然耳。③

一日而周天,阴精迟运,故一夜而不周,阳速而阴迟者,气也。阴之所以迟,阳之所以速者,则理也。愚未知孰使之然也,

---

① 李珥:《栗谷全书》卷二十,《圣学辑要》。
② 李珥:《韩国性理学精选》,《答成浩原》。
③ 李珥:《栗谷全书》卷十四,杂著《易数策》。

不过曰自然而然尔。①

理与气都是自然而然的关系,不管人们怎样去看待它们,怎样去规定它们,它们都会按照自然之规律运行,不会受到人的认识的任何限制。理非观念之理,非仅指一个"主宰"和被主宰的精神天地,而是真实无妄的诚实之理,即反映客观现实的自然规律之理。栗谷详细考察理气的"主宰"和"所乘"关系,在"气发理乘"的理气运行结构之上,又进一步推出理气论命题。理的无形无为和气的有形有为的固有特点,决定了二者相须不即不离的关系。气发而理乘之,在理气共同运作的过程中,气化而产生万殊,理随之出现分殊现象。栗谷曰:

> 一气运化散为万殊,分而言之,则天地万象各一气也。合而言之,则天地万象同一气也。②

> 夫理一也矣,本无偏正通塞清浊粹驳之异。其所乘之气升降飞扬,未尝止息,杂糅参差,是生天地万物,而或正或偏、或通或塞、或清或浊、或粹或驳焉。理虽一而既乘于气,则其分万殊③。

将天地万物变化的表现归结为一,不过是一气的分殊。作为一气运化之所以,理乘于气,由于气的分殊,理随之产生分殊。即理一分殊发生的原因是气的分殊。气在动静变化中出现清浊通塞、偏正粹驳的多样化现象,既然理乘于气,理就会随之分殊,变成万殊之理。理乘气运行,理与气同时发生分殊,而理的分殊与气的分殊特点是不同的。理的分殊特点是"理通",气的分殊特点是"气局"。对于"理通",栗谷如是说:

> 理通者何谓也?理者无本末也,无先后也。无本末无先后,故未应不是先,已应不是后,是故乘气流行参差不齐,而其本然之妙无乎不在。气之偏则理亦偏,而所偏非理也,气也。气之全

---

① 李珥:《栗谷全书》卷十四,杂著《天道策》。
② 李珥:《栗谷全书》卷十四,杂著《易数策》。
③ 李珥:《栗谷全书》卷十,《答成浩原》书二。

则理亦全,而所全非理也,气也。至于清浊粹驳、糟粕煨烬、粪壤污秽之中,理无所不在,各为其性,而其本然之妙,则不害其自若也。此之谓理之通也。①

在空间中,理无本末;在时间上,理无先后;在现实里,理无形无为。故理只能乘气而流行,气有偏全,理亦有偏全,所偏或所全的是气而不是理。理可以分为"本然之妙"的本然之理和"无乎不在"的流行之理。"本然者理之一也",本然之理即是一本之理,为理之体。"流行者分殊也",流行之理是万殊之理,为理之用。因为理是无形的,所以人们看不到作为气之根柢与原因的理的变化,人们能够看到的是气的偏全清浊变化。理随气流行,无乎不在。气偏理亦偏,气全理亦随之全。其偏全的原因是由于气有清浊粹驳,可以变化出参差不齐的多种事物,事物各具一性"各为其性"。事物所表现出的这种特殊性,是理的万殊。理作为气之根底和所以然而贯穿于事物的始终,事物所具有的普遍性为理一,事物所具有的特殊性为理的万殊,万殊离不开理一,"一"与"多"中普遍与特殊中皆贯通着无所不在之理。一本之理与流行之理同处于一体之中,"本体之中,流行具焉,流行之中,本体具焉"。无论气如何变化,万变不离其理,气在理便在,一本之理,无处不在,畅道无阻,其本然之妙,不妨碍万殊之理的圆通无碍。对于"气局者",栗谷做如下解释:

  气局者何谓也?气已涉形迹,故有本末也,有先后也。气之本则湛一清虚而已,曷尝有糟粕煨烬、粪壤污秽之气哉?惟其升降飞扬,未尝止息,故参差不齐而万变生焉。于是气之流行也,有不失其本然者,有失其本然者。既失其本然,则气之本然者已无所在。偏者偏气也,非全气也;清者清气也,非浊气也;糟粕煨烬,糟粕煨烬之气也,非湛一清虚之气也,非若理之于万物,本然之妙无乎不在也。此所谓气之局也。②

气与理不同,气有形有为、有本末先后之分。气之本为本然之气,气之末为流行之气。而本然之气与本然之理的不同在于,本然之

---

 ①② 李珥:《栗谷全书》卷十,《答成浩原》书二。

理是贯通全体始终的,而本然之气却局限于局部部分。气之本是湛一清虚在变化中得气之全者,不失其本然之气。而气之偏者则失去了本然之气而流于流行之气,于是糟粕清浊,万变生焉,未尝止息。气变化之后,或偏或全、或清或浊,分化开来。气之全者,仍不失其本然,气之偏者却已经失去了本然之气,只剩下流行之气了。这就是说,气在动静运动时,不间断地分殊,使事物变得参差不齐。气分殊的原因是气自身的局限性所致,因为气的分殊是自身的分殊,分殊之后,事物或秉湛一清虚之气之全、或秉其偏,由于事物所秉受的气之偏全的局限,使事物产生了多样化的变化。而理的分殊不是理自身的分殊,是理乘气,气的分殊所致,所以理分殊时,一本之理未分裂,可以由一本流向万殊。一本之理不囿于分殊而无处不在,一本之气则局于分殊而有偏有全。气与理相比较而言,气有局限性,局于偏全。理与气相比较而言,理通达无碍。理以无限贯通的形式向气全方位开放着。所以说:"气之一本者,理之通故也。理之万殊者,气之局故也。"①

"理之通"与"气之局"的发现,是栗谷将理气放到一本与分殊的过程中,观其不同变化而悟。因为理无本末、无先后、无形无为,所以理在理一分殊过程中,本然之理的理一与流行之理的分殊始终相通一贯。而气在分殊过程中,本然之气的一本之气与万殊之气的流行之气因分殊而发生"不失其本然者"或"失其本然者"的变化,又曰全气、偏气。气不能像理那样"于万物本然之妙无乎不在",这是由气有本末、有先后、有形有为的特征所决定的,是由气的局限性所造成的。沿着"理之通"与"气之局"的路径,栗谷进一步推理。作为气之根柢与理由,理无形无为,必须借助气的功能与形体来体现其原理。当理乘气运行时,受到气的局限性(气之局)而产生分殊。这种分殊非理本身的分殊,是因为气局所造成的气的分殊而发生的。这就是说,理一分殊发生的原因是气的分殊。栗谷以理一分殊来剖析理气关系,得出理通气局的结论,以此推论理的主宰作用与气的能动作用的合作关系,从而认识到无形无为之理具有无限性,它能四通八达,在任

---

① 李珥:《栗谷全书》卷十,《答成浩原》书二。

何时候都具有维持其本然之理的能力,不会使自身分化。而有形有为之气具有其自身的局限性,气客观现实性的特点使其分殊的产生成为必然。这种必然性自然会影响到乘气之理而随之产生分殊变化。但是理气从来是根柢与依着关系。本然之气以本然之理为根柢,呈现湛一清虚的一本之气,"气之一本者,理之通故也"。本然之理依着流行之气并受气之局的影响而成为流行之理,产生分殊,"理之万殊者,气之局故也"。将理与气的分殊分开来分析时,"气之局"可以作为理一分殊的原因,"理之通"可以作为气之一本的存在条件。但是毕竟理气为一,是不可分离的。基于理气的根柢和依着关系,可知气的分殊必有理的主宰。在理气共同运行、相互依赖、相互影响、相互规定的运动过程之中,确定理气关系,栗谷将之概括为"理通气局"。栗谷从理气两方面考察了理一分殊的意义,说明了分殊的原因是气。气有形有为,具有"局"的特征。气不断地分殊,因其局限性产生偏全,而形成多种多样的事物。理无形无为,无处不在,具有"通"的特征。理将万物万象变化的规律抽象化为一种普遍性原理。理乘气流行,随着气"局"的限定,理分殊为物之理、人之理等各类事物的特殊性原理。而后,理依据"通"的能力,完成由特殊到普遍,由一般至个别规律的转换。可以说"理通气局"是对"理一分殊"理论的深化。

理气分而言之,理有体用,气亦有体用,可以说这是二分之体用。理气合而观之,理气又为体用,这是二合之体用。理气"合二说而玩索,理气之妙庶乎见之矣"。[①]

其妙之一:理的分殊与气的分殊之不同在于"通"与"局"。理无论在分殊之前,还是在分殊之后,其理都一脉相通而无乎不在,表现出通达无碍的特征。而气则在分殊之后分裂,表现出气的局限性特征。

其妙之二:气发理乘之,气发偏则理亦偏,而所偏非理也,气也。理一分殊是由一气的分殊所造成的。找到了理分殊的因缘。"理之万殊者,气之局故也。"

---

① 李珥:《栗谷全书》卷二十,《圣学辑要》。

其妙之三：气有参差不齐的多样性变化，湛然清虚的一本之气之所以能够作为气动静之本体，是因为"言其本体之气，则本体之理亦在其中"。"同一气，故理之所以也。"气的多样性与理的统一性是相对应的，从"各一气"回归"同一气"，事物的"一"与"多"的相互转换，依靠的是理的通达性，理整体遍及一切事物之中。所以栗谷说"气之一本者，理之通故也"。

其妙之四：说明了统体一太极和天地万物各一太极是"通局"关系。栗谷曰：

> 夫理一而已矣，本无偏正通塞清浊粹驳之异。而所乘之气升降飞扬，未尝止息，杂糅参差，是生万物，而或正或偏、或通或塞、或清或浊、或粹或驳焉。理虽一而既乘于气，则其分万殊。故在天地而为天地之理，在万物而为万物之理，在吾人而为吾人之理。然则参差不齐者气之所为也，虽曰气之所为而必有理为之主宰，则其所以参差不齐者，亦是理当如此，非理不如此而气独如此也。天地人物虽各有其理，而天地之理即万物之理，万物之理即吾人之理也，此所谓统体一太极也。①

统体一太极之一理可以分殊为天地之理、万物之理、吾人之理，以此类推，万物的多样性变化是由于"气之局"的原故，"参差不齐者气之所为也"。由于气之局，"一"可以变成"多"，而"一"又是在"多"的交融中形成的，天地万物万象的统一性规则是由"理之通"来一以贯之的。不管事物如何花样翻新、变化无穷，"其所以参差不齐者，亦是理当如此"。所以天之理、物之理、人之理，虽然各有其理，同时天之理即是物之理，物之理既是人之理，统体一太极之理，与物物一太极的分殊之理是相通的。理气妙合，其妙之五是"太极之太极""统体之统体"说。栗谷曰：

> 所谓以吾心对事物而言，则吾心为体，事物为用者，甚是。但以吾心对天道而言，则天道为体，吾心为用矣。总体中也有体用，各具体中也有体用。以易有太极之太极观之，则吾心之一太

---

① 李珥：《栗谷全书》卷十，《答成浩原》书二。

极,亦是各具体中之统体也,易有太极之太极,乃统体中之统体也。①

栗谷将天道、吾心、事物的关系分多层次剖析。吾心对天道而言,天道为体,吾心为用;吾心对事物而言,吾心为体,事物为用。吾心对天道和事物时,吾心处于天道与事物之间,吾心既为天之用,又为物之体。吾心同时可以具有双重意义,与天道的"统体一太极"相对应,属于"物物一太极"的范畴;与此同时,与事物的"物物一太极"相对应,又属于"统体一太极"的范畴。这样,"统体一太极"中有"物物一太极","物物一太极"中也有"统体一太极",做到了"各具中",天道中有吾心,吾心中有天道;吾心中有事物,事物中有吾心。天道、吾心、事物统体一太极,以"太极中之太极"之体与"统体中之统体"之用相对应,以多层次的形式展开,使太极之体融会于天地万事万物之间,使天地、吾心、事物之用又内涵着统体之太极和物物之太极。从事物的共性看,共性中有个性;从事物的个性看,个性中有共性。抽去个性的局限,共性将不全;离开共性的贯通,个性将无存。

栗谷的理通气局说源于理一分殊。他用通局关系论述理气,更加清晰地说明了理一与分殊之意。理通气局说的意义还在于,使事物的运动变化不被认为是一种理的主观性活动,而是一种从主观性控制的未然状态中挣脱出来的已然流行之气。这种流行之气的特点是不间断地分殊出参差不齐的事物来,进行分殊活动是气本身的运动,是一种客观现象。若追究其所以然,要说"理当如此"。当理被提示为与万物直接相关联的"统体一太极"后,传统思维定式便在一个形而上学的太极的主观世界中,以月映万川的形式反射着万象万物。栗谷在承认太极之理的主宰作用的同时,以气的能动性为由,将气从太极的投射中脱化出来,强调"气发而理乘",赋予理以客观现实性。这一点沿用了退溪"气发而理乘之"的说法,继承了朱子"所乘之机"的意义。并且指出从一本之气到流行之气的不断变化运动是"机自尔"所致,这一点栗谷在花潭的气一元论中收益颇多。所有物质性运

---

① 李珥:《栗谷全书》卷十,《答成浩原》书二。

动的分化组合都是气之所为,气是理的所乘之机、所盛之器。

栗谷试图以理通气局说,将理的形上的超先验性同气的形下的现实性相结合,来解释事物的个别分化现象,形成清浊善恶偏全之性的客观必然性,其客观现实性说明里面有其合理性作为其所以然,为他以后说明天理是性、人欲同样是性的心性说做理论铺垫,并启发人们重新回到现象世界看待理气及其相互关系。

三、至善与中

"至善与中"是李珥性理学说中一个非常独特的哲学命题,是他探讨理想道德修养标准和践履方法原则的理论。栗谷曰:

> 至善与中之论,大概相合。①
>
> 圣人之教必先立至善以为标的,使学者晓然以事理当然之极为至善,然后进之于中庸。使知至善乃所以不偏不倚、无过不及之道,则不陷于执中,不流于过不及,而真能止乎至善耳。此虽浅陋之见,道理恐是如此。②

圣人的教导就是为人定立一个至善的道德目标,使学者知道这个目标是全部事理的当然之极,是最高尚、最合理、最完善的精神境界。众人"进之于中庸",用中的方法达到至善。《中庸》开宗明义云:"天命之谓性,率性之谓道,修道之谓教。"《大学》三纲领曰:"大学之道在明明德,在新民,在止于至善。"栗谷将性、道、教与中相贯通,将明明德、新民、止于至善"体用总举",谓之曰:

> 盖至善之体,即未发之中,而天命之性也。
>
> 至善之用,即事物之自有之中,而率性之道也。
>
> 止于至善者,即时中之中,而修道之教也。③

栗谷受到了程颢"人生气禀"的启发。程颢认为"生之谓性","气禀自然","善固性也,然恶亦不可不谓之性也"。程颢的性善恶观建

---

① ② 李珥:《栗谷全书》卷十,《答成浩原》书一。
③ 李珥:《栗谷全书》卷十,《答成浩原》书二。

立在人生气禀之上,但此处的气概念已经不再是宇宙论中的气化之气,而成了人性论中的气质之气了。栗谷理解了程颢的原意后,将其理论稍做修补,把人性置于理气流行之中。依照栗谷的理解,性为理气之合,当本然之理表现出气的本然之性,流行之理表现出气的流行之性时,气的本然之性相当于张子所说的天地之性,气的流行之性相当于张子的气质之性。无论是天地之性还是气质之性都可称之为性。人的喜怒哀乐等感情是气禀自然,是人天生的本能之性,自然而然,理当如此。栗谷不用善恶标准将人性分裂开来看待,而用无过无不及、适当不适当的中庸标准来衡量人性的善恶。人来到世界,求生首先是人的第一性,所谓"生之谓性"。人必需为了生存而适应客观环境,人的适应性表现在两方面,一是饮食男女,二是修道之教。前者是本能,后者是习惯。在复杂多变的各种险恶环境中,在岁月的流逝中,在人世的美好与丑陋并存的现实世界中,人的适应性无时无刻不在大显身手。在维持人之自然本善之性方面,修道之教可以转化为人的习惯意识,而对人的道德行为发挥巨大的指导作用。栗谷尝试用"中"将性道教贯通起来完成其修养论。栗谷曰:

> 夫形色,天性也,人心亦岂不善乎?由其有过有不及,而流于恶耳。①
>
> 天理固当发见,而人欲亦萌动于其间。②
>
> 喜怒哀乐之未发谓之中。中也者,大本也,安有善恶之可言耶?③

未发者性也。人心未发动之前,无所谓人性善或人性恶,因为心的未然状态全体湛然,呈现静态,无有任何善恶表现,此时曰未发之中。人心发动之后,已发者情也。

> 发者气也,所以发者理也。其发直出于正理而气不用事则道心也,七情之善一边也。发之际气已用事则人心也,七情之和善恶也。知其气之用事,精察而趋乎正理,则人心听命于道心

---

① 李珥:《栗谷全书》卷十,《答成浩原》书二。
②③ 李珥:《栗谷全书》卷三十。

也。不能精察而微,而人心愈危,道心愈微矣。精察与否,皆是意之所为。故自修莫先于诚意。①

人心之发本于天性,出于人的身耳目四肢食色的生存需求。人之性为心之本体的未发状态,人之情为心之用的已发状态。按照"不偏不倚无过不及之正理"当发,还是不当发?栗谷以发之中节不中节来判断,而不以四端为善、七情为善恶来评价。作为道德主体之吾心,在经常面临的数种道德可能性的条件下,须要依照吾心的道德认识和道德信念作出道德决断。在已发之际,是当发还是不当发?用现代话讲,可以叫做价值取向。取是取舍选择,向是追求某一个固定目标。换句话说就是对某一既定道德价值目标的选择和追求。栗谷将"中节"或"当"的道德选择标准,定为"时中之中"。栗谷曰:

> 中者,性之德也,大本也。和者,情之德也,达道也。时中者,致中和也。立大本毫厘间不可有差。②

> 中即不偏不倚无过不及之正理,而兼指德行而言。中庸之理是至善也,中庸之行是止至善也,中和是至善之体用也,致中和是止至善也。③

"中"为至善之体,"和"为至善之用,"致中和"为止至善。因为中的不偏不倚讲的就是道德行为的正确标准。《中庸》云:"致中和,天地位焉,万物育焉。"栗谷云:"致中和而位育者,明德新民。止于至善,而明明德于天下之谓也。"大学的止至善与中庸的致中和完是一回事,而非是两回事。"夫至善云者,只是事物之当然之则也。其则非他,只是十分恰到好处耳。"④

栗谷用中调和至善,以中贯通性道教。"中字上通性道教而言者,中字兼性情德行而言故也。"性为人所禀受的天命之性;道为后天人们依照天命之性行事的道德行为过程;教为圣人以道育人的德育。栗谷以"中"言性道教,意在性道教之间寻找一个既不违反天命道德的基本原则,又不过于压抑人之常性的平衡点。栗谷曰:

---

① 李珥:《国译·栗谷全书》卷二十一,《圣学辑要》。
②③④ 李珥:《栗谷全书》卷九,《答成浩原》书一。

至善之体乃吾心统体之太极也,见于日用之间,而各有本然一定之则者。至善之用,乃事事物物各具之太极也。①

古圣贤所言中者,皆指未发之中耶?至善是十分,是处中亦十分,是处明德有个至善,则明德有个中;新民有个至善,则新民有个中,何不可言之?②

栗谷在至善与中的体用之间做文章,将道德标准相对化。他不把性情德行的善恶作为最终价值判断取向,而用中去判断调和善恶。所谓尧舜这样的圣人是体现至善理想人格的典范,其人格构成了"性即理"的最高精神境界。然而理想与现实是有距离的。就现实而言,圣人是一种难以企及的境界。但因其具有超越意义,对人来说,不及者方有魅力,作为一种榜样的力量,使人们趋向于它。真善美成为人类精神文明所探讨的一个永恒主题,对善道德的追求成为一个无休无止的过程。道德理想为人们提供了一个崇高的精神境界,可以使人们以此为目标不断升华精神品质,而避免世俗沉沦。但是在现实社会之中,人们不可能做得那样尽善尽美,而且人与人的个性差异极大。因此,由"性即理"而规定的"遏人欲"的禁欲主义价值取向便走向另一种误导:偏重于强调社会群体的需求,而造成对个人人性的压抑。栗谷的"至善与中"正是在理想与现实的矛盾中关照人性的思考。栗谷的这种思想与西方的一些学者的伦理观有相似之处,如德国学者哈贝马斯。哈贝马斯从某种意义上讲,已被看成是继康德之后德国最有影响的伦理学家。他认为伦理理性所要解决的是"善"的问题,而道德理性要解决的则是"公正"问题。这与我们通常对伦理(以对公正、合理的探讨为核心)与道德(以对善的探讨为核心)的理解正好相反。③一个社会要维持与其发展相适应的社会结构,需要建立某种社会公德的概念。社会道德需要解决公正的问题,或者说社会公德至少应该是道德概念的主要部分,而个人的善恶等可以归结为伦理问题。英国哲学家拉斐尔认为:正是社会价值的基本概念,

---

①② 李珥:《栗谷全书》卷九,《答成浩原》书一。
③ 甘绍平:《伦理智慧》,中国发展出版社,2000年。

他使社会凝聚在一起。①

栗谷在探讨道德价值标准的时候,其着眼点不仅是伦理学的层面,他还从社会学的层面去考虑道德原则标准的公正性与合理性,提出了"公论"概念。栗谷说:"公论者,有国之元气也。"②

栗谷坚持儒家执两用中的价值观,所追求的是道德理性的合理化建构,探讨的正是道德标准的"公正"原则。栗谷没有将传统的天命之性或气质之性看作是衡量人性善恶的标准,尽其性"十分处","恰到好处"的无过无不及为正理。这样,就给人性的道德判断留有余地,而不会被某一个观念化标准所封固。在心性论上,朝鲜学者大多以李退溪主理说为正统学说,而致力于建构一个太极至善之理的完善理论体系。但是从理论体系的建构上考虑,至善不能只停留在一种极为抽象的至高理念上,那仅只是形式上的"止于至善",而非是真正意义上的"止于至善"。概念发展的特殊方法不仅是从具体到抽象,更重要的是从抽象到具体。在第一条道路上,完整的表象蒸发为抽象的规定;在第二条道路上,抽象的规定在思维行程中导致具体的再现。……从抽象上升到具体的方法,只是思维用来掌握具体并把它当做一个精神上的具体再现出来的方式,但绝不是具体本身的产生过程。③ 从理论的实践意义上考虑,传统思维一直单纯地将扬善抑恶作为至善的出发点,然而在至善道德的实践中,并没有那么单纯。道德评价和判断是极为复杂的,而且道德准则是要随着时间场所的变化而调节的。基于理论与实践上的需要,至善不可能是唯一的、不可变动的绝对真理。至善道德必须与至善标准的厘定和调整同步,才能保持其合理性,确实保证"至善"成为可以遵循的普遍规则,才能够体现人与社会、自然的共同愿望和需求,保证人的完善发展同社会的完善同步发展。

栗谷努力从人的身与心、从人与物的结合上,探讨"至善"的理想在现实中得以实践的可能性。他由未发之中所表现出的天命之性,

---

① 拉斐尔:《道德哲学》,邱仁宗译,辽宁教育出版社,1998年。
② 李珥:《栗谷全书》卷七,疏,《被劾辞兵曹判书疏》。
③ 马克思:《政治经济学批判》导言,《马克思恩格斯选集》第二卷,人民出版社,1972年。

第十一章 栗谷李珥的理通气局

讲人心在未发动之前,是一种思虑未萌、无情无欲的静的状态。此时心主于身,道义全具,为至善明德之体,这是人们要追求的自然之纯净境界。人生于自然、养于自然、禀自然之气,由自然之诚信到做人之仁义礼智信之道德,人之本性由自然而来,故人性本善。然而,当心感外物,触物而发动之时,人心会因时、因地、因人而发生复杂多样的变化,人只要不被私欲所染而堕落,就能够维持自有之中。一方面,人要做修为之功夫,克制私欲,维持公正,通过自身的修为之功夫,使行为达到修为之极的道德标准。另一方面,人需要做合宜的探讨,如何才是中节不中节,是否合乎时宜、合乎天命。以人的意志与理智去追随自然天命法则,这是人的自有之中的率性之道。时中之中的修道之教,是合乎时宜、随时变通的时中、致中和、止于至善的原则,是在不同时间、场合、言论、人物的条件之下,都能够产生较好实际效果的方法原则。人们按照圣贤的修道之教修己治人、格齐治平,因为这种践行有益于世道人心,有益于国计民生,故道德行为不是目的,目的是道德行为所产生的社会实践效益。在栗谷所生存的社会中,学者们普遍重视"未发之中"的天命之性,天命之性使伦理道德本体化,反映在心性上的"至善"道德,要求人性达到一个完善的理想境界。人们将成圣的理想人格作为终身奋斗的方向和目标,而忽视了做一个完善的人究竟为的是什么。显然,人的道德主体地位与伦理道德的关系混淆了,人被僵化的道德观所束缚,而忽略了自身的活力。说到底,道德是维系个人与他人利益的秩序和规范。礼让群居出于人自身生存需要的考虑。为了自身的利益,人与人共存,不言自明这是人性,也是天性。所以,社会道德、价值标准、行为规范等应该建立在个体与群体的双方选择之上,应该是心与物的双重调解,是主体价值理想与客观现实双向调节。"至善与中"在追求至善完美和时中和宜两方面,酝酿道德秩序的完善,使道德价值非体现某种真理性,而是反映了某种合理性,使道德问题可以随着人类社会文明的发展而更新,这无疑拓宽了其发展路径。当然,"至善"理想人格的实现仍然是头等重要的事情。英国哲学家拉斐尔谈到关于人性的基本美德与更崇高美德的关系时说:

> 公正是基本的具有义务性质的美德,慈善或慷慨是不那么

基本的、但更为崇高的美德。两者之间的区别可能是伦理思想的根本要素。①

在人格修养方面,基本的社会道德是人人必须要具备的,更高层次的个人伦理修养也是人类所应该追求的。这个"更为崇高的美德"正是性理学者们一向倡导的理想至善人格的标准。理想人格的实现是一个自我完善的过程。自我完善的内在依据是人内在的潜能,栗谷称之为"未发之中";自我完善的外在可能是人有修为之功,即自有之中;内在与外在包含着本然之我与理想之我。"修道之教"教人从本然走向理想,因为人的本然与理想、即未发之中与自有之中有着某种自然的连续性。人的自我完善从内在依据到外在可能,促进其主体至善潜能的实现,依靠的是外在教化。即从未然之中的天命之性到自有之中的率性之道,二者统一于时中之中。时中之中使天命之性的形上本体同率性之道的形下之道相互沟通,突出修道之教在日用常行中价值创造的重要意义,使伦理道德将日常具体的实践活动作为价值创造源头。栗谷的"至善与中"的命题,将《大学》止于至善的理想道德境界与《中庸》中和的实践意识相交融,意在使完善的至善道德与至善道德标准的完善趋于统一,以求产生实践价值效益。

四、实理实心

儒家理想人格的培养,从来是以成圣为目的、以诚敬为基本功的。栗谷认为诚意为修己治人之根本,他对诚意的理解有独到之处。他说:

> 天道即实理,而人道即实心也。实理之诚,则圣人气禀清明,道理浑然,此而生知安行,此乃自诚明者,而孟子所谓万物皆备于我是也。然则中庸之诚者,岂非实理之诚乎?实心之诚,则大贤以下气禀未纯乎清明,而不能浑全其天理。性情或牵于人俗,而不能百行之皆实,故明善而实其心,此乃自明诚者,而中庸所谓诚身是也。然则大学之诚其意,论语之忠信,孟子之反身而

---

① 拉斐尔:《道德哲学》,邱仁宗译。

诚,与夫中庸之诚之者,何莫非实心之诚乎?①

无论是中庸的"诚者天之道,诚之者人之道",大学的"诚意正心",还是孔子的忠信之诚与孟子的"反身而诚",或者朱子的"诚即所谓太极",栗谷认为都可以以"实理"和"实心"去诠释。太极在天曰道,"天道即实理",而诚者为天之实理;太极在人曰诚,"人道即实心","充其实心而反乎实理,得其至诚",所谓诚者即实理也,将天道与人道具体化就是实理和实心。以实心,立人极,反其实理,立太极,则可达至诚。栗谷用实理和实心解说诚,不仅将诚定义为一种修养工夫,还将诚的概念扩展发挥为一种具有本体和致用意义的范畴。他认为通过实心之诚可以达到实理之诚。栗谷提出了十项日用之实事,作为由实心之诚到达实理之诚的具体内容。

①格致之实,②诚意之实,③正心之实,④修身之实,⑤孝亲之实,⑥治家之实,⑦用贤之实,⑧去奸之实,⑨保民之实,⑩教化之实。②

韩国高丽大学尹丝淳教授认为,栗谷提出的这十项实务策,究根索底,与《大学》的"八条目"内容相近。如:

一条目:格物	①格致之实
二条目:致知	
三条目:诚意	②诚意之实
四条目:正心	③正心之实
五条目:修身	④修身之实
六条目:齐家	⑤孝亲之实
	⑥治家之实
七条目:治国	⑦用贤之实
	⑧去奸之实
八条目:平天下	⑨保民之实
	⑩教化之实

---

① 李珥:《栗谷全书》,拾遗卷六,《四子言诚疑》。
② 李珥:《栗谷全书》,卷十五,"东湖问答"。

尹丝淳教授断言：

〈大学〉的八条目高度概括性地收集了儒学所有的学问内容，并确立了其轻重顺序，揭示了儒学的理想及方法。从栗谷所阐述的务实内容与八条目相同的意义上可知，其务实的领域欲囊括儒学本来的学问领域。①

与《大学》八条目不同的是，栗谷不厌其烦地在后面逐一加上了"实"字。在栗谷其他文章之中，与"实"有关的术语也是屡见不鲜。如"实理、实心、实功、实效、实行……"，可见其用心良苦。栗谷的经世思想强调"实理""实心""实功""实效"，着眼于社会现实的改革"问学贵知要，士贵通今"。②

栗谷之所以如此反复强调诚者为实理，无实理则无实物，这些话皆有所指。都是针对当时朝鲜朝廷的腐败现状：

臣无任事之实，经筵无成就之实，遇灾无应天之实，群策无救民之实，人心无向美之实，空言无实之说，尚浮名不务实行……③

14世纪，性理学作为朝鲜朝建国理念与官学，曾经在促进朝鲜文化的发展上发挥了巨大作用。15世纪，士林学派所提倡的义理思想与政治界的权力和利益发生冲突，继而导致了"士祸"的发生。这是一场政界与学界的较量。李退溪所做的努力，是想建立一套绝对的天理秩序，以杜绝权力对义理的血淋淋的玷污。16世纪以后，士林学派经过科举，逐渐恢复了官位。随着时间的推移，朝鲜朝中后期，又产生出许多新的社会问题。这其中较大的问题之一，是学界与学界之间的"党争"。李栗谷所做的努力是想倡导诚实之道，以杜绝学界"虚学"的蔓延。栗谷强调学者应以正学为务，不仅要以人伦为本，还要明乎物理之末。将学问用于探求日用之事的"当理"与民生之事的"合理"上，以经济为志，才能使诚实之道落实到救国救民、富

---

① 尹丝淳：《韩国儒学研究》。
② 李珥：《栗谷全书》拾遗，卷五，《时弊七条策》。
③ 李珥：《栗谷全书》卷五，《万言封事》。

国强兵的实务上,才能见到政事之"功效",而实现治世达道。栗谷一再强调性理学不能够只停留在观念性的德性之知上,而应该同时注重见闻之知,重践履笃行。栗谷以创业守成更张、建功立业、经世救国为己任,对空谈心性、清谈党争之风、鄙视事功的现象作了纠正。他认为学者不应是终日坐而空论之人,学问非仅是读书,学问是日用处世之理。学者应于日用之间深求合理之道。他立足社会政治经济文化制度的改革,身体力行倡导务实。提倡知时、务实、实功、实效。实功必然会同实利相联系。栗谷作为学者和政治家,一生奔忙于内圣外王的政治理想的实践中。他37岁与成牛溪书简往复所论四七理气人心道心,达到了他的学术理论的高峰;他49岁上疏十万养兵策和制定六条时务策,达到了他政治生涯的顶峰。栗谷任兵曹判书时,向宣祖上疏,提出"请豫(预)养十万兵,以备不虞"。其理由是:"国势之不振极矣,不出十年,当有土崩之祸,……豫养十万兵……以为缓急之备,否则一朝变起,不免驱市民而战,大事去矣。"①

栗谷认为三代之治之所以兴旺发达,就是因为三代文武健全、教育到位、军队威严,所以没有战争,人民得以安居而耕作。而朝鲜朝的军队有名无实,力量薄弱。栗谷预言不过十年,必有战乱而起,要么内乱,要么外患,外寇必趁国势衰微之际来犯。栗谷的上疏遭到了宣祖的辅佐大臣柳成龙等人的极力反对。栗谷因此而遭到两司弹劾,无法实施自己的政治抱负,却又顾及国家安危,终抑郁成疾。临终之前,他在病榻上写下六条治国方案,至死上疏救国。六条是:一曰任贤能,二曰养军民,三曰足财用,四曰固藩屏,五曰备兵马,六曰明教化。② 栗谷的呼吁没有得以实施便英年早逝,但他所提倡的实理实心实学学风,由17世纪以后的朝鲜实学思想家们所承继,经世致用、利用厚生、实事求是成为朝鲜朝末期实学思潮发展的思维定式,故朝鲜学者评价栗谷为"朝鲜实学的鼻祖"。

---

① 李珥:《栗谷全书》,卷三十四,《年谱·下》,《附录》。
② 李珥:《栗谷全书》卷八,《六条启》,《启议》。

李珥生平履历

1536年,1岁。朝鲜中宗31年12月26日,诞生于朝鲜江原道江陵府北平村。姓李,名珥,字叔献。栗谷出生在外婆家,本籍在朝鲜庆畿道德水县(今名丰德)坡州栗谷村,故号栗谷。

1539年,3岁。栗谷的家庭是一个世代文臣的书香门第,他自3岁左右开始师从父母习字。

1543年,8岁。朝鲜中宗38年,做诗《坡州花石亭》,后传为佳句。

1548年,13岁。朝鲜明宗3年,科举初试合格,少年春风得意。

1551年,16岁。母亲申氏师任堂过世,栗谷守孝三年。

1554年,19岁。守孝结束后离家出走,奔金刚山修禅。

1555年,20岁。由金刚山返回江陵,作《自警文》自勉。

1556年,21岁。在汉城的科举考试中中魁首。

1557年,22岁。九月与星州牧使卢景麟的女儿卢氏结婚。

1558年,23岁。在岭南礼安陶山拜见退溪先生。冬天,参加科举的别试中状元,答卷论文题目为《天道策》。

1564年,29岁。七月,参加生员进士考试合格,成为生员。八月,明经科及第。九月,被任命为六品官户曹佐郎。《朝鲜李朝实录》明宗实录卷30明宗19年记载曰:己亥,李珥为户曹佐郎,为人聪敏,博学强记,善缀文辞,早著声名。

1565年,30岁。朝鲜明宗二十年,春,任礼曹左郎。11月,向司柬院正言上疏。

1566年,31岁。朝鲜明宗二十一年,5月,上疏时务三事:一正心以立治本,二用贤以清朝廷,三安民以固邦本。

1567年,32岁。六月,明宗升天,栗谷写挽辞。

1568年,33岁。朝鲜宣祖元年,秋,晋升为千秋使书状官,往返于明京。11月,任吏曹佐郎。

1569年,34岁。在东湖读书堂著《东湖问答》。与同僚一起上疏时务

第十一章 栗谷李珥的理通气局

　　　　　　　九事。
1570年,35岁。10月,因病辞职,返回海州夫人家疗养。从学者甚多。12月,惊悉退溪辞世的噩耗。
1571年,36岁。春,任史曹正郎,未赴。夏,赴召任弘文馆副应教,兼经筵侍讲官春秋馆编修官。因病再次辞职,返回海州。6月,任清州牧使,为实现郡治,亲自制定乡约条例,曰《西原乡约》。
1572年,37岁。3月,因病辞清州牧使职,回坡州栗谷村。与成牛溪往返书函辩论四七理气人心道心论。
1573年,38岁。七月,被任命为弘文馆直提学,谢绝,未就任。9月,再次被任命。
1574年,39岁。正月,升任承政院副承旨,上疏《万言封事》,批时弊救民众。3月,任司谏院大司谏。四月,重新任右副承旨。不久因病辞职,返回栗谷村。6月,任黄海道观察使。儿子景临出生。
1575年,40岁。3月,因病回栗谷村。四月,任弘文馆副提学,多次辞谢未准,带病赴任。六月,受王命删正《四书小注》。编纂《圣学辑要》。
1576年,41岁。国王准许辞职,移至海州石潭,新建"听溪堂"定居。
1577年,42岁。与宗族家人同居,写《家训》。为教育弟子著《击蒙要诀》。栗谷来海州定居以后,学徒不断增加。为了使学生明确学习方向,略述立心、躬行、事亲、接物等方法,名曰《击蒙要诀》。虽是一本仅有十章的小册子,却成为一般士林的爱读之物。仁祖曾下令颁赐给各郡乡校普及。
1578年,43岁。在石潭五曲建隐屏精舍,求学者云集。前后两次被任命为大司谏,均上疏辞退。呈献《万言书疏》,论述时务策。
1579年,44岁。完成小学集注。5月,被任命为大司谏,谢绝。进言东西党讲和。
1580年,45岁。5月,写《箕子实记》。12月,为静庵赵光祖写墓志铭。

1581年,46岁。正月,上疏变法,建议整顿官吏。6月,晋升嘉善大夫司宪府大司宪。11月,晋升资宪大夫户曹判书。11月,兼任弘文馆大提学、知经筵春秋馆成均馆事。反对浮华文章,强调科举要选择有理有实的文章录取。请求对赵光祖、李滉文庙从祀。冬,完成《经筵日记》,亲手将自己参政以来朝廷所议论的大事做了记录整理。

1582年,47岁。就任吏曹判书,致力于改革时弊、清理仕途、选拔贤才以任要职。按照学术的分类安排考官。考察官吏的实效和业绩给予奖励或惩罚。7月,受王命著《人心道心说》。遵王命编写《金时习传》、《学校模范》。8月,被任命为刑曹判书。9月,任命为议政府右参赞,屡辞不准。上《万言疏》陈论时弊。10月,受命迎接明使入京,依照明使的请求作《克己复礼说》。12月,任命为兵曹判书,提出改革案六条。

1583年,48岁。2月,奏陈《癸未六条启》:一、任贤能。二、养军民。三、足财用。四、固藩屏。五、备战马。六、明教化。3月,依王命推荐成浑牛溪。4月在经筵上提出"养兵十万"。6月,受到东人派极端分子的"三司弹劾",返回栗谷村。7月,成浑上疏申辩,东人宋应溉、许封、朴谨元等被流放。9月,再次被任命为吏曹判书。

1584年,49岁。年初开始生病。正月十四日,北路巡抚徐益探望病情。栗谷认为国家大事不可怠慢,口述了六条,托人代笔写成《六条启》,成为绝笔。此后病情渐严重,正月十六日,在汉城大寺洞(今仁寺洞)宅中去世。3月20日,葬于坡州紫云山先茔。

1624年,朝鲜仁祖二年,栗谷去世四十年,仁祖赠栗谷谥号"文成"。

1682年,朝鲜肃宗八年,栗谷过世九十八年,被从祀文庙。

李珥思想史料閱讀

■《栗谷全書》卷九,《答成浩原》

今若曰四端理發而氣隨之,七情氣發而理乘之,則是理氣二物,或先或后,相對爲兩歧,各自出來矣,人心豈非二本乎?……天地之化無非氣化而理乘之也,是故陰陽動靜,而太極乘之。此則非有先后之可言也。若理發氣隨之説,則分明有先后矣。此豈非害理乎?

理通氣局四字,自謂見得,而又恐珥讀書不多,先有此等言而未之見也。

理無形也,氣有形也,理無爲也,氣有爲也。無形無爲而爲有形有爲之主者,理也。有形有爲而爲無形無爲之器者,氣也。理無形而氣有形,故理通氣局。理無爲而氣有爲,故氣發而理乘。

……以爲湛一清虚之氣無物不在,自以爲得千聖不盡傳之妙,而殊不知向上更有理通氣局一節。繼善成性之理,則無物不在,而湛一清虚之氣,則多有不在者也。理無變而氣有變,元氣生生不息,往者過,來者續,而已往之氣已無所在。而花潭則以爲一氣長存,往者不過,來者不續,此花潭所以有認氣爲理之病也。

見孺子入井然后乃發惻隱之心,見之而惻隱者氣也,此所謂氣發也。惻隱之體則仁也,此所謂理乘之也。

氣發而理乘者何謂也?陰靜陽動機自爾也,非有使之者也。陽之動則理乘於動,非理動也,陰之靜則理乘於靜,非理靜也。故朱子曰太極者,本然之妙也,動靜者所乘之機也。氣發理乘一途坦然,而或原或生,人信馬足,馬順人意之説,亦得旁通而各極其趣。……氣發理乘一途之説,與或原或生、人信馬足、馬從人意之説皆可通貫。……蓋氣發理乘一途之説,推本之論也。

退溪則深信朱子……其於朱子之意不可謂不契,其於全體不可謂無見。而若豁然貫通處,則猶有所未至,故見有未瑩,言或微差。理氣互發,理發氣隨之説,反爲知見之累耳。

夫理一也矣,本無偏正通塞清濁粹駁之异。其所乘之氣升降飛揚,未嘗止息,雜糅參差,是生天地萬物,而或正或偏、或通或塞、或清或濁、或粹或駁焉。理雖一而既乘於氣，則其分萬殊。

理通者何謂也？理者無本末也，無先后也。無本末無先后，故未應不是先，已應不是后，是故乘氣流行參差不齊，而其本然之妙無乎不在。氣之偏則理亦偏，而所偏非理也，氣也。氣之全則理亦全，而所全非理也，氣也。至於清濁粹駁、糟粕煨燼、糞壤污穢之中，理無所不在，各爲其性，而其本然之妙，則不害其自若也。此之謂理之通也。

氣局者何謂也？氣已涉形迹，故有本末也，有先后也。氣之本則湛一清虛而已，曷嘗有糟粕煨燼、糞壤污穢之氣哉？惟其升降飛揚，未嘗止息，故參差不齊而萬變生焉。於是氣之流行也，有不失其本然者，有失其本然者。既失其本然，則氣之本然者已無所在。偏者偏氣也，非全氣也；清者清氣也，非濁氣也；糟粕煨燼，糟粕煨燼之氣也，非湛一清虛之氣也，非若理之於萬物，本然之妙無乎不在也。此所謂氣之局也。

夫理一而已矣，本無偏正通塞清濁粹駁之异，而所乘之氣升降飛揚，未嘗止息，雜糅參差，是生萬物。而或正或偏、或通或塞、或清或濁、或粹或駁焉，理雖一而既乘於氣，則其分萬殊。故在天地而爲天地之理，在萬物而爲萬物之理，在吾人而爲吾人之理。然則參差不齊者氣之所爲也，雖曰氣之所爲而必有理爲之主宰，則其所以參差不齊者，亦是理當如此，非理不如此而氣獨如此也。天地人物雖各有其理，而天地之理即萬物之理，萬物之理即吾人之理也，此所謂統體一太極也。

所謂以吾心，對事物而言，則吾心爲體，事物爲用者，甚是。但以吾心對天道而言，則天道爲體，吾心爲用矣。總體中也有體用，各具體中也有體用。以易有太極之太極觀之，則吾心之一太極，亦是各具體中之統體也，易有太極之太極，乃統體中之統體也。

至善與中之論，大概相合。

聖人之教必先立至善以爲標的，使學者曉然以事理當然之極爲至善，然后進之於中庸。使知至善乃所以不偏不倚、無過不及之道，則不陷於執中，不流於過不及，而真能止乎至善耳。此雖淺陋之見，道理恐是如此。

蓋至善之體，即未發之中，而天命之性也。至善之用，即事物之自有之中,而率性之道也。止於至善者,即時中之中,而修道之教也。

夫形色,天性也,人心亦豈不善乎?由其有過有不及,而流於惡耳。

天理固當發見,而人欲亦萌動於其間。……喜怒哀樂之未發謂之中。中也者,大本也,安有善惡之可言耶?

中即不偏不倚無過不及之正理,而兼指德行而言。中庸之理是至善也,中庸之行是止至善也,中和是至善之體用也,致中和是止至善也。

古聖賢所言中者,皆指未發之中耶?至善是十分,是處中亦十分,是處明德有個至善,則明德有個中;新民有個至善,則新民有個中,何不可言之?

至善之體乃吾心統體之太極也,見於日用之間,而各有本然一定之則者。至善之用,乃事事物物各具之太極也。

■《栗谷全書》卷二十,《聖學輯要》

理通者,天地萬物同一理也。氣局者,天地萬物各一氣也。

……氣發而理乘(注:陰陽動靜而太極乘之)。發者氣也,乘其機者理也,故人心有覺,道體無爲。

陰靜陽動其機自爾,而其所以陰靜陽動者理也。故周子曰太極動而生陽,靜而生陰。夫所謂動而生陽靜而生陰者,原其未然而言也。動靜所乘之機者,見其已然而言也。動靜無端,陰陽無始,則理氣之流行,皆已然而已,安有未然之時乎?

■《栗谷全書》卷十四,《易數策》,《天道策》

夫形而上者,自然之理也,形而下者,自然之氣也。……陰陽既分,二儀肇辟。二儀既辟,萬化乃生。其然者氣也,其所以然者理也。愚未知孰主張是,不過曰:自然而然耳。

一日而周天,陰精遲運,故一夜而不周。陽速而陰遲者,氣也。陰之所以遲,陽之所以速者,則理也。愚未知孰使之然也,不過曰自然而然爾。

一氣運化散爲萬殊,分而言之,則天地萬象各一氣也。合而言之,則天地萬象同一氣也。

■《栗谷全書》拾遺 卷六,《四子言誠疑》

天道即實理,而人道即實心也。實理之誠,則聖人氣稟清明,道理渾然,此而生知安行,此乃自誠明者,而孟子所謂萬物皆備於我是也。然則中庸之誠者,豈非實理之誠乎?實心之誠,則大賢以下氣稟未純乎清明,而不能渾全其天理。性情或牽於人俗,而不能百行之皆實,故明善而實其心,此乃自明誠者,而中庸所謂誠身是也。然則大學之誠其意,論語之忠信,孟子之反身而誠,與夫中庸之誠之者,何莫非實心之誠乎?

■《栗谷全書》卷十四,雜著一《策問》

問:孟子曰:五百年必有王者興,其間必有名世者。天地既生才德出衆之人,則必付與億兆之衆,使之治而教之者,此理之常也。自古及今數千載之間,王者凡幾,作而名世者,凡幾人歟?其可歷數之歟?既生是人,則必付是任。而或有賦其才德,而不付其任者何歟?堯舜湯文伊傅周召,達而行其道於一時。孔曾思孟周程張朱,窮而傳其道於後世。窮而不得行道於一時,則勢固然矣。達則何以不傳其道於後世歟?二者終不可兼歟?抑有兼之者歟?太公之遇文王,年已八十矣,而曾無所著之書,若使不遇文王而死,則何以异於衆人之泯滅歟?伯夷餓死首陽,其窮甚矣。而終不著書立言者何歟?傳道之功,莫高於孔孟程朱。若使孔孟程朱得其時行其道,則終無所垂之教乎?程子有言曰:天地生一世人,自足了一世事。信斯言也。高帝蕭何之於漢,太宗魏徵之於唐,太祖趙普之於宋,皆可謂能了一世之事乎?抑其時有其人,而彼三君者不能收用歟?若有其人而不能用,則其可指其人而言之歟?管仲之於齊,子産之於鄭,諸葛亮之於蜀,得君之專,行政之久略同,而皆不能行王道,其故何歟?抑有優劣之可言歟?吾東方雖居海外,實與中國相盛衰。檀君以來,有君有臣,而能治而教之者,皆可指言之歟?其治教之術,亦盡其天地付與之責歟?當今聖明龍興,群賢拔茅,蔚然有太平之望。而治教之效未有見焉。抑行之有漸,潛運默化,而人不見其形迹歟?此是王者雖興,而名世者未出之故歟?無乃世有其人,而時未收用歟?將三代之治,終不可復於今日,而儒者之道,只資於講說歟?於此數者,必有其一,願聞其說。

問：天運循環，無往不復。有亂則有治，有盛則有衰，理之常也。然而以已然之迹考之，則治日常少，亂日常多。盛時易衰，衰不能速盛。其故何歟？三代一往不能復回，漢唐以下，非無令主賢相，而終不能效三代者，抑何歟？自今以後，更不復見三代，則天運不可謂循環矣，其理亦可言其詳歟？人性本善，而惡者恆多，善者恆少。物理本正，而麟鳳不出，蛇蝎實繁，其故何歟？何以則挽回三代，而復見至治，使天下之人，善者夥而惡者鮮，使天下之物，祥者出而毒螫者不滋歟？願聞其說。

問：爲學莫先於明理，明理莫切於讀書。書契之前，理固有焉。將以何術明理耶？堯舜之世，此理大明。而古人有皋夔稷契何書可讀之說，然則唐虞之際，無可讀之書耶？六籍皆經，孔門之手始克厘正。未述示刪之前，所讀者何書耶？先聖之教，皆載於書。昭如白日，坦如大路。讀此書者，宜若迷途之得指南。而自周距宋，千四百年之間，非無豪傑之士，而不聞有一人明理者，其故何歟？周程張朱，奮乎絕學之後，獨得讀書之效，用何功而致然耶？

程朱以後，書籍益多，言學必以格致爲先，言治必以王道爲尚，此理益明。讀書者議論高出管葛之上，宜乎人材輩出，世道日升。而修己則重名而輕實，涉世則先利而後義，處無尚志之節，出無行道之望，滔滔昏濁，反不及前代貿貿無見之時，其故亦何歟？諸生傷今思古，必有感慨之志，何以則士得讀書之效，以成爲己之學歟？其無隱所蘊。

問：歷代相承，有因有革。孔子曰：所損益，雖百世可知也。後世之事，何由可知歟？以治繼亂，則固有所革矣。其或以聖承聖，而亦有所革者何歟？以舜繼堯，而分九州爲十二。以禹繼舜，而合十二爲九州，此亦出於不得已者歟？漢武陋秦之舊，改正朔，易服色，以新一代之制度，而海內騷然，幾踵覆轍。唐宗平隋之亂，盡除苛政，創立新法，以租庸調均其賦役，而升平之業垂於後昆。其革則同，而治亂不同者何歟？至如祖宗之法，所當遵守，而間有改紀者何歟？商之武丁，監於成憲，而商道中興。宋之哲徽，紹述先緒，而宋室南遷。其法祖宗一也，而興亡不同何歟？子產更張鄭國之政，而晉楚不敢加兵。安石變更宋家之法，而華夏入於腥膻。其改祖宗之法一也，而盛衰不同何歟？設使孔孟程朱得時行道，則其從改紀者歟？抑從因舊者歟？

我國祖宗創業垂統,金科玉條極其詳密。而法久弊生,民失其所。欲改則恐乖率由之典,欲因則恐失變通之道。二者得失,其可辨歟?識時務在俊乂,願聞適宜之策。

■《栗谷全書》卷八,《六條啓》

我朝升平已久,恬嬉日甚。內外空虛,兵食俱乏。小丑犯邊,舉國驚動。儻有大寇侵軼,則雖智者無以爲計。古語有之:先爲不可勝,以待敵之可勝。今之國事,無一可恃,敵至必敗。言念及此,心寒膽破。瘽今慶源之寇,非一二年可定。若不一振兵威,蕩覆盜穴,則六鎭終無寧靖之期。今不汲汲圖治蓄力,以爲後計,而因循牽補,則豈特一隅之賊,爲可虞哉?竊恐意外之患,有不可勝言者。臣本腐儒,濫忝兵官,夙夜焦思,敢獻一得,而只陳梗概。其間曲折,則必須面對細達矣。其目則一曰任賢能,二曰養軍民,三曰足財用,四曰固藩屏,五曰備戰馬,六曰明教化。

所謂任賢能者,爲國有要,君拱於上,不勞而治者。由賢者在位,能者在職,各效其誠與才故也。今之授官,固皆擇人。而朝拜暮遷,席不暇暖,雖欲察任,其道無由。雖以周召伊傅之賢且才,若今日授司徒,明日除司寇,則必不能成績,只奔走勞苦而已,況非賢才乎?今兹數易有二道焉,一曰呈病,二曰避嫌。欲矯呈病之弊,則下敎群臣務實而不徇俗。非實病則不呈辭。間有託疾者,隨現糾治。必病滿一旬,然後始呈辭。初度滿一旬,然後始許再呈。再度滿一旬,然後始許三呈。若一司一員呈辭,則他員不得再呈。如有疾病不得已再呈,則必一司僉議,入啓然後始呈。如是則可矯呈病之弊。欲矯避嫌之弊,則凡臺諫除人物不合者,外宜不以避嫌疑,差祖宗朝,臺諫雖被推,不遞司憲府推考,則下司諫院云:人非堯舜,豈能每事盡善?今之大官,被推行公者,別無傷於廉恥,而獨於臺諫,必責以聖賢,毫髮錙銖之失,必至於遞,耳目數易,公論靡定,固非爲國之體,而因此遷移他官,亦至數遞,庶績之敗,職此之由。臣意請考故事,復臺諫被推不遞之規,然後可矯避嫌之弊矣。但數易而失其任,與久任而非其人,同歸於不治。自今大小之官,不拘常規,廣收賢才,務在人器相當。而若大官之除,必詢問大臣而擇差。苟得其人而信任之,則毋使浮言搖動,然後庶有任賢使能之實矣。

所謂養軍民者,養兵以養民爲本。不養民而能養兵者,自古及今未之聞也。夫差之兵無敵於天下,而卒債其國者,由不養民故也。今之民力已竭,四方麼麼。目今有大敵,則雖使諸葛坐謀,韓白領衆,亦無如之何矣。何者? 無兵可調,無粟可食。雖智者豈能爲無之不托乎? 此由諸色軍士,苦歇不均,歇者稍保,而苦者必逃。逃則侵毒一族,輾轉蔓禍,甚至於一村皆空故也。臣意別擇賢能,設局委以軍籍,推移苦歇,式均其役。而軍士逃亡過三年者,則更括閑丁以充其代。必使諸色軍士,皆得支保,而無侵徵一族之患,則可紓軍民之力。其他休養生息之規,則設局之後,任事者可以講究矣。至於訓練之術,則亦待養民,然後可議也。

所謂足財用者,足兵以足食爲本。百萬之兵,一朝可散者,由無食故也。今之國儲不支一年,真所謂國非其國者也。上下昭見此患,而只諉之無可奈何,不思生財之道。儻有大賊,自南自北蕘突而入,則以何物爲軍糧乎? 國儲之日縮有三焉:一曰入寡出多,二曰貉道收稅,三曰祭祀煩黷。入寡出多云者,祖宗朝稅入甚多,而費用不廣,故一年必有贏余,如是積年,至於紅腐,勢固然矣。今者一年之入,不能支一年之出。而權設日滋,冗官太多。每以宿儲供經費,二百年積累之國,無一年之蓄者,誠可痛心。臣意量入爲出,盡革不急之官,無益之費。而典守之官,嚴明規畫,不被偸竊,然後庶不至聲竭矣。貉道收稅云者,古者什一而稅,公用不乏,而民亦無怨。祖宗朝以九等收稅,設法非不詳密,而行之既久,吏怠民頑,每以給災爲要譽之資。今則以下之下爲上之上,而一國之田,不給災者,無幾國用,安得而不匱哉! 勢至於此,雖守令之賢者,不敢不給災者,以民生日困,徭役多端,若不解倒懸,而只以不給災爲不負國,則赤子猶不能支,仁人君子豈能忍之乎? 爲今之計,莫如改定貢歲,使田役減其十分之七八,然後可量宜加稅,以裕國用也。不然則公私終無足用之時矣。祭祀煩黷云者,古之聖帝明王,孰非大孝而祭祀以不黷爲貴? 宗廟不過月祭,而無原廟。自漢以下,始設原廟,已非古制。輾轉承訛,至於日祭,則其黷甚矣。國家於宗廟各陵,行朔望祭,於文昭延恩殿行三時祭。此固出於祖宗追遠之誠孝,而比於唐虞三代聖王之制,則難避煩亂之戒矣。祭祀主於誠潔,而文昭延恩兩殿,日上三祭,故主者心怠狃於尋常,饌物器皿熟設不精,洗拭不净。不誠不潔,神必不顧。帝王之孝,豈在於此？古者年凶則量減祀典,瘝今舉國無儲,非止年凶而已。豈無通變之道乎？臣意惟宗廟依前祭以朔望,而各陵則只祭以四名日。文昭延恩殿則只行日祭,而廢二時之祀。夫如是而齊心潔饌,極其誠虔,則於帝王之孝,少無所損,反爲有光。祭需之費,可減三之一焉。祖宗之靈,於聖上恢業拓基之誠孝,有所感動,而益享絆芬之祀矣。

所謂固藩屛者,京師是腹心,而四方是藩屛也。藩屛完固,然後腹心有所恃而安。今之四方郡邑,無不殘弊。而監司數易,民不知道主之爲何人。設使寇出於不意,風馳電擊,則監司雖欲倉卒節制,民不相信,令不索行,安能有所爲乎？此必敗之道也。臣意請合殘弊小邑爲一,以紓民力。選擇監司而久任之,使以恩威著於一道。而民素信服,則平時可以休養,緩急可以禦侮。藩屛既固,則國家有盤石之勢矣。或以監司之權太重爲疑,此則不然。中朝之任監司,莫不率眷而久任者或十餘年,未聞以此虞其權重也。瘝今兩界之任,不過二十四朔,他道不過仿此而已。二年之間,寧有自制一道,不從朝命者乎？既擇其人,則權重之患非所慮也。

所謂備戰馬者,今之國中,戰馬最貴。儻有調發軍馬之事,則只用步卒而已。彼騎我步,何以相敵？今之島馬,有籍而無其實。歲損月耗,假使不至,故失散處諸島,無异野獸,緩急無以爲用。臣意京外武士善騎射者,試其才,取其優等者,使往牧場。本道都事及本邑監牧官同監,使武士就場中自擇牡馬之可合戰用者,以人格之次分給,而錄其毛色大小高低尺寸之數爲三籍,一上於兵曹,一送於司僕寺,一留於本官,使之善飼自騎。每年終,京則司僕寺,外則本邑,察其肥瘠,以行賞罰。若馬斃,則告官檢馬瘵。若死於五年之内,則量徵其價。若死於五年之外,則不徵其價。臨事變,則按籍收取以爲戰馬。若其人從軍,則許令自騎。如是則島馬不積於無用,而臨戰有馬矣。至如廣貿唐馬胡馬,亦以此法分授武士,則業武者不患無馬,而國有緩急之資矣。

所謂明教化者,傳有之:自古皆有死,民無信不立。孟子曰:未有仁而遺其親者也,未有義而後其君者也。假使足食足兵,苟無仁義,則寧有維持之勢乎？今之風俗薄惡，義理都喪者，固出於饑寒切身，不顧廉癢。而亦由教化不明，無以振起綱維故也。吴起一將之雄耳，其言尚曰：綏之以道，理之以義，動之以禮，撫之以仁。此四德者，修之則興，廢之則衰。又曰：凡制國治軍，必教之以禮，勵之以義，使有癢也。夫人有癢，在大足以戰，在小足以守矣。吴起猶有此説，癒今聖王爲國，豈不念教化之爲先務哉！蚩蚩之氓，一朝不可遽教，當自教胄子始。臣意太學及四學之官，先擇其人，使教士子。而外方郡邑之校官，雖不能盡得其人，亦宜別爲規畫，以興起儒風，漸及於氓俗，不宜置之無可奈何之地而已也。

紫云書院

第十二章　霞谷郑奇斗的三生说

名：郑奇斗 정제두 Chong Che-du
号：霞谷 하곡 Ha-gok

生：1649 年
卒：1736 年

思想简括：三生说

著作举要：《经学集录》、《心经集录》、《通书解》、《定性书解》、《河洛易像》、《璇元经学通考》、《㫣三百说》、《天地方位里度说》、《潮汐说》、《学辩》、《存言》、《霞谷全集》。

语录：一团生气之元，一点灵昭之精，其一个生理者，宅窍于方寸，团圆于中极。其植根在肾，开华在面，而其充即满于一身，弥乎天地。其灵通不测，妙用不穷，可以主宰万里，真所谓周流六虚，变动不居也。其为体也，实有粹然本有之衷，莫不各有所则，此即为其生身命根，所谓性也。只以其生理，则曰"生之谓性"，所谓"天地之大德曰生"。

一、思想传承

　　霞谷郑奇斗被韩国学者评价为朝鲜阳明学的泰斗。阳明学是中国明朝学者阳明王守仁（1472—1528）创立的学说，又曰心学。其代表作《传习录》为王守仁 46 岁（1518）时的作品。记录阳明学东传半岛的史料有:柳成龙(1542—1607)的《西崖文集》,朴祥(1472—1590)的《纳斋集》,金世弼(1473—1533)的《十清轩集》。朝鲜朝学者西崖柳成龙的《西崖文集》中这样记载:

> 右《阳明文集》,余年十七趋庭义州,适谢恩使沈通源自燕京回,台劾不检,罢弃重于鸭绿江边而去,行囊中有此集。时阳明之文集东来,余见之而喜,遂白诸先君,令州吏善写者誊出,既而藏箧笥中。

朝鲜朝谢恩使节沈通源由燕京返回朝鲜,路上为逃避检查,将行李丢到鸭绿江江边。当时柳成龙随同侍奉义州府史的父亲同行,恰巧捡到了这个箱子,发现里面有《阳明集》,异常欣喜,令人誊写了出来。这一记录说明在公元1558年,即在王阳明50多岁时,《传习录》传到了朝鲜半岛。但也有另一种观点认为阳明学更早就传到了朝鲜,因为退溪曾经写过《传习录辨》一文,批判阳明学表儒实佛,心外无理,阳明学因此而被判为异端,遭到学界排斥。朝鲜性理学一向讲究"道学正脉"。李退溪的"理之发"以程子"性即理"和朱子"理发"说为依据,将表现为四端的本然之理扩充为人极之理,这种主理论被朝鲜学界认为是正统理学理论的深化,学界普遍认可了其"理之发"论的价值意义。李退溪理学的绝对化使理论探究封顶,但在认识人的本性,恢复人的本然面貌,从而给人类社会带来礼的秩序,防止物化异化上有一定的价值和意义。

然而17世纪以后,处在一色理学的僵化学术气氛中的朝鲜朝学者,陷入一片空理空谈的虚夸学风之中,而不能够创造出适合于时代变迁的新理论来。霞谷形容当时的情景说:

> 致于今日说话者,不是学朱子,直是假朱子。不是假朱子,直是传会朱子,以就其意,挟朱子而作之威济其私。[1]

霞谷61岁以后,在江华岛度过晚年。他一直探索理学和阳明学的连接点,创立了朝鲜阳明学理论的基础,开创了朝鲜阳明学派——

---

[1] 郑奇斗:《霞谷全书》,《存言》上,成均馆大学校大东文化研究院,1958年。

霞谷学派。在此之前,沙溪金长生的门人溪谷张维(1587—1638)最早在其代表作《谿谷漫笔》中也涉及到了阳明思想,他的挚友迟川崔鸣吉(1583—1541)的学问也有阳明学的倾向。霞谷的后代和弟子们继承发展其思想,形成了朝鲜阳明学江华岛学派。朝鲜光复时期,郑寅普(1893—?)作《阳明学演论》,朴殷植(1859—1925)著《朴殷植全书》,使得朝鲜阳明学有了进一步的发展。

二、质疑性理

阳明创立的心学与朱子集大成的理学在成圣的终极目标上是一致的,然而在理论方法和对"理"的理解上,心学与理学有所不同。心学的最高范畴是"心即理",强调各个人之理的特殊性;理学的最高范畴是"性即理",强调公共之理的普遍性。

理学依据周易"形而上者谓之道,形而下者谓之器",以形上之理为最高标准,认为理纯气杂,理善而气有善恶。其修养方法要求主一无适、持敬精一,于内心体认理并笃行理,体察内在的性即理的同时,即物穷理,求外在的物理,从无极到太极,无非一理,格物致知,先知后行。表现为一种客观唯心主义认识论。

《传习录》曰:"心即理也,天下又有心外之事,心外之理乎?"宋代学者程颢曰:"仁者天地万物为一体,莫非己也。认得为己,何所不在。"心学以良知作为道德判断的基准,格物功夫在于"致良知",认为良知就在人们心中,正邪善恶不必外求。每个人只要认识自己内在的良知一心,做到知行合一,始于行,终于行,行一步知一步,直往直来,自然可以为善去恶,以不正归结于正。心学的认识方法具有主观唯心主义认识论的倾向。

因此在对理的认识上,在修养方法和认识方法以及实践功夫上,心学与理学都有不同之处。理学者提倡"存天理,遏人欲",心学者则伸张个性,曰:"大哉心乎,天地一本,天人合于一心,溶理于心,人心是天所赋予,故心即天理……心之本体,原只是一个天理。若天是理,人是欲,则天人不同矣。此说非是。心一也,安有二心。"

霞谷41岁以前生活在汉城,其学问方向的转换是从格物致知开始的。他的《学辩》和《存言》被认为是朝鲜朝唯一的阳明学理论著作。在《学辩》中,霞谷对朱子学的理学提出了质疑。

> 自有夫博古今求义理,报物则以范制此心之学以来,物理离而内外二,枝条先而根本后。至于论心,一途推兴佛徒,而欲讳言于心者,何哉?①

> 呜呼!为此者,亦有说出而于此中,何者?物之一字是尔。其天曰天生烝民,有物有则,以其则为在物,求理于事事物物。……谓事事物物上各有天然之中,定理而欲执之。惟如是,故论克己复礼,则求其礼于耳目口四肢,而欲制之于外。论集义,必有事焉,则求其义于行事之中,而欲事事合义也。②

> 求物理之学,既于物字如是分离,故遂一个在物之理,为天地间之极底道理,圣学之宗,而天地万物之主。故其于经典中,凡说心性、言道理处,无不以此冒之而率徒之。③

朱子的穷理格物,本在于内在的内心修养和外在的即物穷理两个方面。但霞谷认为纵览朱子经典内容,皆以心性为主,未有穷物之理。朱子即物穷理的求理方法过于支离,非但不能成为圣学之宗主,而且其内在修养中对心的论述也陷入了佛教的虚学虚理之中。霞谷曰:

> 如大学中庸,考究其意……未尝有似穷究物理,推之以为准则者也……如即物而穷其理,不见德性上理体……为学之功,其从实体上着功,何尝有一言必就事理而为学者乎?何可独以大学中,只有一物字执之,以蔽其千经万训耶?④

霞谷仔细研究了《大学》和《中庸》,没有发现即物穷理的说法,他一直想解开这个疑问,最后在阳明心学中找到了答案。

> 余观阳明集,其道又简要而甚精者,心深欣会而好之。⑤
> 王氏则以为出于此心,而不在于物。是心之天理,发之于

---

①②③ 郑奇斗:《霞谷全书》,《学辩》。
④⑤ 同上书,《存言》下。

物,无不各有其则矣。所谓有天然之中,于事实物物者,乃是心也。①

即物之说,以其所当然之理,各在于物。是则无本领良知之学,以其所以然所当然之理,物所各有者,以其源皆出于心求。即由心而本,是却有统领,却有本源。②

霞谷否定了物上求理,理由是物上所求为当然之理,以德为理的所当然之理,容易对人性产生束缚和压抑。心上所求才是所以然和所当然之理,二者交汇于一心,以心为本为源。但另一方面,若以心为理的话,霞谷又担心人心"任情纵欲"。他说:

辛亥六月,适往东湖宿焉。梦中忽思得,王氏致良知学甚精,抑其弊或有任情纵欲之患。③

霞谷晚年作《中庸解》《大学解》《论语解》《孟子解》等,一直思考在理学与心学之间找到一条出路。

三、生理生气

"生理"本是阳明心学的概念之一。《传习录》曰:

汝今终日向外驰求,为名为利,这都为著躯壳外面的物事。若汝为著耳目口鼻四肢,要非礼勿视听言动时,岂是汝之耳目口鼻四肢自能勿视听言动,须由汝心。这视听言动皆是汝心:汝心之视,发窍于目;汝心之听,发窍于耳;汝心之言,发窍于口;汝心之动,发窍于四肢。若无汝心,便无耳目口鼻四肢。所谓汝心,亦不专是那一团血肉。若是那一团血肉,如今已死的人,那一团血肉还在,缘何不能视听言动?所谓汝心,却是那能视听言动的,这个便是性,便是天理。由这个性,才能生理。这性之生理便谓之仁。这性之生理,发在目,便会视,发在耳,便会听,发在

---

① 郑奇斗:《霞谷全书》《学辩》。
② 同上书,《存言》中。
③ 同上书,《存言》下。

口,便会言,发在四肢,便会动,都只是那天理发生,以其主宰一身,故谓之心。这个心之本体,原只是个天理。

人的一切言行完全依靠自己的意志,并不依靠一个外在的主宰。人的各种欲望是天生就有的,天理就体现在人性上。人性由人的耳目口鼻四肢表现出来,而五官行为都是靠人心来统率控制的,所以说心在主宰着人的一身,心是人的本体。

霞谷继承了阳明生理的概念,并且由此阐发出生气生道说。他认为朱子追求的理是通于事物的条理,是气道条路之理。既无生理,又无实体,为死物死理。其理不在于人心神明,只是虚条则,犹如枯木死灰之物。人之性不能够等同于木之性,木之性死板,为定死的物理规则;而人之性灵通,人心神明之理是生理,为心之理,为统体之宗主。霞谷说:

> 于凡理之中,主生理;生理之中,择真理,是乃可以为理矣。①

> 枯木死灰也,死理,非生性也。绝理,非体理也,其性理已绝而不续。②

"气道之条路者","条通者"求物理上的普遍性,那只是一个死理。只有追求人的凡理,才能成为"生理",并且通过对生理的探索,可以达到真理的境地。植物和动物虽然有生气,但不能像人一样具有恻隐之心。霞谷理解做"为一身之生理"。"理性者,生理耳。"③他以人为中心理解事物,认为理不在于物理,而在于人心的心理。他说:

> 牛可耕,马可驰,鸡可晨,犬可吠,固所谓物理,然亦有理与非理而已矣。谓牛可耕而耕之于不当耕,谓马可驰而驰之于不当驰……极夫天理之正,果在乎牛鸡犬,而可求者耶……其逐条制随时命物,实惟在于吾之一心,岂有外于心而求之理哉。④

动物可行动,植物可生长,同人一样具有生气,但是只有人才具

---

①② 郑奇斗:《霞谷全书》,《存言》下。
③ 同上书,《存言》上。
④ 同上书,《与闵彦晖论辩言正术书》。

有神圣之灵,能够掌握行为的适当与不当,中和与不中和。朱子的理概念既包括物理,心理,又包括人之理和物之理的意义。霞谷则认为物之理与人之理混同,人性容易被一条永远不能变动的物理所限制规定,而不能在现实中发展,人们容易将人理法定为天理,从而使理成为不可变动不可改造的死理。对于人来说,人的认识就无法发展。为了从那种僵化了的理中摆脱出来,霞谷在理气道前面加上生,想将理活性化,给僵化之理带来生气,提出了生气的概念。他说:

> 一团之气之元,一点灵昭之精,其一个生理者(即精神生气,为一身之生理)宅穷于方寸,团圆于中级,其植根在肾,开华在面,而其充即满于一身,弥乎天地。……生之质则血气也,不可以言性,生之体则理也,固所谓性也,生气之中,理体存焉。①
>
> 其言生气太浑沦,故说灵体,言知觉无本领,故曰良知。其实不过是生气之精爽,不死不昧者是耳……夫生气能知觉,知觉即生气,初非二也,而恻隐之心其发处也。生气其全体,而知觉其发处也。虽然又俱是其生气,俱是其生气之精灵耳。②

也就是说性是生气之中的理,所以阳明的观点是心即理。气与理不分,共同运作,才能体现心之生气。所以霞谷不同意退溪的"理自在""二物之理"的理论。他说:

> 退溪谓静时气未用事,故理自在。按气虽未用事也,气元之不清洁者,依旧自在,则是理者安得以未精昭纯粹者乎?虽以退溪二物之理言之,理不得不为掩蔽,而得以昭融精纯,则之自在已不可成说,况以一体之理体言之。只此一体已失其本体,则是安得以为理体之纯粹乎?③
>
> 若以理气之纯于性者为四端,而性亦在气,以杂于气者为七情,而气亦是理也。……四端亦有气,七情亦有理也。……发者气也,发之者理也(非理无能发)……气者理之运用,理者气之

---

① ③ 郑奇斗:《霞谷全书》,《存言》上。
② 同上书,《答闵彦晖》。

条理。①

退溪为了强调理的纯粹和至尊,提出理发气发之说,特别指理的静的一面而言。霞谷认为如果将理分开为二物,理就会失去生命力,还是一个死理。所以霞谷反对将四端与七情分开论述,反对将理与气分开来看。他将生理与生气合一,形成生生之道。他说:

> 太极之生生,即阴阳之生生。就其生生之中,指其伸而流行者谓之阳之生。指其屈而凝翕者谓之阴之生,其实一气也。指其妙用不息,则谓之动,指其常体常存则谓之静,其实一理也。②
> 于其理气即全体谓之阴阳,本体谓之太极,形气谓之器,理体谓之通,运用谓之气,条理谓之理。③

霞谷的生生之道与阳明的生生的意义相同。阳明心学注重人的主体意识,特别强调理气具有动态的生命力,强调生生之学。如《传习录》中曰:

> 太极之生生,即阴阳之生生也。就其生生之中,指其妙用无息者,谓之动,谓之阳之生,非谓动而后生阳也。

霞谷说:

> 窃谓大气元神活泼生全,充满无穷,神妙不测,而其流动变化生生不已者,是天之体也,为命之原(主)也。(是气也,形而后有局,其未有形之时,是为元气。元气者无所局。其未有形之时,所谓元气,本一理体而已。及其有形而后,始谓之气,谓之器,有形而后局,则虽天地亦然矣。)④
> 元精者真阴之体,元神者真阳之灵(是先天之元太极之灵者)……元气以流行言……元精以凝言,元神以妙用言。……一理虚明之体也,贯通无间之用也。⑤

元气元精元神的发用,构成生生之道运行不息。"良知即亦生道

---

① 郑奇斗:《霞谷全书》,《存言》上。
②④⑤ 郑奇斗:《霞谷全集》卷九,《存言》中。
③ 同上书,《存言》上。

也。"生道不息,即所谓仁理也。仁理即天地之体,五性具备焉,于事物无不尽,于天地无不具,唯在充之而已。最终,霞谷将良知归结为生道,提高到仁理的高度,将生理生气构成生生之道的过程概括为致良知,致良知被霞谷规定为达仁达道的唯一途径。

四、良知体用

霞谷与好友闵诚斋常常书函往来交流学问。霞谷《答闵诚斋书》中,有一幅"良知致用图"。闵诚斋不同意霞谷的良知观,故画图说明自己对良知的认识,霞谷在闵诚斋画的图上再加工,作了一副"良知体用图"。图分三个层次说明致良知的过程,体现了王阳明所说"体即良知之体,用即良知之用"的意义。霞谷的良知体用图如下:

(1) 良知体用图第一圈意义:心之性——仁义礼智,心之本然,良知之体。

位于图中央一圈的心之性,说明了良知之体。首先阳明将良知之体提到了与天理同级的、明德和未发之中的位置。他说:

所谓心即理,以其心之所有,故谓之心即理。又以其出于性之本然,故谓之天理。①

---

① 郑齐斗:《霞谷全集》,《答闵诚斋》。

且良知者,其文孟子其说即大学致知,而实明德是也。兄必以为明德体、良知用也。然其仁理体、恻隐用也,亦无异也,盖其实体用一也。①

其有以指体而言曰良知,是心之本体,即未发之中是也。其有以指用而言曰良知,是知善知恶是也。……然其实即一个知,非有可分别者,则只言一良知足矣。②

霞谷反对心性二歧,认为"心理也,性亦理也",③良知本体就是心之本体,包括了性与理的意义,天下没有性外之理和理外之心。心之本体为性之本然,无善无恶为心之体。

(2) 良知体用图第二圈意义:心之情——欲恶爱惧哀怒喜;恻隐,羞恶,辞让,是非;心之发,心之情,良知之用。

霞谷将良知的发作看作心之情,恻隐,羞恶,辞让,是非,四端与七情的表现。霞谷说:

恻隐羞恶辞让是非之心,性也。有过不及者,私蔽之也。喜怒哀乐之情亦性也,有中节不中节者,欲间之也。④

夫喜怒哀乐之情,以其体不累于欲,不动于气,纯粹至正者言,则所谓未发之中者也,非谓其无发。喜怒哀乐之情,以其合节中理,无不各得其宜者言,则所谓发而中节之谓和者也,非谓其动也。⑤

良知通性情,心贯穿于性情之中,无所不在。所谓性情表现为四端与七情,四端与七情的发用表现为中节或者不中节。

(3) 良知体用图第三圈意义:天地万物,一体无间。

上半圈表示无内外皆心也,以形器言皆名;以人之神明言曰心,统此一圈子即心也。其中性圈即太极图之中圈,未尝离于阴阳也,亦未尝离于阴阳者也。皆谓之心,以人之灵明言。良知以体状言,体即良知之体,用即良知之用。以灵能言则帝也,以知此觉此言,则化工也。

---

① 郑奇斗:《霞谷全集》,《答闵彦晖书》。
② 同上书,《答闵升斋书》。
③④⑤ 同上书,《存言》上。

下半圈表示皆其性也,随事随物各有止,天地位——天地位;父子亲——亲父子;君臣义——义君臣;夫妇别——别夫妇;长幼序——序长幼;朋友信——信朋友;万物育——育万物。

心体与情用相结合,动与静相中和,这一过程等同于"易"变过程。阳明在《传习录》中说"见得透时,便是圣人"。霞谷认为心体静时是至善状态,发用的时候,能够维持原状态"随事随物而各有止",做到下半圈说的内容,就达到了"止于至善"。但是气乘欲而动的时候,会出现善与恶。所以霞谷理解阳明,说"阳明只是无内外,心理一耳,只是由内而外,故不别求理于物耳",①强调致良知须要直接从心上求。他举例说人们讲究义理,但义理并不是来自于事事物物,而是"集此心之义,而必有事者有事于此心之义耳。非以义集之于事而有事于外也"。②

阳明认为天地万物和人间是一体的,其中最灵明的地方是人心。心为性情之主,心之体就是良知之体,即是天理,所以良知发现,就是天理的发现。"良知即是天理之照明虚灵觉处",③"事物之天理即此心之天理"。④霞谷特别将"思"定义为良知的发用,若是良知发用之思,则所思莫非天理,天人自一元,如果你找到了良知,就无疑等于找到了天理。

霞谷的学问建立在批判的基础之上,敲开了朝鲜朝末期向多样化思维发展的大门。他不仅对朱子理学的穷理方法和退溪理发观念质疑,同时对阳明心学也提出"任情纵欲"的疑问。他将理归纳为良知本体,将致良知作为理的作用,努力将理与社会万物相联系,确立人的主体性意识,"由内而外,故不别求理于物"。但霞谷将本体论的"理"理解为物理,其心性论又局限在心理认识范围之内,故其体系容易走向主观唯心主义的极端。加之霞谷一生辞官不做,埋头书斋学问,消极参与社会事物,因而其理论体系在强调本体意义之上的心中之理时,弱化了良知知行合一的一面。但也正是因为如此,才能够使

---

① 郑奇斗:《霞谷全集》,《答闵彦晖书》。
②④ 同上书,《学辩》。
③ 同上书,《四端章杂解·孟子解》。

霞谷在一个相对独立的理论天地里面,反思理学的僵化。

郑奇斗生平履历

1649年6月,1岁。郑奇斗号霞谷,字士仰。高丽文臣枢密院知奏事袭明的后代,郑梦周的第十一代孙子。生于汉城府盘石坊宅。
1659年,10岁。跟随教官李商翼读书。
1664年,15岁。行冠礼成人仪式。
1665年,16岁。与坡平尹氏结婚。
1669年,20岁。冬天,参加科举初试合格。
1672年,23岁。儿子厚一出生。夫人尹氏去世。
1674年,25岁。殿试落第。弟弟广州君斋泰榜上有名。霞谷向母亲请求不在参加科举,隐居钻研诸子经典以及百科学问。
1676年,27岁。与南阳徐氏再婚。
1679年,30岁。去岭东地方,到达江陵府。
1682年,33岁。金公寿恒向朝廷推荐霞谷。5月,被任命为司圃署别提。未赴任。
1684年,35岁。被朝廷任命为宗簿寺主簿,因病未能赴任。
1686年,37岁。3月,就任工曹佐郎,就任不久因病辞职。
1690年,41岁。吏曹判书吕公圣斋和户曹判书柳公尙运的推荐,被朝廷任命为平泽县监。
1691年,42岁。2月赴任,4月弃官而归。擅自离职问罪。7月,被赦免回安山。1694年,45岁。著《学辩》《存言》。
1698年,49岁。被选拔为书筵官,被任命为京畿都事,均辞退。
1702年,53岁。被任命为溯宁郡守,未就任。夫人徐氏去世。
1704年,55岁。被任命为司导寺主簿,辞谢未赴任。后多次被任命官职,均未赴任。
1709年,60岁。移居江华霞谷。
1711年,62岁。被任命为准阳都护府使,赴任。游览金刚山。编辑

《心经集义》。
1714年,65岁。编辑《程门遗训》,注释《定性书》。
1720年,71岁。作《中庸说》。
1721年,72岁。编辑《经学辑要》。被任命为司宪府大司宪,世弟侍讲院赞善,史曹参判,成均馆祭酒,上书辞谢,朝廷未准奏。注释《中庸解》《大学解》《论语解》《孟子解》。
1727年,78岁。被任命为司宪府大司宪,上书辞退。
1730年,81岁。编著《河洛易象》《璇元经学通考》。
1732年,83岁。著《蓍三百说》《天地方位里度说》《七曜右行说》《潮汐说》。
1734年,85岁。被任命为崇政大夫、议政府右赞成,上书辞退。
1736年,87岁。拜为"世子之师"。去世。7年后赐奉谥号"文康公"。

鄭奇鬥思想史料閱讀

■《霞谷全書·學辯》

自有夫博古今、求義理,報物則以範制此心之學以來,物理離而內外二,枝條先而根本後。至於論心,一途推興佛徒,而欲諱言於心者,何哉？

嗚呼,爲此者,亦有說出而於此中,何者？物之一字是爾。其天曰天生烝民,有物有則。以其則爲在物,求理於事事物物。……謂事事物物上各有天然之中,定理而欲執之惟如是。故論克己復禮,則求其禮於耳目口四肢,而欲制之於外。論集義,必有事焉,則求其義於行事之中,而欲事事合義也。

王氏則以爲出於此心,而不在於物。是心之天理,發之於物,無不各有其則矣。所謂有天然之中於事實物物者,乃是心也。事物之天理即此心之天理。

■《霞谷全書·存言》

如大學中庸,考究其意……未嘗有似窮究物理,推之以爲準則者也……如即物而窮其理,不見德性上理體……爲學之功,其從實體上着功,何嘗有一言必就事理而爲學者乎？何可獨以大學中,只有一物字執之,以蔽其千經萬訓耶？

余觀陽明集,其道又簡要而甚精者,心深欣會而好之。

即物之說,以其所當然之理,各在於物,是則無本領良知之學。以其所以然所當然之理,物所各有者,以其源皆出於心也。即由心而本,是却有統領,却有本源。

於凡理之中,主生理；生理之中,擇真理,是乃可以爲理矣。……枯木死灰也,死理,非生性也。絕理,非體理也,其性理已絕而不續。

團之氣之元,一點靈昭之精,其一個生理者(即精神生氣,爲一身之生理)宅窮於方寸,團圓於中級,其植根在腎,開華在面。而其充即滿於一身,彌乎天地。……生之質則血氣也,不可以言性。生之體則理也,固所謂性也。生氣之中,理體存焉。

太極之生生,即陰陽之生生。就其生生之中,指其伸而流行者謂之陽之生。指其屈而凝斂者謂之陰之生,其實一氣也。指其妙用不息,則謂之動,指其常體常存則謂之靜,其實一理也。

於其理氣即全體謂之陰陽,本體謂之太極,形氣謂之器,理體謂之通,運用謂之氣,條理謂之理。

竊謂大氣元神活潑生全,充滿無窮,神妙不測。而其流動變化生生不已者,是天之體也,爲命之原(主)也是氣也,形而後有局,其未有形之時,是爲元氣。元氣者無所局。其未有形之時,所謂元氣,本一理體而已。及其有形而後,始謂之氣,謂之器,有形而後局則雖天地亦然矣。

元精者真陰之體,元神者真陽之靈(是先天之元太極之靈者)……元氣以流行言,……元精以凝言,元神以妙用言。……一理虛明之體也,貫通無間之用也。

■《霞谷全集·與閔彦暉論辯言正術書》

牛可耕,馬可馳,雞可晨,犬可吠,固所謂物理,然亦有理與非理而已矣。謂牛可耕而耕之於不當耕,謂馬可馳而馳之於不當馳,……極夫天理之正,果在乎牛雞犬,而可求者耶……其逐條制隨時命物,實惟在於吾之一心,豈有外於心而求之理哉？

■《霞谷全書・答閔彥暉》
其言生氣太渾淪,故說靈體,言知覺無本領,故曰良知。其實不過是生氣之精爽,不死不昧者是耳……夫生氣能知覺,知覺即生氣,初非二也。而惻隱之心其發處也,生氣其全體,而知覺其發處也,雖然又俱是其生氣,俱是其生氣之精靈耳。

霞谷屋

第十三章 湛轩洪大容的正界说

名:洪大容 홍대용
号:湛轩,弘之,담헌, 홍지

字:德保 덕보

生:1731 年
卒:1783 年

思想简括:正界说

著作举要:《林下经论》、《医山问答》、《筹解需用》、《燕记》、《三经问辩》、《四书问辩》、《桂访问日记》。

语录:中国之于西洋,经度之差,至于一百八十。中国之人,以中国为正界,以西洋为倒界。西洋之人,以西洋为正界,以中国为倒界。其实载天履地,随界皆然,无横无倒,均是正界。……地球之说更无余疑。

一、思想传承

16 世纪末 17 世纪初,朝鲜经历了两次大的战乱。日本自南边入侵挑起壬辰倭乱(1592—1593),女真人自北方发动了丙子胡乱(1636—1637)。战争严重损伤了国家元气,国库贫空,农田荒芜,人口锐减,乞丐遍地。加之朝鲜朝两班统治阶层内部各派政治势力倾轧,四色党争不断。性理学渐渐变为华而不实的御用理论,因而不能为社会发展提供新的依据。此时实学思潮兴起,自17世纪至19世纪初约260年间,是朝鲜末期实学思想发展的时期。17世纪,李睟光、柳馨远一批学者开始批判理学,介绍西学,注重社会政治改革,这一时期为实学初期发展阶段;18世纪以后,社会矛盾更加激烈,商品经济进一步发展,形成了实学的各种理论派别,有以李翼为代表的经世致用派;以洪大容、朴趾源、朴齐家等为代表的利用厚生派;以金正喜为代表的实事求是派。各派学者从不同层面提出许多社会改革方案和理论,批判地吸收了清朝的考证学、西方科学技术观念等外来思想,以气为"本",同经世之"用"相结合,形成了与朝鲜中期理本论相对的气本论体系。在此基础之上,洪大容的地转说和正界说对实学思潮的兴起起到了决定性作用。

早在先秦时期,周人以"华夏"自称,欲以夏化夷,以华夏华美文化统一四夷不开化的部落,尊王攘夷,而绝不允许以夷变夏。比起中国周边诸夷,朝鲜自古与中国交往密切,较早接受华夏文明,故自称"小中华"。

1392年,朝鲜朝建国之后,一直同中国明朝保持藩属国关系。清朝入主中原后,朝鲜君臣一直有反清复明意识,孝宗王曾筹划北伐,欲将颠倒的华夷关系颠倒过来。韩国成均馆大学柳承国教授在分析朝鲜儒学者尤庵宋时烈(1607—1689)思想时说:

> 尤庵宋时烈特别赞扬韩国的道学派、义理学派,并积极地为宣扬此道学精神而活动。……其根据"大义名分"的《春秋》精神,鼓吹"崇明排清",欲寻回国家失去的主权,推崇人道,排斥霸道。此是使其主张即使在他民族的压制下,亦不会丧失国家自主意识的原因。①

尤庵宋时烈的意识具有普遍性,代表了朝鲜朝学者的一般情绪。但是朝鲜王朝的创建者李成桂则从政治外交的立场出发,坚持事大路线。他在建立朝鲜朝之前,就曾经向高丽王上书坚持事大外交,他说:

---

① 柳承国:《韩国儒学史》,第五章。

以小事大,保国之道。我国家统三以来,事大以勤。玄陵于洪武二年服事大明,其表曰:"子孙万世,永为臣妾。"其诚至矣。①

朝鲜朝设司译院,"置禄官及教官,教授生徒,俾习中国言语音训,文字体式,上以尽事大之诚,下以期易俗之效"。②太祖李成桂坚持事大外交,与清朝维持藩属朝贡关系。两朝之间的政治,经济,文化交往依靠朝贡形式进行。朝鲜王朝平均每年往清朝派遣朝贡使节四五次,清朝每一年或两年往朝鲜派遣一次使团。但是在两班贵族内部就华夷论与事大论,北伐论与北学论问题一直争论不休。

朝鲜朝学者燕岩朴趾源(1737—1805)于1780年随族兄朴相源赴清朝燕京,经过实地考察,撰写了长篇纪行文《热河日记》26篇。他的其他著作收录在《燕岩集》中。他明确提出了向清朝学习和利用厚生的主张。他说:

利用然后可以厚生,厚生然后正其德矣。不能利其用,而能厚其生鲜矣,生既不足以自厚,则亦恶能正其德乎?③

利用厚生一语原出自《尚书》。《尚书·大禹谟》篇曰:"禹曰,于帝念哉。唯善政,政在养民。水、火、金、木、土、谷,唯修。正德、利用、厚生,唯和。"朱熹注释曰:"正德者,父慈,子孝,兄友,弟恭,夫义妇听,所以民之德也。利用者工作什器,商通货财之类,所以利民之用也。厚生者,衣帛食肉,不饥不寒之类,所以厚民之生也。"历代儒学者都将"正德"作为教化之首,使道德凌驾于"利用"与"后生"之上。前者视为大道之本,后者视为小道末端。而朴趾源将这种顺序颠倒了过来,认为应该采取先富民再教民的政策,只有务实、发展生产,才能使百姓吃饱穿暖;百姓生活衣食不愁了,才能提高道德水准。他考察了清朝文物制度和技术,以及风俗,在《热河日记》中说明中华固有的美风良俗依然存在。他说:

---

① 吴晗辑:《朝鲜李朝实录中的中国史料》第一册,中华书局,1980年。
② 吴晗辑:《朝鲜李朝实录中的中国史料》第一册。
③ 洪大容:《燕岩集》卷十七,《热河日记》,《渡江录》。

为天下者,苟利于民而厚于国,虽其法之或出于夷狄,固将取而则之。而况三代以降圣帝明王,汉、唐、宋、明固有之故常哉!圣人之作《春秋》,固为尊华而攘夷,然未闻愤夷狄之猾并与中华可尊之实而攘之也。故今之人诚欲攘夷也,莫如尽学中华之遗法,先变我俗之椎鲁,自耕、蚕、陶、冶,以至于通工、惠商,莫不学焉。人十己百,先利吾民,使吾民制挺而足以挞彼人之坚甲利兵。①

朴趾源的弟子朴齐家(1750—1805)等学者作为朝鲜朝奎章阁的检书官,随使节团访问燕京,亲眼看到清朝盛世,大量接触了清代学者,受到清朝经世致用思想的影响。回国后将自己在清朝所见写成文,并附上自己的意见,题名《北学议》,1778 年向朝鲜朝正祖呈上谏议书曰:

今清固胡矣。胡知中国之可利,固至于夺而有之。我国知其夺之胡矣,而不知所夺之为中国。……若夫为前明复仇雪耻之事,力学中国二十年后,共议之未晚也。②

《孟子·滕文公》中记录,陈良乃楚国人,悦周公仲尼之道,北学于中国。朝鲜朝朴齐家等随同朝贡使节入燕京,与燕京学者切磋学问,将可行于本国、便于日用者一一记录下来,分析利弊,加以阐发,取《孟子》"陈良之语"曰《北学议》,朴趾源(1737—1805)为朴齐家所作的"北学议"写了序文曰《北学议序》。朴齐家在《北学议》中讲明了向清朝学习的理由,认为华虽被胡人所占,但华夏遗风尚存,华夏文化于夷狄文化仍然是可以区分开的。在异质文化的融合中,先进文化必然会同化落后的文化,而且"苟利民,虽其法之或出夷,圣人将取之。"朝鲜两班贵族"不辨夷夏",闭关自守,自困自缚,是社会衰退的原因。为了振兴朝鲜王朝,必须从"夷夏之辨"中解脱出来,"力学中国"。主张学习中国财产之富有和文化之乐足,"环东土数千里,开华夏风气"。提出要在三方面学习清朝:一是学习中国造车、造船、建

----

① 洪大容:《燕岩集》卷十七,《热河日记·渡江录》。
② 朴齐家:《北学议·尊周论》。

筑、绵织的器用之法,二是同其他国家和中国展开海上贸易,三是与清朝加强文化交流。朝鲜正祖被朴家齐等说服,表示对清事大尽诚,说:"事大之节,固当尽其诚,而况今皇帝之于我国乎?"但1800年,正祖去世,保守势力登台,北学家受到清洗,实学发展受挫。

《周易》曰:"君子以经纶。""经谓经纬,纶谓纲纶",经与纶并用,意为"匡济"。《庄子》中"经世"并用,后被用来强调儒学外王路线的经邦治国,经世致用。《汉书》曰:"修学好古,实事求是。"17世纪末18世纪初叶,清朝刮起一股新的学风,针对性理学的空虚,采取实事求是的实证方法,研究一切实用之学,以求达到经世致用的目的,取得利用厚生之效果。通过燕京学者同朝鲜朝学者的交流,经世致用学风传到朝鲜。朝鲜实学思潮兴盛,北学派实学由洪大容的正界说奠基,由朴趾源的利用厚生论定立方向,由朴齐家的《北学议》充实了内涵。

中国人民大学孔子研究院院长张立文教授在其著作《李退溪思想研究》中,按照朝鲜学者的不同观点,将朝鲜性理学派分为四派如下:

1. 主理派:赵光祖(1482—1519)——李彦迪(1491—1553)——李滉(1501—1570)——李玄逸(1627—1704)——奇正镇(1789—1876)——李恒老(1792—1868)——李震相(1811—1878)——郭万厚(1846—1919)

2. 主气派:金时习(1435—1493)——徐敬德(1489—1546)——李珥(1536—1584)——宋时烈(1607—1689)——韩元震(1682—1750)——任圣周(1711—1788);

3. 折中派:成浑(1535—1598)——张显光(1554—1637)——林咏(1619—1693)——金昌协(1651—1780)——金元行(1707—1732)

4. 实学派:经世致用派:柳馨远(1622—1673)——李翼(1682—1764)——丁若镛(1762—1836)

利用厚生派:梁得中(1665—1762)——洪大容(1731—1783)——朴趾源(1737—1805)——朴齐家(1750—1805)

实事求是派:金正喜(1786—1856)——崔汉绮(1803—1877)

学者们对于韩国学派的区分众说不一,但我们可以从以上的划分中找到洪大容在实学学派中所处的位置。

二、无量之界

洪大容关注天文地理自然科学知识,否定传统的天圆地方说,提出地转之说。他说:

> 地掩日而蚀于月,蚀体亦圆,地体之圆也。然则月蚀者,地之鉴也。见月蚀而不识地圆,是犹引鉴自照,而不辩其面目也。不亦愚乎?①

> 自辽东西行三百里,大陆漫漫无涯,日月出于野而没于野。至新店,村后有小陵十数丈,登眺甚快。盖行平野,四望不过十余里。是故不观海,不渡辽,地圆之说终不行也。②

17世纪以前,人们认为天覆盖在地平线上,呈现半圆形状。湛轩认为,日蚀月蚀的时候,人们可以看到月亮是圆形状的,月亮就是地球的参照,说明天外有天,地球的形状也是圆的。人们在行走时可以发现,人总是走不到天体的尽头儿,所以他认为天圆地方说不可信。而且他断定地球不仅是圆体形状的,还是能够自转的。他说:

> 夫地块旋转,一日一周。地周九万里,一日十二时。以九万之阔,趍十二之限,其行之疾,亟于震电,急于炮丸。③

地球自转,一天转一周,花费十二个小时,大约行九万里。物如何能停留于地表面,不掉落下来呢?因为地球旋转的速度如同闪电和炮弹,所以能够产生引力。朴趾源为洪大容写"墓志铭",说洪大容兼长历法,并且还制作了浑天仪:

> 德保通敏兼雅,识远解精,尤长于律历,所造浑仪诸器湛思

---

① 洪大容:《湛轩书》内集,卷四,《医山问答》,韩国景仁文化社,1969年影印本。
② 洪大容:《湛轩书》外集,卷二,《燕记沿路记略》。
③ 洪大容:《湛轩书》内集补遗,卷四,《医山问答》。

积虑创出机智。始,泰西人谕地球而不言地转。德保尝论地一转为一日,其说渺微玄奥。顾未及著书,然其晚年,益自信地转无疑。①

朴趾源说在洪大容发现地球自转说时,西方人还未有此说。而实际上,西方在 16 世纪就已经有了地球自转之说,只不过没有传到朝鲜。这也说明洪大容的确在天文学方面有独自见解。洪大容在燕京时去过天主教堂,接触了西方传教士和西方的科学知识,因此知道"论天文及历法,西法甚高,可谓发前未发"。②洪大容还发现了宇宙的无限性。他说:

> 漫天星宿,无量界也。自星界观之,地界亦星也。无量之界,散处空界。惟此地界,巧居正中,无有是理。③

> 盖五纬包日而以日为心,日月包地以地为心……日为五纬之中,而不得为众星之正中,日且不得为正中,况于地乎?④

> 银河者,丛众星以为界,旋规于空界,成一大环,环中多界,千万其数,日地诸界,居其一尔,是为太虚之一大界也。……地观如是,地观之外如河界者,不知为几千万亿,不可凭我渺眼,遽以河为第一大界也。⑤

天上布满了群星,无边无际,若从星星上观看地球,地球也不过是一个星体。就是说星星与地球一样,是宇宙天体之一。无数天体"散处空界",宇宙是一个无限的世界。太阳不是宇宙的中心,地球也不是,以往人们认为只有一个中心的"地中心说"是对天体错误的认识。又如银河一片,其中包括无数星界,不能以人的认识判定只有一个中心。同无量的宇宙相比较,人的认识任何时候都有局限性。打破了地球中心说,洪大容提出"正界倒界说":

> 且中国之于西洋,经度之差,至于一百八十。中国之人,以中国为正界,以西洋为倒界。西洋之人,以西洋为正界,以中国

---

① 朴趾源:《燕岩集》卷二,《洪德保墓志铭》,韩国启明文化社,1986年。
② 洪大容:《湛轩书》外集,卷二。
③④⑤ 洪大容:《湛轩书》内集,卷四,《医山问答》。

为倒界。其实载天履地,随界皆然,无横无倒,均是正界。……地球之说更无余疑。①

地球是可以旋转的,所以没有一个固定的中心,谁都可以以自己为中心,以对方为边缘。天体的任何一个地方都可以成为中心,因此所谓正界与倒界都是相对而言的。这种天文解说使得朝鲜人的民族自信心大增。

三、以天视物

洪大容从天文学的角度出发,主张气实体论,认为天体充满了气。他说:

> 太虚寥廓,充塞者气也。无内无外,无始无终,积气汪洋,凝聚成质,周布虚空,旋转停住,所谓地、日、月、星辰是也。②

> 充塞于天地者,只是气而已,而理在其中。……论气之本,则淡一冲虚。③

洪大容对于理的认识没有归向主理论,他将理看作是随着气而动静的、包含在气中、不能与气分离的混合体。他否定了理的主宰性,纠正了重理轻气的偏向。他指出:

> 理无所主宰,而随气之所为而已。④

> 无理独存之气,而气自气也。而悬空独立之理,而理自理也。若曰气固气也,而亦当理看;理固理也,而不可离气看云,则其可成说耶?⑤

在理与气的关系上,理气不分,器亦道,道亦器,倾向气一元论。否定理的枢纽根底的说法。他说:

---

① ② 洪大容:《湛轩书》内集,卷四,《医山问答》。
③ 同上书,卷四,《答徐成之论心心说》。
④ 同上书,卷四,《心性问》。
⑤ 同上书,卷一,《四书问辩,孟子疑问》。

第十三章　湛轩洪大容的正界说

> 凡言理者,必曰:"无形而有理。"既曰无形,则有者是何物?既曰有理,则岂有无形而谓之有者乎?盖有形则谓之有,有色则谓之有,有臭与味则谓之有。既不是四者,则是无形体,无方所,所谓有者是何物耶?……且曰:"无声无臭为造化之枢纽,品汇之根柢。"则既无所作为,何以见其为枢纽根柢耶?①

> 盖合而言之,器亦道,道亦器;分而言之,形而上,形而下。器亦道,道亦器,而道未尝为器,器未尝为道。形而上,形而下,而上未尝离下,下未尝离上。守之下之说,而谓判然各立者,固非矣。执道器之论,而谓道可以为器,而器可以为道,则其失又甚矣。②

洪大容将心看作身体器官之一,认为身体动静是气的作用,理包含在气之中,但不指心。他说:

> 窃以为心者,五脏之一。有动有迹,只是气而已,而理在其中。非无理也,而语其体则气也。虽有理也,而不可认理为心。③

他将理解释为仁义道德,将心性理气的概念都赋予实际物质内涵,与现实生活和社会相联系,给虚学增添实际学问的意义。他说:

> 草木之理即禽兽之理,禽兽之理即人之理,人之理即天之理。理耶者,仁与义而已矣。④

> 以人视物,人贵而物贱,以物视人,物贵而人贱,自天而视之,人与物均也。……

> 古人之泽民御世,未尝不资法于物。君臣之义,盖取诸蜂。兵阵之法,盖取诸蚁。礼节之制,盖取诸拱鼠。网罟之设,盖取诸蜘蛛。故曰:圣人师万物,今而曷不以天视物,而犹以人视物也。⑤

---

①④　洪大容:《湛轩书》内集,卷一,《心性问》。
②③　洪大容:《湛轩书》内集,卷一,《四书问辩·〈孟子〉疑问》。
⑤　洪大容:《湛轩书》内集,卷四,《医山问答》。

人在观察物的时候,常会以人为万物之最秀。性理学理论自无极而太极,后论人极。《庄子·秋水》中说:"以道观之,物无贵贱,以物观之,自贵而相贱。"借助道家自然观念,洪大容强调"以天观物",那么人与物就是均等的,不分贵贱。穷人理与穷物理同样重要,不能忽视对物的研究,还由此引发出对人与人之间相贵相贱偏见的批判。如他谈到华夷关系时说:

> 天之所生,地之所养,凡有血气,均是人也。出类拔萃,制洽一方,均是君王也。重门深壕,谨守封疆,均是邦国也。章甫委貌,文身雕题,均是习俗也。自天视之,岂有内外之分哉?是以各尊其人,各尊其君,各守其国,各按其俗,华夷一也。①

> 孔子周人也,王室日卑,诸侯衰弱,吴楚猾夏,寇贼无厌。春秋者周书也,内外之严,不亦宜乎?虽然,使孔子之浮于海,居九夷,用夏变夷,兴周道于域外,则内外之分,尊攘之义,自当有域外春秋,此孔子之所以为圣人也。②

洪大容提出新华夷论,主张"华夷一也",华与夷不应该有贵贱之差别。各个民族都有自己的民族习俗和文化,应该在对等的条件下相互交流。孔子欲居九夷,无华夷偏见,故众人称孔子为圣人。他还说:

> 夷狄之所以委夷狄者亦何哉?岂非以无礼仪、无忠孝、性好伐而类禽兽哉?若今时之夷狄也,以其久居国,务其远图,稍尚礼仪,略仿忠孝,杀伐之性、禽兽之行不若其初起之甚。③

洪大容到燕京亲眼看到乾隆盛世,指出由于满人崇尚礼仪,提倡忠孝,满人自身发生了很大变化,因此不应予以歧视。他的"无量之界——华夷一也"同"以天视物——人物均一"的结论是一致的。

---

① ② ③ 洪大容:《湛轩书》内集,卷四,《医山问答》。

四、开物成务

传统东方的学问从孔子的道德学说到性理学形而上学的心性学说,主要是以诠释经典的方法,在不断反复阐述前圣观点的基础上,使道学得以传承的。但是学问仅只是书斋里的解释性学问吗？湛轩将学问与客观实际相联系,努力将学问从书斋引向现实社会。他说：

> 正心诚意,固学与行之体也。开物成务,非学与行之用乎？……尝闻学问在实心,施为在实事,以实心做实事,过可寡而业成。①

洪大容曾随金元行修学,受金先生的影响。洪大容强调以实心做实事的学问功夫。实心即正心诚意,实事即开物成务。前者为学与行之体,后者为学与行之用。强调体用一元,学用一致。洪大容35岁时,随叔父出使到清朝的燕京,与浙江士子严诚、路飞、潘庭筠等交友,通过笔谈,了解到清朝学者对朱子学所持的部分否定立场。他还看到三位中国朋友虽然身着满族服装,但交谈起来,还是华夏文风。他回到朝鲜后,看到朝鲜学者仍然将朱子学奉若神明,针对那种闭塞状况,他指出：

> 东儒之崇朱子,实非中国之所及,虽然唯知崇奉之为贵,而其于经义之可疑可议,望风雷同,一味掩护,思以箝一世之口焉。是以乡愿之心望朱子也。余窃病之。及闻浙人之论,亦其过则过矣,惟一洗东人之陋习,则令人胸次洒然也。②

> 中原则悖斥朱子,尊陆王之学者滔滔皆是,而未尝闻得罪于斯文。盖其范围博大,能有以公观并受,不若拘虚之偏见也。③

> 三人者虽断发胡服,与满洲无别,乃中华故家之裔也。吾辈虽阔袖大冠,沾沾自喜,乃海上夷人也,其贵贱之相距也,何可以

---

① 洪大容:《湛轩书》内集,卷四,《祭美湖金先生文》。
② 洪大容:《湛轩书》外集,卷三,《杭传牍干净衕笔谈》。
③ 同上书,卷三,《答直斋书》。

尺寸计哉！以吾辈习气,苟易地而处之,则其鄙贱而哴轹之,岂啻如奴仆而已哉！然则,三人者之数面如旧,倾心倾肠,呼兄称弟,如恐不及者,即此气味已非吾辈所及也。①

湛轩以为中国多种思想兼容并蓄,并不只信一个朱子,追求的是学问的多样化而非虚名。此时朝鲜实学思潮兴起,人物之本,古今之辨,华夷之分等成为学界关注的新论题。湛轩一方面提出"华夷一也"的观点,另一方面将传统理学拓宽为义理、经济、章词之学。他说:

> 彭曰:……"贵处学问极大者何人也?"余曰:"有三等,有义理之学,有经济之学,有章词之学,且闻足下所问者何学也?"彭与吴相顾笑曰:"他还分说如此。"乃曰:"尽如尊言,三学各举一人。"余亦笑曰:"学分三等,世儒之陋见。舍义理,则经济沦于功利,而章词淫于浮藻,何足以言学?且无经济,则义理无所措;无词章,则义理无所见。要之,三者舍一,不足以言学,而义理非其基本乎?"两人皆笑称善。②

近世之前,学术尚未分科,传统学问以一种综合概观的穷理格物方式展开,观察探究世界,学问中心在于解说现象或挖掘根源。性理学偏重内圣路线,传统学问方法主要是解释经典,对客观世界的观察局限于以经验为依据的朴素的辩证法上,还未上升到科学方法理论的水平。湛轩在传统的义理之学和章词之学之上加重经济之学,将学问的范围与解释人们身边衣食住的现实问题相联系,将价值判断和对策举措,以及文学修养作为相互不可分割的学问范畴,形成一种经济、义理、文章并举,缺一不可的新的学问观。他发挥了儒学经世济民、学以致用的传统思想,努力纠正学问严重脱离实际的弊端,在将学问与社会使命相连接方面,起到了先导作用。他赴燕京,一路行走,观山览海,有感而发曰:

> 登楼极目,远海雄涛涌起,浮漸相荡,簸燏摇撼,天地崩坼。

---

① 洪大容:《湛轩书》外集,卷三,《杭传牍干净衕笔谈》。
② 同上书,卷七,《燕记吴彭问答》。

北望角山,叠嶂雉堞,奔驰万里,延袤究竟于此楼。登此楼而不目裂眦,发冲冠,真懦夫也。顾半生坐井,蠢然若肖翘,乃欲明目张胆,妄谈天下事,甚矣不自量也。①

其志高而多才者,升之于上,而用于朝;其质钝而庸鄙者,归之于下,而用于野;其巧思而敏手者,归之于工,其通利而好货者,归之于贾。②

洪大容随着燕行使团赴清朝朝贡,同所有的朝鲜学者一样,带着忠于明朝的心情踏上了大陆。从鸭绿江到达燕京,需要行走几个月的时间。一路经过中国东北的凤凰山、千山、医巫闾山等名胜地,触景生情,写下有名的《医山问答》,经过比较与反思,洪大容回国之后提出了经世致用、经济之学的实学思想。

洪大容生平履历

1731年,1岁。朝鲜朝英祖7年,出生于南阳。
1742年,12岁。开始学习古学,决心不学迂腐无用之学。
1754年,24岁。讲授小学明伦章。多次参加科举考试未通过。
1765年,35岁。叔父作为燕京使行的随员赴燕京,湛轩随同前往。
1766年,36岁。在燕京琉璃厂结识了浙江举人严诚和潘庭筠、路飞三位朋友,结拜为义兄弟。
1769年,37岁。父亲去世。
1774年,44岁。遵照母亲的意愿,通过荫补,登仕途,任翊卫司侍直,位从九品之末。
1775年,45岁。升迁任缮工监役。
1776年,46岁。升任司宪府监察,官正六品。在中央任职三年。
1777年,47岁。移任泰仁县监,在地方任官7年。
1780年,50岁。移任荣州郡守。
1783年,53岁。10月13日,辞职后突然中风谢世。

---

① 洪大容:《湛轩书》外集,卷九,《燕记望海亭》。
② 洪大容:《湛轩书》内集,卷四,《林下经论》。

洪大容思想史料閲讀

■《湛軒書》内集,卷四,《醫山問答》

地掩日而蝕於月,蝕體亦圓,地體之圓也。然則月蝕者,地之鑒也。見月蝕而不識地圓,是猶引鑒自照,而不辨其面目也。不亦愚乎?

夫地塊旋轉,一日一周。地周九萬里,一日十二時。以九萬之闊,趁十二之限,其行之疾,亟於震電,急於炮丸。

漫天星宿,無量界也。自星界觀之,地界亦星也。無量之界,散處空界。惟此地界,巧居正中,無有是理。

蓋五緯包日而以日爲心,日月包地以地爲心……日爲五緯之中,而不得爲衆星之正中,日且不得爲正中,況於地乎?

銀河者,叢衆星以爲界,旋規於空界,成一大環,環中多界,千萬其數,日地諸界,居其一爾,是爲太虛之一大界也。……地觀如是,地觀之外如河界者,不知爲幾千萬億,不可憑我渺眼,遽以河爲第一大界也。

且中國之於西洋,經度之差,至於一百八十。中國之人,以中國爲正界,以西洋爲倒界。西洋之人,以西洋爲正界,以中國爲倒界。其實載天履地,隨界皆然,無橫無倒,均是正界。……地球之説更無餘疑。

太虛寥廓,充塞者氣也。無内無外,無始無終,積氣汪洋,凝聚成質,周布虛空,旋轉停住,所謂地、日、月、星辰是也。

以人視物,人貴而物賤,以物視人,物貴而人賤,自天而視之,人與物均也。……古人之澤民御世,未嘗不資法於物。君臣之義,蓋取諸蜂。兵陣之法,蓋取諸蟻。禮節之制,蓋取諸拱鼠。網罟之設,蓋取諸蜘蛛。故曰:聖人師萬物,今而曷不以天視物,而猶以人視物也?

天之所生,地之所養,凡有血氣,均是人也。出類拔萃,制洽一方,均是君王也。重門深壕,謹守封疆,均是邦國也。章甫委貌,文身雕題,均是習俗也。自天視之,豈有内外之分哉?是以各尊其人,各尊其君,各守其國,各按其俗,華夷一也。

孔子周人也,王室日卑,諸侯衰弱,吳楚滑夏,寇賊無厭。春秋者周書也,內外之嚴,不亦宜乎?雖然,使孔子之浮於海,居九夷,用夏變夷,興周道於域外,則內外之分,尊攘之義,自當有域外春秋,此孔子之所以爲聖人也。

■《湛軒書》外集,卷二,《燕記沿路記略》

自遼東西行三百里,大陸漫漫無涯,日月出於野而沒於野。至新店,村後有小陵十數丈,登眺甚快。蓋行平野,四望不過十餘里。是故不觀海,不渡遼,地圓之說終不行也。

■《湛軒書》內集,卷四,《答徐成之論心說》

充塞於天地者,只是氣而已,而理在其中。……論氣之本,則淡一冲虛。

■《湛軒書》內集,卷四,《心性問》

理無所主宰,而隨氣之所爲而已。

■《湛軒書》內集,卷一,《四書問辯·孟子》疑問

竊以爲心者,五臟之一,有動有迹,只是氣而已,而理在其中。非無理也,而語其體則氣也。雖有理也,而不可認理爲心。

■《湛軒書》內集,卷四,《祭美湖金先生文》

正心誠意,固學與行之體也,開物成務,非學與行之用乎?……嘗聞學問在實心,施爲在實事,以實心做實事,過可寡而業成。

■《湛軒書》外集,卷三,《杭傳牘,干淨御筆談》

東儒之崇朱子,實非中國之所及。雖然,惟知崇奉之爲貴,而其於經義之可疑可議,望風雷同,一味掩護,思以箝一世之口焉。是以鄉愿之心望朱子也,余竊病之。及聞浙人之論,亦其過則過矣,惟一洗東人之陋習,則令人胸次灑然也。

■《湛軒書》外集,卷七,《燕記·吳彭問答》

彭曰:……"貴處學問極大者何人也?"余曰:"有三等,有義理之學,有經濟之學,有章詞之學,且聞足下所問者何學也?"彭與吳相顧笑曰:"他還分說如此。"乃曰:"盡如尊言,三學各舉一人。"余亦笑曰:"學分三等,世儒之陋見。舍義理,則經濟淪於功利,而章詞淫於浮藻,何足以言學?且無經濟,則義理無所措;無詞章,則義理無所見。要之,三者舍一,不足以言學,而義理非其基本乎?"兩人皆笑稱善。

■《湛軒書》內集,卷四,《林下經論》

其志高而多才者,升之於上,而用於朝;其質鈍而庸鄙者,歸之於下,而用於野;其巧思而敏手者,歸之於工;其通利而好貨者,歸之於賈。

湛軒親筆

第十四章 茶山丁若镛的经世之学

名:丁若镛정약용 Jeong Yak yong
号:茶山 다산 Tasan

生:1762年
卒:1836年

思想简括:朝鲜实学集成

著作举要:《经世遗表》、《钦钦新书》、《牧民心书》、《雅言觉非》、《事大考例删补》、《读尚书补传》、《阎氏古文疏证抄》、《诗经讲义》、《尚书古训》、《丧礼四笺》、《周易心笺》、《春秋考微》、《论语古今注》、《孟子要义》、《大学讲义》、《大学公议》、《中庸自笺》、《中庸讲义补》、《小学补笺》、《心经密验》、《政法集》、《地理集》、《礼集》、《乐集》。

语录:学问者,天下之公物也。

一、思想传承

丁茶山生活的18世纪后期和19世纪前期,是朝鲜社会巨变的时期,朝鲜朝统治阶级内部党争持续发生,越演越烈,发展到极端。朝鲜英祖王实施"荡平策",表面上平息了党派之间的对立和分裂现象,但是内部官僚的腐败和党争痼疾仍然没有得到彻底解决。在这样复杂的社会环境中,茶山一生不断对社会现实进行思考,汇总各实学派之长,成为朝鲜实学的集大成者,构铸了经世论实学体系,使朝鲜实学发展到鼎盛期。

茶山自16岁开始,在汉城同星湖学派的学子们一起学习。星湖学派的学者对西学天主教教理和天文历法、数学、水利、农政等科学技术极为关注。1783年,茶山的姐夫李承薰(1756—1801)随同父亲李东郁作为冬至使赴燕京,与燕京天主教堂的梁栋材(Grammont)建立关系,回国后组织了朝鲜第一个天主教信仰团体,传播天主教理。1785年春天,该团体在聚会时被刑部禁吏发现,发生了"乙巳秋曹摘发事件"。政府以宣扬邪教的罪名判处了组织者李辟死刑。茶山因此而受到牵连被流放。在流放期间,茶山作《守吾斋记》,彻底反省了自己的前半生涯。他说自己年少时曾10年埋头科举,成年时12年奔泊仕途,最后被流放栖身海边一角,遗失了自我。茶山青少年时,以考取科举功名为目标,苦读了10年书;成年时期步入仕途,做了12年官;中年被流放了18年;晚年57岁开始退隐乡里,著书立说11年。流放结束之后的第二年,茶山编撰了《钦钦新书》30卷,完成了经世论的三部大作。

茶山初出茅庐便受到李翼实学思想的熏陶,立志经世致用之学,婚后从亲戚中接触到了西学;文科及第后在奎章阁里编辑文史资料,浏览经书;他官达三品副承旨、兵曹参知;组织建筑了水原城,尝试发明起重架和机械科学技术;茶山33岁作为京畿道的暗行御史到地方调查,深切体察了农民的疾苦,发现了社会现实矛盾的严酷;连任地方父母官,积累了治理国家的实践经验;1776年9月,朝鲜正祖建立了奎章阁,奎章阁的主要学者有丁茶山等人。茶山前半生受到朝鲜正祖的宠爱,踌躇满志,一帆风顺,但正祖过世之后,又因1801年的辛酉邪狱事件的牵连而被流放,这种遭遇反而使得茶山能够在40岁之后集中时间进行反思和理论总结梳理,最终完成了五百余卷巨著。

韩国李佑成先生1970年在《实学研究序说》一文中,从历史学角度将韩国实学分为三个学派:以星湖学派为代表的经世致用派,如李翼等学者极为关注农村的改革,反映农民的土地大本的愿望;以燕岩学派为代表的利用厚生学派,如朴趾源等关注城市小手工业商工业的发展,反映了市民的要求;以秋史金正喜为代表的实事求是学派,受清朝考证学风的影响,关注近代科学研究动态。"实事求是"是实学的方法,朝鲜实学主要内容包括星湖李翼、鹿庵权哲身等信西派与湛轩洪大容、燕岩朴趾源、楚亭朴齐家北学派提倡的思想。茶山学问源自星湖学派,综合了信西派与北学派的学风,以经学为理论基础,努力将理论与朝鲜朝后期的社会实践相结合,在经世论中拓宽了实学理论领域。他对洪大容的天文科学,朴趾渊实用生产技术,朴齐家的通商提案,金正喜的考证方法,进行了综合汇总创造发挥,形成了一套经世学的实学体系,因而被称为朝鲜实学集大成者。

现在韩国首尔市中心的南山公园里,分别树立着李退溪和丁茶山铜像,两座像相隔不远。这两位恰恰是朝鲜朝前后期学界的代表人物。后人如此评说:

> 茶山活跃在18世纪末19世纪初叶,是朝鲜朝后期实学的集大成者。①
>
> 在韩国思想史上,正因为有磻溪柳馨远,实学才称其为"学";因为有了星湖李翼,实学派才称其为"派";因为有了茶山,朝鲜朝实学才成为一个"时代思潮"。②

二、六经四书

茶山自评:"六经四书以修己,一表二书以之为天下国家,所以备本末也。"③茶山的著述大体可以分为两大部分,一是对六经四书的注释,通过注释经书表达实学理论;二是《经世遗表》、《牧民心书》和《钦钦新书》,这一表二书表达了茶山经世致用思想和改革论。由经学到经世学,这两部分相互连接。因此,可以说茶山实学理论的基础是经学,理论创新是经世学。

茶山极为重视经典,认为中国宋学以注释四书为主,受到宋学的影响,朝鲜朝前期经学也偏重于朱子一家之言,而忽略了十三经注

---

① 琴章泰:《茶山丁若镛》,成均馆大学校出版部,1999年。
② 千宽宇:《朝鲜实学的开拓者十人》,新旧文化社,1974年。
③ 丁若镛:《与犹堂全书》卷十六,《自撰墓志铭》。

疏,使得学术倾向偏颇,因此,诠释六经四书为"世教之急务"。他说:

> 大抵经天纬地之谓经,圣作贤述之谓经,恒古今弥宇宙之谓经。经也者,恒久之至道,不刊之鸿教也。汪濊浑灏,经之文也。简易渊邃,经之义也。光大贞明,经之教也。通明知化,尽精微之蕴,开物成务,极繁赜之几,优优乎大矣哉!①

儒家的传世经典是六经四书,东方哲学方法论之一是在诠释经典的过程中阐释学者的新见。朝鲜朝后期,对朱子学的研究一方面有政教合一的倾向,另一方面又具有宗教化偏向,故逾越雷池的任何举动都会被判为异端邪教或斯文乱贼,难有创新。茶山在流配期间完成了对经典的诠释,他认为诠释经典的基本方法是实证与思索,思索的广度可以因时代的不同而不同。茶山最具有代表性的经典诠释是《论语古今注》。他说:

> 汉儒注经,以考古为法,而明辨不足,故谶纬邪说,未免俱收,此学而不思之弊也。后儒说经,以躬理为主,而考据或疏故制度名物,有时违舛,此思而不学之咎也。②

孔子曰:"学而不思则罔,思而不学则殆。"③训诂考证与明辨思索相结合,兼顾两端,在旧说上添加自己的"补论";对于不合理的地方进行辩驳;原文后面列举后学引用的例子做证;介绍后人分歧最多的疑点问题;通过对文字字义的考证,确立自己对经典的理解。注重实证和思索。这是茶山诠释经典的方法。他说:

> 臣窃伏念释经之法有三,一曰传闻,二曰师承,三曰意解。意解者虽生于千百岁之下,而有能超据乎千百岁之上。④

学问仅仅依靠师承关系传续,容易因时代的不同而失去经典的真意,只有使用正确的方法诠释经典,传承者才能理解经典的真意,并有所超越。茶山指出朝鲜朝的学者只知宋代的《朱子大全》,而不

---

① ④ 丁若镛:《与犹堂全书》,《十三经策》。
② 同上书,《论语古今注》卷一。
③ 孔子:《论语·为政》。

知道汉唐的经典注疏。他以秋史金正喜实事求是学派的实证方法为主,从字义训诂入手,重新诠释十三经典,并在易经上下了极大功夫。他将六经放在四书之前,力图扭转宋代和朝鲜朝以来以四书为中心的经学倾向,非四书六经,而是六经四书。茶山在自撰墓志铭中说明其经学顺序为"《诗》、《尚书》、《礼》、《乐》、《易》、《春秋》、《论语》、《孟子》、《中庸》、《大学》"。茶山的经学诠释著作有《诗经讲义》、《尚书古训》、《丧礼四笺》、《周易心笺》、《春秋考微》、《论语古今注》、《孟子要义》、《大学讲义》、《大学公议》、《中庸自笺》、《中庸讲义补》、《小学补笺》、《心经密验》。在朝鲜经学史上,茶山的经典诠释无论在方法的多样性上,还是在范围的广度上,都发生了质的飞跃。李翼曾经说:穷经将以致用也。说经而不措于天下万事,是徒能读耳。①

茶山学问没有停止在经学诠释上,他抨击以往理气之学、训诂之学、文章之学、科举之学、术数之学的五学之虚,强调经学不能脱离百姓日用生活的实际。经学是茶山学问的基础。他穷经以致用,经世致用为其经学的现实目标。他说:

> 余年二十时,欲尽取宇宙间事,一齐打发,一齐整顿。至三十、四十,此意不衰。风霜以来,凡系民国之事,若田制官制军制财赋之等,逐得省念。唯经传笺注之间,犹有拨乱反正之愿。②

茶山经学的方法之一是努力将抽象的概念具体化,如将明德、亲民、仁的抽象概念解释为"孝悌慈"的具体概念,对《论语》"仁"概念的理解,朱熹将其注释为"心之德,爱之理",茶山则理解为人与人之间的伦理关系。他说:

> 仁者向人之爱也,子向父,弟向兄,臣向君,牧向民,凡人与人之相向,而蔼然其爱者,谓之仁也。③
> "仁"谓向人之爱。……仁者人伦之至善行也……仁者人伦之成德也。④

---

① 李翼:《星湖僿说》卷二十,经史门,《咏诗》。
② 丁若镛:《与犹堂全书》第一集,卷十八,《尽学游家戒》。
③④ 丁若镛:《与犹堂全书》第二集,卷九,《论语古今注(三)》。

> "仁义理智之名,成于行事之后,故爱人而后谓之仁,爱人之先,仁之名未立也……。"①

茶山经典注释的重点在"易"与"礼",他潜心玩易,曰:"余所不朽,唯礼与易。"②将周易看作周代法礼经典,将周易与周礼联系起来研究,从周礼中寻找其依据。他说:

> 周易者,周人法礼之所在,儒者不可以不明其微言妙义,在所发挥也。③

茶山在流放初期,自1804年起埋头礼学与易经的研究,十年摆弄蓍草,钻研卦辞。44岁时,他在宝恩山寺教儿子礼学与周易。他异常注重周礼、仪礼和礼记的三礼研究。他前后花费6年时间,修改了5遍,完成了《周易四笺》。他对李鼎祚的《周易集解》、王弼的《易注》、朱子的《周易本义》等有关周易注释的主要著作都一一进行了研究,然后按照自己的理解调整周易注释的结构,以爻辞为中心叙述易经,将象传独立出来,将系辞传的一部分作为经典的注释,另一部分作为"蓍卦传"独立成文,将"序卦传"和"杂卦传"重新编排,作为各卦的注释,构成自己独特的周易注释体系,称为《易学绪言》、《易学四笺》。他解释周易之义,提出"交易""变易""反易"的三易原理。"交易"指易经上下卦的交换方法;"变易"指一卦中阴阳的变化无穷;"反易"指一卦上下180度的翻转,转变成意义相反的另一卦。茶山注释经书都有自己的特点,如他将孟子的四端解释为"始端",而不是"端续"。即,四端是实现仁义理智的开始,人的仁义理智禀性并非是先天内在的,而是后天实践的结果。他通过注释经典,努力开发经典的现实实践意义。

三、实心事天

朝鲜性理学理论经历了几场论辩之后,逐渐发展成为具有朝鲜

---

① 丁若镛:《与犹堂全书》第二集,卷五,《孟子要义》。
② 同上书,《礼乐问答》。
③ 同上书,第一集,卷二十,《与尹畏心》。

性理学特色的理论。但是朝鲜朝中期以后,党争与士祸对学界造成巨大冲击,论争越辩越繁,走向偏颇。茶山分析朝鲜朝中期的学风时说:

> 今之为性理之学者,曰理、曰气、曰性、曰情、曰体、曰用、曰本然气质、理发气发、已发未发、单指兼指、理同气异、心善无恶、心善有恶。三干五丫,千条万叶。毫分缕析,交嗔互嚷。冥心默研,盛气赤颈。自以为极天下之高妙,而东抖西触,捉尾脱头。门立一帜,家筑一垒。毕世而不能决其讼,传世而不能解其怨。入者主之,出者奴之。同者戴之,殊者伐之。窃自以为所据者极正,岂不疏哉!①
>
> 理气之说,可东可西,可白可黑,左牵则左斜,右挈则右斜。毕世相争,传之子孙,亦无究竟,人生多事,兄与我不暇为是也。②

朝鲜性理学论辩自无极太极,经四端七情、人心道心,到人牲物性同异等论争,主要围绕主理和主气,退溪与栗谷学派产生理论分歧。茶山评价退溪栗谷两学派理论时说:

> 退溪曰:四端,理发而气随之。七情,气发而理乘之。栗谷曰:四端七情,皆气发而理乘之。后之学者,各尊所闻,聚讼纷然,燕越以邈,莫可归一。余尝取二子之书而读之,密求其见解之所由分,乃二子之曰理、曰气,其字虽同,而其所指有专有总。即退溪自论一理气,栗谷自论一理气。非栗谷取退溪之理气,而汨乱之尔。盖退溪专就人心上八字打开,其云理者,是本然之性,是道心,是天理之公。其云气者,是气质之性,是人心,是人欲之私,故谓四端七情之发有公私之分,而四为理发,七为气发也。栗谷总执太极以来理气而公论之,谓凡天下之物,未发之前,虽先有理,方其发也,气必先之,虽四端七情,亦唯以公例例之。故曰四端皆气发也。其云理者,是形而上,是物之本则。其

---

① 丁若镛:《茶山论说集选》朴锡武、丁海廉编辑,《五学论一》,现代实学社,1996年。
② 丁若镛:《与犹堂全书》第二集,卷十九,《答李汝弘》。

云气者,是形而下,是物之形质,非故切切以心性情言之也。退溪之言,较密较细。栗谷之言,较阔较简。然其所主意而指谓者各异。即二子何尝有一非也?未尝有一非,而强欲非其一以独是,所以纷纷而莫之有定也。求之有要,曰专曰总。①

茶山评价退溪与栗谷思想,未说孰是孰非。他认为二者有研究侧重和综合方法上的不同,代表着不同时期的学问重点和方向,并不是是非问题。性理学最需要讲明的是对性的理解。朝鲜朝最后一场大论辩的主题是"人物性同异论",一般认为在本然之性上,人性与物性相同,而在气质之性上,人与物相异,强调人可以有向善的自我选择,回归本然的物我一体论。茶山则认为人与草木在本然之性上是不同的,而在知觉、运动、食色等气质之性上是相同的。性理学者们争论不休的原因在于对性的错误理解。他指明:

性理之学,所以知道认己,以自勉其所以践形之义也。易大传曰:穷理尽性,以致于命。中庸曰:能尽己之性,能尽人之性。孟子曰:尽其心者,知其性,知其性则知天矣。性理之学,有所本也。然古之为学者,知性之本乎天,知理之出乎天,知人伦之为远道。以孝弟忠信为事天之本,以礼乐刑政为治人之具,以诚意正心为天人之枢纽。其名曰仁,其所以行之曰恕,其所以施之曰敬,其所以自秉曰中和之用。如斯而已,无多言。虽多言,是重言复言,无异言也。②

理者,本是玉石之脉理。治玉者,察其脉理,故遂复假借,以治为理。③

茶山概括了性理学的真义,认为理只是万物的文理条理,气是万物的基本物质要素,是游气血气。性理学的根本意义在于性,性理学之本义在于尽性,穷尽人之性以事其天。穷理的目的是为尽性和解放人性,而不是以理来规定性,遏制人性,以气来区分人性。他总

---

① 丁若镛:《茶山论说集选》朴锡武、丁海廉编辑,《理发气发辩一》。
② 丁若镛:《茶山论说集选》,朴锡武、丁海廉编辑,《五学论一》。
③ 丁若镛:《与犹堂全书》,卷二,《孟子要义》。

结到:

> 若以理为性,以穷理为知性,以知理之所从出为知天,遂以知理之所从出为尽心,则吾人一生事业,惟有穷理一事而已。穷理将何用矣?夫以理为性,则凡天下之物,水火土石草木禽兽之理,皆性也。毕生穷此理而知此性,乃于事亲敬长忠君牧民礼乐刑政军旅财赋实践实用之学,不无多少缺欠。知性知天,无或近于高远,而无实乎?先圣之学,断不如此。①

> 天命之性是人性也,率性之道是人道也,修道之教是人教也。②

茶山反对将尽性归结为穷理,他说正好相反,穷理的目的是为了尽性,而且是尽人之性。《中庸》第一章曰"天命之谓性,率性之谓道,修道之谓教",茶山在性道教前面加上"人"字,称"人性、人道、人教",强调所谓尽性就是尽人性,尽人性就要行人道,使人行人道就要对人进行人教。他关注道德的社会性和人道的实践性,由此开拓出保障人性自主和人伦实现的道德规范。何谓人教?茶山回答有五教:

> 爱养父母谓之孝,友于兄弟谓之弟,教育其子谓之慈,此之谓五教也。……孟子曰,仁之实,事亲是也;义之实,从兄是也;礼之实,节文斯二者是也;乐之实,乐斯二者是也;智之实,知斯二者不去是也。由是言之,《大学》之明明德,明此二者也,《中庸》之自诚明,诚此二者也。……照明二者,以顺性命,谓之事天。天命之谓性,率性之谓道,修道之谓教,教也者,五教也。③

这五教的修道之教的传教者,应该是士。但是为士者的先决条件必须首先是为仕者,他对"士"的理解极有特色,他说:

> 古者学道之人,名之曰士。士也者,仕也。上焉者,仕于公,下焉者,仕于大夫。以之事君,以之泽民,以之为国家者,谓

---

① 丁若镛:《与犹堂全书》,卷二,《孟子要义》。
② 丁若镛:《与犹堂全书》,《中庸讲义》。
③ 丁若镛:《茶山论说集选》,《原教》,朴锡武、丁海廉编辑。

之士。①

士作为学者,并不是高高在上、高谈阔论之人。士的服务对象是民是君是国家,故士须仕于公。只有做到五学,才能为士,即:

> 古之为学者五,曰博学之,审问之,慎思之,明辨之,笃行之。今之为学者一,曰博学之而已,自审问而下,非其意也。凡汉儒之说,不问其要领,不察其归趣,唯专心志以信之。②

"学问思辨行",这五条是学者的基本功。但许多学者只会说而不会做,"文章之学,吾道之巨害也"。"足以为万世之害者"。学者只说而不付诸行动,就失去了做学问的意义。茶山认为所谓士大夫的意义在于"仕",仕民、仕君、侍奉国家。当时的士大夫非但不能仕公仕民,还空谈道德,以德压人,误在徒以性为德。他说:

> 因命与道,有性之名。因己与人,有行之名。因性与行,有德之名,徒性不能谓德也。……大学之道,在明明德,故曰古之欲明明德于天下者,先治其国。及观其所谓平天下,再治其国者,孝悌慈而已。故曰人人亲其亲,长其长,而天下平。故徒性不能为德。③

茶山在对道学的传承方面,强调实践道德和道德教育的"五教"和"五学",同时为了不失信仰,还表现出了一种"实心事天"的宗教意识。他说:

> 古人实心事天,实心事神。一动一静,一念之萌,或诚或伪,或善或恶,戒之曰:日监在兹,故戒慎恐惧,慎独之功,真切笃实,以达天德。④

> 恐惧戒慎,昭事上帝,则可以为仁。虚尊太极,以理为天,则不可以为仁,归事天而已。⑤

---

① ② 丁若镛:《茶山论说集选·五学论一》,朴锡武、丁海廉编辑。
③ 丁若镛:《茶山论说集选·原教》,朴锡武、丁海廉编辑。
④ 丁若镛:《与犹堂全书》第二集,卷四,《中庸讲义补》。
⑤ 丁若镛:《与犹堂全书》第一集,卷十六,《自撰墓志铭》。

韩国崔英成教授评价说:"茶山强调儒教的'事天'概念,以恢复原始儒教的宗教性,排斥宋明理学的理气心性说。"①为了克服对人性的压抑,解放思想,开拓经世事功路线,茶山尝试从人性和天性的理解上超越性理学的局限,将太极、理、气的概念,解释为"天""上帝"。他23岁做《中庸讲义》,最初提出了"上帝"的概念。到了晚年,在自撰墓志铭中又提到"昭事上帝"。很显然,茶山受到天主教的影响,开始有了上帝与神的认识。他在注释《周礼》时,接纳了天神人鬼等概念,将上帝与神的认识与原始儒学事天畏天意识相连接,试图突破性理学"天即理"的观念。

四、牧民养民

茶山的经学与经世学紧密相联,曰"学问者,天下之公物也。"②茶山学问由六书四经扩展到历史、地理、语言、风俗、农业技术、机械、战船、建筑等多种领域。他的经世论代表作是一表二书,即《经世遗表》和《牧民心书》、《钦钦新书》。他说:

> 窃尝思之,盖一毛一发,无非病耳,及今不改,其必亡国以后已,斯忠臣志士,岂能袖手旁观哉?……虚实事而建实职,怀实心而行实政,奋发事功,以成虞周之治,不亦善乎?③

茶山忧国忧民,在《经世遗表》中提出实事、实职、实心、实政的事功路线。显然,茶山实现三代之治的路径与退溪理发理到的理学路线是截然不同的。如他将周礼与当时朝鲜朝的现实相结合,努力创造符合现实的法规礼仪制度,《经世遗表》开章就是"邦礼帅本",寻找礼与法的连接点。《牧民心书》提到了吏典、户典、礼典、兵典、刑典、工典的六典制度。他还对官吏提出律己、奉公、爱民的要求,强调牧民、爱民、重民、保民、厚民、富民,充分体现了以民为本的思想。他说:

---

① 崔英成:《韩国儒学思想史》,朝鲜后期篇下,亚细亚文化社,1995年。
② 丁若镛:《与犹堂全书》题・跋《心经疾书跋》。
③ 丁若镛:《与犹堂全书》第五集,卷一,"经世遗表"。

> 牧为民有乎？民为牧生乎？……曰否否。……故曰民为牧生，岂理也？牧为民有。①

官为民的父母官，官吏担当着养民育民的责任。而实际上，官的衣食住都需要依靠民众生产供应，其实是民在养官。因此，如官不能为民便民，民就有权罢免官吏。传统的民与君的关系是民绝对忠孝于君，茶山将这种观念转向了仕民和牧民观。茶山说：

> 农者得田，不为农者不得之。农者得谷，不为农者不得之。工以其器易，商以其货易，无伤也。……夫士者，何人？士何为游手游足，吞人之食，食人力哉？夫其有士之游也，故地利不尽辟地也。知游之不可以得谷也，则亦将转而缘南亩矣。士转而缘南亩，而地利辟；士转而缘南亩，而风俗厚；士转而缘南亩，而乱民息。曰有必不等转而缘南亩者，将奈何？曰有转而为工商者矣；有朝出耕夜归读古人书者矣；有教授富民子弟，以求活矣；有讲穷实理、辩士宜，兴水利，制器以省力；教之树艺畜牧，以佐农者矣。若是者，其功岂扼腕力作者，所能比哉！一日之役，注十日之役；十日之役，注百日。以分其粮焉可也，士何为无分者？②

> 古者，寓兵于农。今行间田之法，则其于制兵也，尤善矣。国制兵有二用，一以编伍，以待疆场之变，一以收布，以养京城之兵。二者不可废也。③

朝鲜朝后期面临两种社会结构的变更和改组，一是市民阶层的出现，二是商业和手工业资本主义的萌芽。从农耕社会转向近代社会的过程中，传统的两班社会阶层随着经济基础的变化发生变动，社会身份须要重新划分。科举制度越来越频繁，造成了两班身份者阶层的庞大，因此而产生了一批游手好闲、无事可做的地方秀才，被称为"在地两班"。另一方面，"在京两班"的在职官僚们也是空论性理，形成南北老少党争局面。士大夫不能够为社会的发展提供有用的理

---

① 丁若镛：《茶山论说集选·原牧》，朴锡武、丁海廉编辑。
②③ 丁若镛：《茶山论说集选·田论五》，朴锡武、丁海廉编辑。

论,而成为社会痼疾,因此遭到社会舆论的谴责,如朴趾源的文学作品《两班传》就生动地反映了当时社会的现实情况。针对这样的情况,茶山提出了农工商学兵和士的职责分工。他向君主进言:

> 王若曰:人才之难,自昔已然,而况于兼人之才乎?今有一人之身,而文学也,钱谷也,甲兵也,无试而不可,则又不特兼人之才而已,岂理也欤?臣对曰:臣窃伏注殿下之廷,育才之政疏,而用人则广,拣才之法粗,而责人则博。妄窃以为殿下之心,亦未尝以人才为忧,及此时平世泰,惟以充位备员而已。今十行圣策,谆谆恳至,而其大意总归两端,曰众务之不可兼责也,杂技之不可偏废也。①

性理学重本轻末,重文轻武。而近世社会的发展,需要多方面的人才,从经世的角度考虑,茶山向君王建议不能偏废杂技,人才要博通古今,练达时务,学者要拓宽学问领域。他说:

> 经世者何也?官制,郡县之制,田制,赋役,贡市,仓储,军制,科制,海税,商税,马政,船法,营国之制,不拘时用,立经陈纪,思以新我之旧邦也。②

茶山经世致用之实学包括以上多方面的内容。他还上书建议说:

> 王若曰:饬力以长地才,谓之农。农也者,所以厚民而裕国用者也。……③

> 人莫不尽其力,而地无不尽其利。地利兴则民产富,民产富则风俗淳而孝悌立。此制田之上术也。④

茶山认为"农有不如者三,尊不如士,利不如商,安佚不如百工",所以提出"便农、厚农、上农"三条举措。加强提高农业技术,解放生

---

① 丁若镛:《茶山论说集选》《人才策》,朴锡武、丁海廉编辑。
② 丁若镛:《与犹堂全书》第一集,卷16,《自撰墓志铭》。
③ 丁若镛:《茶山论说集选》《农策》,朴锡武、丁海廉编辑。
④ 丁若镛:《与犹堂全书》第一集,卷十一,《田论三》。

产劳动力,建立社会良法,保障农业发展,提倡"民不侮农,农自尊"。定科举之制,古称士农,士者仕也,以出仕者士也。要求士大夫必须为农服务,即士大夫必须为社会现实服务。茶山的这种近代意识仍是没有脱离以农为本的出发点。他说:

> 臣以为农家之所重,莫水利若也。我国灌溉之法,只能遏溪间之水。而江河之滨,平芜广斥,此无他,器用不利也。①

形而上谓之道,形而下谓之器。茶山将器看作利用之技术,认为农业的主要问题是器用不利。农业应讲究水利之器,灌溉水利是农业之血脉。他说:

> 农之技精,则其占地少而得谷多,其用力轻而固美食。②
> 兵法曰:器械不利,以其卒予敌也;卒不可用,以其将予敌也。盖兵者,手执器械以击人者也。虽有卒千万,令空手则犹无卒也。③
> 天地于禽兽也,予之爪,予之角,予之硬蹄利齿,予之毒,使各得以获其所欲,而御其所患。于人也,则果然柔脆,若不可以济其生者。岂天厚于所贱之而薄于所贵之哉?以其有智虑巧思,使之习为技艺,以自给也。而智虑之所推运有限,巧思之所穿凿有渐。故虽圣人不能当千万人之所共议,虽圣人不能一朝而尽其美。故人弥聚则其技艺弥精,世弥降则其记忆弥工。此势之所不得不然者也。……我邦之有百工技艺,皆旧所学中国之法。数百年来,截然不复有往中国之计,而中国之新式妙制,日增月衍,非复数百年以前之中国。我且漠然不相问,唯旧之是安,何其懒也!④

无论是军事技术,还是农业技术,以及百工技艺,都是提高生产力、发展生产力所必须的。茶山非常注重生产技术的提高,从他设计的水原华城的例子中可以了解到他利用厚生的实学思路。华城始建于1794年1月,于1796年10月正式完工。当时年仅31岁的丁若

---

① 丁若镛:《与犹堂全书》第一集,卷十一,《田论三》。
②③④ 丁若镛:《茶山论说集选·技术论二》,朴锡武、丁海廉编辑。

镛担任主要设计者。茶山在《水原城规制》中说：

> 臣窃念城华之役，费巨而务繁，时诎而举赢。圣念忧劳，朝议歧二。第惟经始之初，商确宜密。臣谨摭旧闻，猥贡愚见：一曰分数，二曰材料，三曰壕见，四曰筑基，五曰伐石，六曰治道，七曰造车，八曰城制。至于车制，略用图写，以便浏览图。……①

茶山的设计理念和方法被后人整理为华城筑造指南书《御制城画注略》。建筑设计将主管者的选定，职责分担，技术人员的选定，费用的调节，木材的准备，土的准备，水的准备，石头的采取，瓦砖的烤制，铁的准备，人力的调动，账本的整理，造景绿化等作为重要的因素。茶山还参考了有关中国城廓的书籍，如明代的兵书《武备志》，唐代的兵书《武篇》，明代的技术书《奇器图说》等，并根据当时朝鲜的生产技术，制定了华城建设的施工方案。《瓮城图说》、《炮楼图说》、《悬眼图说》、《漏槽图说》、《起重图说》、《总说》等华城的各种设计和工程制作方法，囊括了当时的传统方法和外来知识以及科学技术。城建还利用举重器、辘轳等新发明的机械和器材，搬运或堆砌了巨大的石材。水原华城被建筑成为当时商业发达的新城，同时还是占有重要地理位置的军事重镇。国王近卫部队在这里进行军事整顿，强兵保国，弥补了朝鲜王朝在倭乱和胡乱战争中暴露的城市防卫的弱点，巩固了国防。水原华城的建立，具体体现了18世纪朝鲜朝末实学鼎盛时期的文化力量。华城是一座兼备政治、行政、军事、生产、消费等功能的新城市，与自然地形环境和谐一致，美观并实用，是一座实学时代的杰作。韩国京畿道的首府城市水原现在是首都首尔的卫星城。华城位于水原市中心，于1963年1月被指定为韩国第3号史迹，1997年12月与昌德宫一起注册为联合国教科文组织认定的世界文化遗产。

郑寅普高度评价茶山的学术研究成果，他说："先生的研究成果是对朝鲜史研究的贡献，是对朝鲜近世思想的研究，是对朝鲜人心魂

---

① 丁若镛:《茶山论说集选·城说》，朴锡武、丁海廉编辑。

的诊断书,甚至可以说是对朝鲜盛衰存亡史的研究。"①丁茶山不仅是朝鲜实学的集大成者,还如郑寅普先生所述,茶山由经学到经世学的实学思想是对传统的总结继承,同时破除了僵化观念和权威主义,反映出一种经世的时代精神,此后启蒙开化运动随之展开,敲响了朝鲜走向近代的前奏曲。

丁若镛生平履历

1762年,1岁。朝鲜英祖38年,农历6月16日,出生于京畿道广州郡草阜面马岘。父亲丁载远,母亲海南尹氏。初字归农,名若镛,字美镛,号三眉子、茶山、俟菴等,堂号与犹堂、四宜斋。

1765年,4岁。开始习千字文。

1767年,6岁。随从父亲去涟川赴任。

1768年,7岁。作五言诗句"小山蔽大山,远近地不同"。

1770年,9岁。母亲淑人尹氏去世。

1771年,10岁。跟随父亲学习经书和史书。2岁时出麻疹,眉间留下痕迹,自称"三眉子"。将10岁之前所作的汉诗汇成集子,名《三眉集》,现遗失。

1776年,15岁。同丰山洪氏结婚。

1777年,16岁。初次阅读星湖李翼的遗稿,受到星湖实学思想的影响。

1779年,18岁。遵守父命,到汉城学习宫廷文书文体。冬天,被选拔参加成均馆的升补试。

1782年,21岁。在奉恩寺学习经义科,准备科举考试。

1783年,22岁。2月,为了庆祝世子册封,举行科举监试,经义初试合格。4月,会试进士合格,在宣政殿受到正祖的接见。9月,长子学渊出生。

1784年,23岁。作为成均馆的太学生,向正祖献上《中庸讲义》。初

---

① 郑寅普:《郑寅普全集》第二卷。

次接触到天主教的书。从堂嫂的兄弟李德操那里借到利玛窦的《天主实义》和宠迪我的《七克》等书阅读。9月,庭试初试获第三名。

1785年,24岁。被推选为泮制。10月,在庭试初试中获第一名。发生"乙巳秋曹摘发事件",天主教组织活动被发现。

1786年,25岁。以宣扬邪教的罪名判处天主教信仰集团组织者李德操死刑。茶山为此写《友人李德操挽词》。2月,别试初试合格。7月,二子出生。

1787年,26岁。作为成均馆的儒生,受王命撰写的《大典通编》、《八子百选》、《国朝宝典》受赏。

1789年,28岁。殿试及第,做为甲科第二名探花郎,被授予7品官"禧陵直长"。28岁开始,到39岁,12年仕途。即正祖在位期间,茶山备受重用。被任命为抄启文臣,讲义《大学》,并将讲稿整理为《熙政堂大学讲义》。5月,被任命为副司正。12月,三子出生。

1790年,29岁。受反对派的诬告,流放到忠清道海美10天。被王召回。作《海美南相国祠堂记》,《丹阳山水记》。冬天,向君主呈《十三经策》。

1791年,30岁。冬天作《诗经讲义》800条,受到正祖的称赞。全罗道珍山的尹持忠、权尚然等废除祖上祭祀,烧毁神主牌位,与当时朝鲜社会礼教秩序发生了正面冲突,称"辛亥珍山之变",二人被判死刑,朝廷正式下达禁教令和禁书令,禁止传播天主教。

1792年,31岁。父亲在担任晋州牧使的时候去世。冬天作《水原城规制》,包括"城说""起重总说""起重图说"等内容。

1794年,33岁。为父亲戴孝,小祥和大祥结束。1月开始进行水原华城的工程。清朝的神父周文谟来到汉城。任成均馆直讲、弘文馆校理、修撰。10月,正祖派遣暗行御使10名、摘奸官5名,下查民情。茶山到京畿北部的积城、麻田、涟川、溯宁进行调查,作《京畿御使复命后论事疏》。

1795年,34岁。 升任3品司检、右副承旨、兵曹参议等职。作《植木年表跋》《芙蓉亭侍宴记》《凤谷寺述志诗序》《西岩讲学记》《钓龙台记》《陶山私淑录》等文章。作诗《饥民诗》《叹贫》《醉歌行》等。

1796年,35岁。 华城建立。被任命为奎瀛府校书、兵曹参知,右副承旨、左副承旨。作《奎瀛府校书记》等。

1797年,36岁。 校正《春秋经传》《杜诗》。上书《辩谤辞同副承旨疏》,辞去同副承旨职务。6月被任命为谷山府使。后来总结在任期间做父母官的经验,完成代表作《牧民心书》。9月,英国北太平洋探险舰漂流到东莱龙塘浦。

1798年,37岁。 向君主呈上《史记撰注启》。作《书香墨味阁记》等。

1799年,38岁。 任职刑曹参议,四子出生。作诗《入葛玄洞》等。

1800年,39岁。 著述《与犹堂记》,《文献备考刊误》。作诗《苦风》《古意》等。正祖宣王薨,正祖逝前,送《汉书选》给茶山。12岁的纯祖继位,贞纯大妃垂帘听政。实施"五家作统法",逮捕所有天主教徒,并处死刑,史称"辛酉教狱"事件。茶山同他的兄弟三人被捕入狱。

1801年,40岁。 2月9日,辛酉迫害入狱后流配庆尙道。哥哥丁若锺死在狱中,丁若铨被流放到新智岛。著《尔雅述》6卷。3月,清朝神父周文谟自首,被枭首示众。10月,因黄嗣永帛书事件,再次被逮捕接受审察,流配康津。回忆自己40年所走过的路程,作《守吾斋记》。

1802年,41岁。 四子夭折。作《耽津渔歌十章》等。

1803年,42岁。 作《檀弓简误》6卷,《礼笺丧义匡正》17卷。

1804年,43岁。 作《儿学编训义》二千字。钻研《周易》两年,作《周易四笺》,又名《周易心笺》草稿。

1805年,44岁。 著述《正体传重辨》,又名《己亥邦礼辩》。作杂文《耽津对》等。

1807年,46岁。 长孙大林出生。作《狩虎行》《一钵庵记》。

1808年,47岁。 茶山是位于康津县南边万德寺西边的一座山亭。在这里著述《茶山问答》1卷,《祭礼考定》。经过反复修订,最终完成《周易心笺》24卷。

1809年,48岁。 作《诗经讲义补遗》3卷和《玄坡尹兴绪行状》。

1810年,49岁。 作《嘉礼酌仪》《家训》《小学珠串》等。

1811年,50岁。 作《我邦疆域考》,《礼笺丧期别》。

1812年,51岁。 收到季父稼亭公丁载进的讣告,作《季父稼亭公行状》。完成《春秋考微》12卷。

1813年,52岁。 完成《论语古今注》40卷。

1814年,53岁。 完成《孟子要义》9卷,《中庸讲义补》6卷。

1815年,54岁。 作《小学枝言》2卷。

1817年,56岁。 著述《丧义节要》6卷,《经世遗表》49卷。

1818年,57岁。 完成《牧民心书》48卷,《国朝典礼考》2卷,后编入《丧礼外编》。

1819年,58岁。 著述《明清录》30卷,后更名《钦钦新书》。又作《雅言觉非》3卷,《题汉书选》。

1821年,60岁。 作《事大考例删补》。完成《易学绪言》12卷。

1822年,61岁。 正值花甲,作《自撰墓志铭》。

1823年,62岁。 尹克培上书《冬雷求言》诬告茶山。

1834年,73岁。 修改合并了《尚书古训》和《尚书知远录》。修订《梅氏书评》。

1836年,75岁。 2月22日,去世。

1910年,追赐正宪大夫奎章阁提学和"文度公"谥号。

1934年,郑寅普、安在泓整理的《与犹堂全书》76册由新朝鲜社出版刊行。

丁若镛思想史料阅读

■《與猶堂全書》卷十六,《自撰墓誌銘》

六經四書以修己,一表二書以之爲天下國家,所以備本末也。
恐懼戒愼,昭事上帝,則可以爲仁。虛尊太極,以理爲天,則不可以爲仁，歸事天而已。

■《與猶堂全書·十三經策》

大抵經天緯地之謂經，聖作賢述之謂經，恒古今彌宇宙之謂經。經也者，恒久之至道，不刊之鴻教也。汪瀬渾灝，經之文也。簡易淵邃，經之義也。光大貞明，經之教也。通明知化，盡精微之蘊，開物成務，極繁賾之幾，優優乎大矣哉！

■《與猶堂全書·論語古今注》

漢儒注經，以考古爲法，而明辨不足。故讖緯邪説，未免俱收，此學而不思之弊也。后儒説經，以窮理爲主，而考據或疏。故制度名物，有時違舛，此思而不學之咎也。

■《茶山論説集選》，《五學論一》，《五學論二》

今之爲性理之學者，曰理，曰氣，曰性，曰情，曰體，曰用，曰本然氣質、理發氣發、已發未發、單指兼指、理同氣異、心善無惡、心善有惡。三幹五椏，千條萬葉。毫分縷析，交嗔互嚷。冥心默研，盛氣赤頸，自以爲極天下之高妙。而東拑西觸，捉尾脱頭。門立一幟，家築一壘。畢世而不能决其訟，傳世而不能解其怨。入者主之，出者奴之。同者戴之，殊者伐之。竊自以爲所據者極正，豈不疏哉！

性理之學，所以知道認己，以自勉其所以踐形之義也。《易大傳》曰：窮理盡性，以致於命。《中庸》曰：能盡己之性，能盡人之性。孟子曰：盡其心者，知其性，知其性則知天矣。性理之學，有所本也。然古之爲學者，知性之本乎天，知理之出乎天，知人倫之爲遠道。以孝弟忠信爲事天之本，以禮樂刑政爲治人之具，以誠意正心爲天人之樞紐。其名曰仁，其所以行之曰恕，其所以施之曰敬，其所以自秉曰中和之用。如斯而已，無多言。雖多言，是重言復言，無异言也。

古之爲學者五，曰博學之，審問之，慎思之，明辨之，篤行之。今之爲學者一，曰博學之而已，自審問而下，非其意也。凡漢儒之説，不問其要領，不察其歸趣，唯專心志以信之。

■《與猶堂全書》卷二，《孟子要義》，《中庸講義》

若以理爲性，以窮理爲知性，以知理之所從出爲知天，遂以知理之所從出爲盡心。則吾人一生事業，惟有窮理一事而已，窮理將何用矣？夫以理爲性，則凡天下之物，水火土石草木禽獸之理，皆性也。

畢生窮此理而知此性,乃於事親敬長忠君牧民禮樂刑政軍旅財賦實踐實用之學,不無多少缺欠。知性知天,無或近於高遠,而無實乎?先聖之學,斷不如此。

天命之性是人性也,率性之道是人道也,修道之教是人教也。

■《茶山論説集選》《原教》,《原德》,《原牧》

愛養父母謂之孝,友於兄弟謂之弟,教育其子謂之慈,此之謂五教也。……孟子曰,仁之實,事親是也;義之實,從兄是也;禮之實,節文斯二者是也;樂之實,樂斯二者是也;智之實,知斯二者不去是也。由是言之,《大學》之明明德,明此二者也。《中庸》之自誠明,誠此二者也。……照明二者,以順性命,謂之事天。天命之謂性,率性之謂道,修道之謂教。教也者,五教也。

因命與道,有性之名。因己與人,有行之名。因性與行,有德之名,徒性不能謂德也。……大學之道,在明明德,故曰古之欲明明德於天下者,先治其國。及觀其所謂平天下,再治其國者,孝悌慈而已。故曰人人親其親,長其長,而天下平。故徒性不能爲德。

牧爲民有乎?民爲牧生乎?……曰否否。……故曰民爲牧生,豈理也?牧爲民有。

■《與猶堂全書》第二集,卷四,《中庸講義補》

古人實心事天,實心事神,一動一靜,一念之萌,或誠或僞,或善或惡,戒之曰:日監在兹,故戒慎恐懼。慎獨之功,真切篤實,以達天德。

■《茶山論説集選・田論五》

農者得田,不爲農者不得之。農者得谷,不爲農者不得之。工以其器易,商以其貨易,無傷也。……夫士者,何人?士何爲游手游足、吞人之食、食人力哉?夫其有士之游也,故地利不盡辟地也。知游之不可以得谷也,則亦將轉而緣南畝矣。士轉而緣南畝,而地利辟;士轉而緣南畝,而風俗厚;士轉而緣南畝,而亂民息。曰有必不等轉而緣南畝者,將奈何?曰有轉而爲工商者矣;有朝出耕夜歸讀古人書者矣;有教授富民子弟,以求活者矣;有講窮實理、辯士宜,興水利制器,以省力;教之樹藝畜牧,以佐農者矣。若是者,其功豈扼腕力作者所能比哉!一日之役,注十日之役;十日之役,注百日。以分其糧焉可也。士何爲無分者?

参考文献

崔致远:《崔文昌侯全集》,成均馆大学校大东文化研究院,1972年。
崔致远:《国译孤云先生文集》上下,孤云先生文集编纂会,1973年。
李基白:《崔文昌侯全集解题》,成均馆大学校大东文化研究院,1972年。
崔英成:《崔致远的哲学思想》,亚洲文华社,2001年。
梁基善:《孤云崔致远研究》,韩佛文化出版社,1995年。
李在云:《崔致远研究》,白山资料院,1999年。
元晓:《元晓圣师全书》,元晓全书国译刊行会编撰,宝莲阁,1987年。
金相铉:《元晓研究》,韩国民族社,2000年。
吴法眼:《元晓的和诤思想研究》,弘法院,1988年。
刘明钟:《韩国思想史》,乙文出版社,1992年。
知讷:《普照全书》不一出版社,1989年。
知讷:《普照国师全书》,金达镇译解,高丽苑,1987年
金星孝等:《知讷的思想和现代意义》,韩国精神文化研究院,1996年。
申千湜:《牧隐李穑的学问与学脉》,一潮阁,1998年。
刘明锺:《韩中牧隐李穑研究》《稼亭、牧隐父子三教融合论及其思想史意义》,艺
    文书院,2001年。
李光靖:《牧隐先生年谱》,韩山李氏大宗会,1985年。
尹丝淳:《牧隐在思想史上的位置》,牧隐逝世纪念学术会,1996年。
郑梦周:《圃隐先生文集》,景仁文化社,1997年。
韩永愚:《郑道传思想研究》,首尔大学出版部,1997年。
韩永愚:《王朝的设计者郑道传》,知识产业出版社,1999年。
李穀、李穑:《国译稼亭牧隐集》,李夷求译,稼亭牧隐文集编撰委员会,1980年。
郑道传:《三峰集》,韩国民族文化促进会,1966年。
郑道传:《国译•三峰集》,民族文化促进会编,1997年。
赵光祖:《静庵先生文集》,景仁文化社,2004年。
金基铉:《赵静庵的道学观》,民族文化研究,1979年。

金镐城:《静庵赵光祖的政治思想论考》,汉城教育大学,1982年。
金光哲:《静庵赵光祖的政治思想》,釜山史学七,1983年。
徐敬德:《花潭集》,徐完洙、徐晶洙编,世界社,1992年。
李滉:《退溪选集》,尹丝淳译著,玄崖社,1982年。
李滉:《圣学十图》,李光虎译,弘益出版社,2001年。
李滉:《退溪全书》,退溪学丛书编刊委员会编,退溪学研究院,1993年。
李滉:《退溪集》,韩国文集刊,民族文化推进会,1989年。
李珥:《栗谷全书》一,成均馆大学大东文化研究院,1971年。
李珥:《栗谷全书》二,成均馆大学大东文化研究院,1971年。
柳承国:《韩国性理学精选》,韩国哲学研究会,1993年。
李珥:《国译·栗谷全书》,韩国精神文化研究院,1985年。
宋锡球:《栗谷哲学思想研究》,萤雪出版社,1991年。
张敏:《立言垂教》,北京大学出版社,2003年。
郑齐斗:《霞谷全书》,成均馆大学校大东文化研究院,1958年。
郑齐斗:《国译·霞谷集》ⅠⅡ,古典国译丛书70,民族文化促进会,1972。
郑寅普:《阳明学演论》,三星文化财团,1972年。
柳承国:《郑齐斗——阳明学的泰斗,韩国的人间像》,新丘文化社,1966。
李炳焘:《韩国儒学史略》,李炳焘著,亚细亚文化社1986年。
尹丝淳:《韩国儒学研究》,陈文寿、潘畅和译,新华出版社,1998年。
金富轼:《三国史记》,李炳焘译注,博文书馆,1933年。
柳承国:《韩国儒学史》,台湾商务印书馆,1989年。
金教斌:《阳明学者郑齐斗的哲学思想》,韩吉社,1976年。
尹南汉:《朝鲜时代的阳明学研究》,集文堂,1982年。
刘明锺:《韩国的阳明学》,同和出版公社,1983年。
金吉洛:《韩国的象山学与阳明学》,清溪出版社,2004年。
洪大容:《湛轩集》上下,景仁文化社,1969年。
洪大容:《湛轩书》ⅠⅡ,古典国译丛书,民族文化促进会。
琴章泰:《韩国实学思想研究》,集文堂,1993年。
柳峰学:《燕岩一派北学思想研究》,一志社,1995年。
丁若镛:《与犹堂全书》,郑寅普、安在鸿编,新朝鲜社刊,1936年。
丁若镛:《丁茶山全书》,文献编撰委员会,影印,1960年。
琴章泰:《茶山丁若镛》,韩国成均馆大学校出版部,1999年。
丁若镛:《茶山论说集选》,朴锡武、丁海廉编辑,现代实学社,1996年。

琴章泰:《韩国儒教思想史》,韩国学术情报会株式会,2002年。
琴章泰等:《韩国儒学思想大系》,韩国国学振兴院。2005年。
崔英成:《韩国儒学思想史》,亚细亚文化社,1995年。
韩国哲学史研究会:《韩国哲学思想史》,心山出版社,2003年。
姜弼善等:《韩国实学思想史》,源渊出版社,2000年。
郑昌烈等:《韩中实学思想史研究》,民音社,1998年。
金宗瑞等:《国译高丽史节要》,民族文化促进会编辑出版,1968年。
东国大学校:《韩国佛教全书》第四册,东国大学校出版部,1982年。
韩国思想史学会:《韩国思想史入门》,西文文化社,2006年。
韩国哲学史研究会:《韩国实学思想史》,泉涌图书出版社,2000年。
裴宗镐:《韩国儒学资料集成》,延世大学校出版部,1980年。
一然:《三国遗事》,乙酉文化社,1990年。
金富轼:《三国史记》,乙酉文化社,1990年。
韩国哲学会:《韩国哲学史》,上中下卷,东明社,1987年。
申一澈等:《韩国思想家12人》,1972年。
崔根德:《韩国儒学思想研究》,哲学与现实出版社,1992年。
金尚忆:《龙飞御天歌》,乙酉文化社,1978年。
黎靖德:《朱子语类》,(宋),理学丛书,1986年。
朱熹:《周易本义》,广州出版社,1994年。
朱熹:《四书章句集注》,中华书局,1983年。
楼宇烈:《东方哲学概论》,北京大学出版社,1997年。
张立文:《李退溪思想研究》,东方出版社,1997年。
李甦平:《东方著名哲学家评传·韩国卷》,山东人民出版社,2000年。
冯友兰:《中国哲学史》,中华书局,1961年。
李甦平:《中国·日本·朝鲜实学比较》,安徽人民出版社,1995年。
崔英辰:《儒教思想的本质与现代性》,成均馆大学校儒教文化研究所,2002年。
姜日天:《朝鲜朝后期北学派实学思想研究》,民族出版社,1999年。
魏常海:《韩国哲学思想资料汇编》,国际文化出版社,2000年。
葛荣晋:《韩国实学思想史》,首都师范大学出版社,2002年。

后　记

　　本书初稿原为北京大学韩国语言文化系研究生必修课"韩国思想史"讲座的讲义。2005 年至 2006 年期间，笔者作为韩国高等教育财团邀请的访问学者，在韩国考察研究了一年，同时作为韩国最高学府首尔大学校人文大学宗教问题研究所的客座研究员，在韩国当代著名哲学宗教思想研究大家琴章泰教授的指导下，充分利用韩国首尔大学校中央图书馆和奎章阁的史料，对韩国思想史进行了全面系统的研究。期间在首尔大学院和韩国成均馆大学院旁听了有关的课程，并同首尔大学哲学宗教学科的教授和研究生们一起去地方考察，相磨以道义，相悦以歌舞，感悟颇多。此外还参加了韩国宗教学会、栗谷学会、成均馆大学儒教文化研究所、韩国中国学会等学术机构召开的国际学术讨论会。经过一年的研磨，在原有讲义的基础之上，终于最后完成了《韩国思想史纲》的写作。回国之后受到北京市社会科学理论著作出版基金办公室的资助，该书得以在北京大学出版社出版。书稿最后由中国青年政治学院的窦英才教授审定。在此，我谨向窦英才教授以及各位师长致以最诚挚的谢意，同时感谢家人长期以来给予我多方面的理解和关照。

张　敏
2008 年 8 月 8 日

作者于栗谷書院